넘어진 후에야
비로소
나를 본다

넘어진 후에야
비로소 나를 본다

초판 1쇄 발행 2016년 3월 30일
초판 2쇄 발행 2016년 11월 1일

지 은 이	김세미
발 행 인	권선복
편집주간	김정웅
디 자 인	최새롬
전 자 책	신미경
인 쇄	천일문화사
발 행 처	도서출판 행복에너지
출판등록	제315-2011-000035호
주 소	(07679) 서울특별시 강서구 화곡로 232
전 화	0505-613-6133
팩 스	0303-0799-1560
홈페이지	www.happybook.or.kr
이 메 일	ksbdata@daum.net

값 15,000원
ISBN 979-11-5602-362-3 03190

Copyright ⓒ 김세미, 2016

도서출판 행복에너지는 독자 여러분의 아이디어와 원고 투고를 기다립니다. 책으로 만들기를 원하는 콘텐츠가 있으신 분은 이메일이나 홈페이지를 통해 간단한 기획서와 기획의도, 연락처 등을 보내주십시오. 행복에너지의 문은 언제나 활짝 열려 있습니다.

명강사 김세미의
인생을 성공으로 이끄는 **자기경영 특강!**

넘어진 후에야
비로소
나를 본다

김세미 지음

도서
출판 **행복에너지**

실패 앞에서 좌절할 때마다 격려와 응원을 아끼지 않으셨던
어머니께 이 책을 바칩니다.

어머니, 존경합니다.
그리고
사랑합니다.

실패한 후 나를 돌아보고
다시 세우는 성공 전략

지난 한 해 중국 알리바바 그룹의 마윈馬雲 회장에 대한 언론의 관심이 뜨거웠다. 1994년 창업을 시작해 수많은 실패 끝에 오늘날의 명예와 성공을 거두며 일류 기업가 반열에 올랐기 때문이다. 더구나 평범한 사람으로 태어나 밑바닥부터 시작해 수많은 실패를 딛고 자신을 다듬어 가며 성장해 정상까지 올라온 그는 분명 이 시대의 성공 모델이다.

존 M. 헌츠먼Jon M. Huntsman은 3종류의 사람이 있다고 했다. 성공하지 못한 사람, 일시적으로 성공한 사람, 성공하고 그 성공을 유지하는 사람이다.

물론 모든 사람들은 성공하고 그 성공을 유지하기를 바랄 것이다. 성공으로 가는 길도 어렵지만 그 성공을 유지하기란 더 어렵기 때문에 우리는 그를 승자라고 부른다. 승자는 끊임없는 실패 속에서도 나를 돌아보고 성장해 목표를 이루고 결국 그 성공을 끝까지 유지하는 사람이다.

그러면 승자가 되기 위한 비결은 무엇일까?

성공을 위해서는 실패했을 때 대처하는 자세가 중요하다. 일반적으로 대부분의 사람들은 성공의 요인은 자신에게서 찾지만 실패는 다른 곳에서 찾는다. 결국은 다시 도전하더라도 성공을 이루기가 어렵다. 병도 정확한 원인을 알아야 고칠 수 있듯이 실패도 마찬가지다. 성공의 요인은 수도 없이 많지만 실패하는 이유는 자신에게 있다. 그러므로 실패한 후에는 자신을 되돌아보아야 한다. 이러한 과정을 통해서 경험도 풍부해지고 문제에 대처하는 지혜가 생긴다.

인생은 실패를 통해 끊임없이 자신을 다듬어가는 과정 속에서 성장하는 것이다. 쥐런 그룹 창업자인 스위주史玉柱 회장이 "사람은 밑바닥에 있을 때 비로소 무언가를 배웁니다. 그래서 밑바닥에서 겪은 일들이 미래를 가늠하는 척도가 되지요."라고 했다. 실패하고 좌절했을 때 인생에서 꼭 필요한 교훈과 경험들을 배운다.

옛말에 "실패는 밧줄과 같다. 목을 매는 데 쓰일 수도 있고 더 높은 봉우리를 올라가는 도구로 쓰일 수도 있다."라고 했다.

실패의 원인을 자신에게서 찾는다면 더 높은 목표를 향해 올라가는 계기가 되지만 다른 곳에서 원인을 찾으면 결국은 실패의 늪에서 벗어나지 못하고 좌절하고 말 것이다. 승자와 패자의 차이가 바로 이것이다.

어떤 커다란 사건에 의해서 성공을 내어 놓을지라도 결국 자신의 크고 작은 문제들이 쌓여 하나의 커다란 사건이 된다. 하지만 사람들은 문제가 된 사건만 가지고 분노한다.

미국의 트래블러스 보험사Travelers Insurance Company에서 근무한 허버트 윌리엄 하인리히Herbert William Heinrich는 큰 재해와 작은 재해 그리고 사소한 사고의 발생 비율이 1:29:300이라는 하인리히 법칙을 주장했다.

즉 1번의 대형사고 전에는 300번의 징후와 29번의 경고가 나타난다는 의미이다. 큰 사고는 우연히 또는 어느 순간 갑작스럽게 발생하는 것이 아니라 그 이전에 반드시 경미한 사고들이 반복되는 과정속에서 발생한다는 것이다.

이러한 하인리히 법칙은 사회적, 경제적, 개인적 위기나 실패에서도 적용된 법칙이다. 결국은 개인의 실패도 생각지도 못한 사소한 것들이 쌓여서 어느 순간 모든 것이 무너지는 것이다. 그러므로 사소한 실수나 실패 앞에서도 항상 자신을 돌아보며 끊임없이 다듬고 발전시켜 나가야 한다.

비즈니스 현장에서는 일에 대한 능력 외에도 무수하게 많은 능력들이 요구된다. 무수하게 많은 능력들이 승자를 결정하는 중요한 요소가 되는 것이다.

　다양한 지식, 커뮤니케이션 능력, 삶에 대처하는 태도와 지혜, 인간적인 면모, 리더십, 융통성, 인간관계, 상대에게 호감을 줄 수 있는 이미지가 능력인 시대이다. 즉 품격 있는 사람이 성공하는 시대인 것이다. 그저 일만 할 줄 아는 사람은 21세기 한국 사회에서 승자가 될 수 없다. 일 잘하는 사람은 많다. 그러나 품격 있는 인재는 드물다. 품격의 차이가 바로 승자와 패자를 결정짓는 요소가 되는 것이다.

　이 책은 실패와 좌절 후에 나 자신을 돌아보고 나의 부족한 점은 무엇이었는지 점검하고 다시 성공 전략을 세워 도전하기 위한 책이다.

　20여 년의 사회생활 동안 다양한 경험과 다양한 사람들을 만나면서 성공과 실패의 원인들을 현장에서 보고 느끼면서 나름대로의 생각과 경험, 지혜들을 이론적인 지식을 바탕으로 한 권의 책으로 정리하게 되었다.

　1부에서는 말로써 성공할 수 있는 커뮤니케이션 전략, 2부에서는 비즈니스에서 호감을 줄 수 있는 이미지 전략, 3부에서는 인테크 시대에 맞는 인간관계 전략, 4부에서는 시련과 역경을 이겨내고 성공할 수 있는 인생 전략에 대해 구성하였다.

혼자 힘으로 조그만 채소 가게를 시작으로 거대 기업으로 발전시킨 일본의 기업가 와다 가즈오가 "불사조는 부활하기 위해 자신의 몸을 스스로 불에 태웁니다. 새로운 삶을 만들 수 있다면 처음부터 다시 시작하는 것쯤이야 아무것도 아니지요."라고 했던 말이 떠오른다.

이 책을 읽는 모든 독자들도 자신의 모든 것을 불태우고 처음부터 다시 시작해 자신의 꿈을 이루는 승자가 되기를 진심으로 바란다.

2016년 2월

김 세 미

Contents

PART 1

커뮤니케이션 전략
말을 다스리면 사람을 다스릴 수 있다

PART 2

이미지 전략
좋은 인상은 모든 일의 추천서가 된다

PART 3

인간관계 전략
마음을 얻는 자가 모든 것을 얻는다

PART 4

인생 전략
남을 다스리기 전에 나를 다스려라

PART 1

커뮤니케이션 전략

말을 다스리면
사람을 다스릴 수 있다

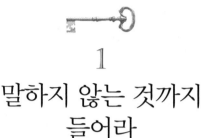

1
말하지 않는 것까지
들어라

제7대 유엔 사무총장 코피 아난Kofi Annan은 "상대방이 말한 것만이 아니라 말하지 않은 것에도 귀를 기울여야 한다. 말한 것보다 말하지 않은 것이 더 중요한 경우가 많기 때문이다."라고 했다. 이는 심각한 갈등 분쟁의 현장에서 대화를 많이 시도하면서 경청의 중요성을 깨달은 그의 말이다.

聽(들을 청)을 풀이하면 왕의 귀(耳+王)로 듣고, 열 개의 눈(十+目)으로 보고, 하나의 마음(一+心)으로 대하라고 해석할 수 있다. 바로 이것이 진정한 경청의 의미인 것이다.

행동 과학자들의 연구에 의하면 상대방 말의 25% 정도만 제대로 듣고 75%는 오해하거나 왜곡하거나 무시한다고 한다. 우리가 경청하지 못하는 이유는 무엇일까?

첫째, 사람은 분당 400~800개의 단어를 생각할 수 있고 120~150개 단어의 속도로 말한다. 그러므로 겉으로는 경청하는 척하지만 마음속으로는 다른 생각들로 인해 집중하지 못할 수 있다.

둘째, 상대방의 외모나 개인적인 여러 가지 조건들에 대한 선입견과 편견을 갖기 때문이다. 그래서 화자의 입장에서 듣는 것이 아니라 나의 입장에서 해석해서 듣는 경우인 것이다.

셋째, 귀로는 상대방의 말을 듣고 있지만 머릿속에서는 그다음 내가 해야 할 말들을 생각하느라 경청하지 못하는 것이다.

넷째, 경청의 습관이 부족하기 때문이다. 마지막 다섯째는 속단하기 때문이다. 화자의 의도보다는 청자의 방식대로 이해하고 해석하기 때문에 나중에는 상대가 하지 않은 말을 했다고 주장하거나 오해하는 경우가 발생하기도 한다.

한 방송에서 여러 사람이 귓속말로 말을 전달하는 '말 릴레이' 게임을 본 적이 있다. 맨 처음 전달한 메시지가 마지막 사람에게 그대로 전달되는 경우가 거의 없다. 게임이기에 이겨야 한다는 승부욕에 청자는 최대한 귀를 기울여 듣지만 결국 말하는 사람의 메시지를 그대로 전달하는 것은 생각보다 어려운 일이었다. 그러면 '우리의 경청 능력은 어떨까'를 생각해보면 그 결과는 뻔한 사실이다.

개그맨 표영호가 쓴 『소통으로 성공을 디자인하라』에서 개그맨 김국진 씨에 대해 이야기한다. 김국진 씨는 주변에 따르는 사람들이 즐비하다. 많은 후배들이 따르는 선배라고 한다. 그는 말하기보다 듣기를 좋아한다. 어느 자리에서든 말은 별로 하지 않고 듣기를 좋아하기에 그를 좋아하게 되는 그만의 비법이다.

후배가 프로그램을 잘 진행하는 방법을 물어 오면 그는 잘 들으라고 한다. 잘 들어야 잘 말할 수 있고 잘 리드할 수 있다는 것이다. 김국진 씨가 주변 사람들의 마음을 사로잡은 비법은 바로 '경청'이었다. 스포츠 복권 광고 중에 "자기주장보다 남의 주장을 잘 들어야 좋은 주장이다"라는 카피가 생각난다. 결국 잘 들어야 잘 말할 수 있다는 뜻이다.

미국 리버사이드 캘리포니아 대학교 심리학자 하워드 S. 프리드먼Howard S. Friedman 박사 연구팀은 54명의 학생을 두 개조로 나눠 서로 자기소개를 하는 실험을 했다.

자기소개를 하고 나서 호감도에 가장 큰 영향을 준 것은 '감정 소통 능력'이었다. 상대방의 감정을 제대로 이해하고 그 감정에 현명하게 대응하는 이 능력은 상대방의 비언어적 요소를 파악하는 관찰력이었다. 이 관찰력은 외모의 매력에 비해 3.8배나 강한 효과를 갖고 있다고 한다. 즉 매력적인 외모보다 감정 소통 능력이 있는 사람이 3.8배 호감도가 높다는 결론이다.

지방의 한 스님은 전국에서 찾아오는 손님들이 끊이질 않는다. 사람들은 그 스님만 만나고 오면 마음이 시원하고 기분이 좋아져 힘든 일이 있으면 많이 찾는 스님이라고 한다.

그래서 한 기자가 이유가 무엇일까 궁금해 직접 그 스님을 찾아가 자신의 고민을 털어놓았다. 그런데 스님은 아무 말 없이 조용히 듣다가 "맞다, 맞다. 네 말이 맞다.", "그동안 얼마나 힘들었겠나." 등의 맞장구 외에는 어떠한 말도 하지 않았다.

역시 스님과 헤어진 후 돌아오는 길에 어찌나 마음이 가볍고 시원한지 사람들의 마음을 이해할 수 있었다. 그리고 스님의 인기 비결이 공감적 경청이라는 사실을 알아냈다.

공감적 경청하면 떠오르는 인물은 세계적인 토크쇼의 여왕 오프라 윈프리Oprah Winfrey이다. 방송계 신입 시절 리포터로 활동하던 윈프리가 어느 날 화재 현장에 취재를 나가게 되었다. 현장에 도착하니 건물은 모두 불타 버리고 잔해만 남아 있었다. 자식을 잃고 슬픔에 빠져 눈물을 흘리고 있는 부모에게 윈프리는 마이크를 들이대고 심정을 묻지 않았다.

가슴에 끌어안은 채 "지금 당신들의 심정이 어떤지 이해합니다. 아무 말 안 해도 됩니다."라고 말했다. 바로 리포터의 입장이 아닌 자식을 잃은 부모의 마음으로 그들을 대했던 것이다. 오프라 윈프리 쇼가 성공할 수 있는 요인도 공감적 경청이었다. 사회의 저명한 인사들도 오프라 윈프리 앞에서는 마음을 열고 모든 것을 말하지 않을 수 없었다. 그들의 마음을 이해하고 그들의 입장에서 경청하고 그들과 함께 눈물 흘리는 모습에서 모두 마음을 열 수밖에 없는 것이다. 그래서 출연한 게스트들이 이구동성으로 출연 전에는 절대로 말하지 않겠다고 다짐했던 말들도 윈프리 앞에서는 무너질 수밖에 없다고 말한다.

언어학자들은 아무리 귀 기울여 타인의 말을 들으려고 노력해도 70% 이상 이해할 수 없다고 말한다. 그래서 상대방의 입장이 되어 경청하는 공감적 경청이 필요한 것이다.

우리는 간혹 대화가 되지 않는다는 말을 한다. 대화가 되지 않는 것이 아니라 경청하지 않는 것이다. '귀를 기울여 잘 들으면 사람의 마음을 얻는다'는 이청득심以聽得心은 소통의 기본이지만 경청하지 않으면서 항상 소통이 되지 않는다며 상대방을 탓하기 바쁘다.

기혼자들에게 배우자의 조건을 물으면 대화가 통하는 사람, 성격 좋은 사람을 가장 중요한 요소로 꼽는다. 대화가 통한다는 의미는 나의 말을 잘 들어주고 공감해 주는 의미인 것이다.

하지만 대화에 있어서 남녀의 차이가 있다. 남자의 대화 목적은 문제 해결이지만 여자의 대화의 목적은 공감이다.

친구와 속상한 일이 있었던 아내가 저녁에 퇴근한 남편을 붙잡고 속상했던 이야기를 꺼내놓는다. 가만히 듣고 있는 남편은 "당신도 잘못이 있는데 뭐가 그리 속상해! 그냥 잊어버려." 그 순간 아내는 눈물이 쏟아진다. 속도 모르는 남편은 눈물 흘리는 아내가 이해되지 않는 표정이다.

사실 아내는 옳고 그름을 판단해주는 심판관인 남편이 아니라 공감하고 이해해주는 위로자의 남편이길 바랐던 것이다.

고대 로마인들이 부부 싸움을 하면 찾아가는 곳이 비리플라카 여신의 신전이다. 부부들은 이곳에만 다녀오면 화해를 하게 되고 편안한 모습으로 언덕을 내려온다. 신전에는 여신상만 있을 뿐 어느 누구도 없다. 한 가지 규칙이 있다면 여신상 앞에서 각자 돌아가면서 힘든 사연을 이야기한다.

부인이 이야기하는 동안 남편은 기다리면서 부인의 입장을 자연스럽게 듣게 된다. 부인의 이야기가 끝나면 남편 역시 여신상 앞에서 자신의 고민과 사연을 이야기한다. 그러는 동안 부인이 자연스럽게 남편의 이야기를 듣게 되는 것이다.

각자 상대방의 속마음과 입장을 듣게 되면 서로를 이해하고 오해를 풀게 되어 화해를 하게 된다. 이렇게 상대방의 말을 말없이 끝까지 들어주는 대화법이 '비리플라카 대화법'이다.

종교학자 폴 틸리히Paul Tillich는 "사랑의 첫째 의무는 귀를 기울이는 것이다."라고 말했다.

경청은 상대를 존중하는 데서 시작된다. 경청을 하는 것도 중요하지만 주의 깊게 듣고 있다는 것을 표현하는 것도 중요하다. 상대방의 눈동자에 시선을 고정시키는 대신 양 미간을 쳐다보는 '키클롭스 Cyclops(그리스 신화에 나오는 이마 한가운데 눈이 있는 거인족) 기법'을 사용할 수도 있다.

몸을 약간 앞으로 기울이면서 가끔씩 고개를 끄덕이며 "그래요.", "많이 속상하시겠어요." 등의 맞장구를 쳐주면서 들으면 상대에 대한 경청을 표현하는 것이다. 그리고 상대방이 말을 계속 이어갈 수 있도록 중간에 적당한 질문을 해주면 된다.

『월스트리트 저널』의 스티븐 헤이즈 기자는 대통령 예비 선거에서 막 승리하기 시작한 버락 오바마Barack Obama가 핵심 지역에서 유권자들의 마음을 사로잡은 비결이 궁금했다. 그래서 오바마를 따라다니며 관찰한 후 이런 기사를 썼다.

"그의 수사법은 단순하다. 논쟁 거리인 사안을 다룰 때는 거의 항상 동의하지 않는 입장에 대해 존중하는 듯이 고개를 끄덕이며 대답을 시작한다. 이러한 행동은 오바마가 반대 의견을 가진 자들의 입장을 이해하며 심지어 보수주의자들의 관심사도 공유한다는 느낌마저 들게 한다." 그 비결은 상대방에 대한 존중이었다.

하버드 대학의 사회학 교수 사라 로렌스Sara Lawrence는 자신의 저서인 『존중』에서 "대학 총장과 대화할 때나 초등학생과 대화할 때 똑같이 상대방의 이야기를 경청하고 대화를 나누는 태도에 변함이 없어야 한다."라고 말한다.

이탈리아 경제학자인 동시에 사회학자인 빌프레도 파레토Vilfredo Pareto가 주장한 20:80의 파레토 법칙을 대화에서도 지켜야 한다. 내가 20% 말을 하고 상대방은 80%를 얘기하는 균형을 유지하려는 노력이 필요하다.

시 「가지 않은 길」의 로버트 프로스트Robert Frost는 "세상 사람들의 반은 할 말이 있으면서도 하지 못하는 사람이고 나머지 반은 할 얘기도 없으면서 쉬지 않고 얘기하는 사람이다."라고 했다. 그렇기 때문에 소통하지 못하는 것이다.

성격 급한 사람은 회의에서나 협상에서 남의 말을 듣기보다 자기 주장만 열심히 하느라 결국은 설득하기보다 실수를 하거나 망신을 사는 경우가 더 많다. 경청을 잘하는 사람이 목표 달성을 할 수 있는 확률이 훨씬 높은 것이다.

지금 나는 할 말을 못하고 있는지 아니면 다른 사람의 말을 듣지 않고 끊임없이 내 말만 하고 있지는 않은지 되돌아봐야 할 것이다.

좋은 인상을 남기고 싶다면 상대방이 말을 많이 할 수 있도록 하는 것이 좋다. 사람은 자신이 말을 많이 할수록 대화가 즐겁고 자신의 말을 잘 들어준 상대방과는 마음이 잘 맞는다고 생각하기 쉽다.

말을 잘하는 사람보다 상대의 말을 잘 공감하고 들어주는 페이싱 능력이 탁월한 사람이 설득을 잘하고 좋은 인상을 주는 것이다.

페이싱Pacing이란 상대방의 행동을 따라 하는 것이다. 심리학적인 다른 용어로 말하자면 '공감' 능력이다. 페이싱에서 중요한 것은 상대방의 감정 상태를 캐치해 내는 것이다. 상대방의 입장에서 세상을 바라보는 것이 바로 진정한 페이싱이다.

상대방의 감정과 생각을 얼마나 잘 느끼느냐에 따라서 상대방이 원하는 것, 느낌, 생각 등을 단번에 알아차릴 수가 있다. 바로 진정한 페이싱이 될 때 말하지 않는 것까지 들을 수 있는 것이다.

들음으로써 지혜가 생기고 말함으로써 후회가 생긴다

　옛날 우리나라 왕에게 중국에서 온 사신이 어려운 문제를 가져와 근심이 생겼다. 중국 왕이 우리나라 왕에게 보낸 선물인 배가 뽈룩 나온 승려상 4개 중 가장 비싼 것을 가려내라는 것이었다. 그것도 이달 안에 가려내라는 기한까지 명시한 것이다.

　4개의 승려상은 겉으로 봐서는 너무 똑같아서 가려낼 방법이 없어 왕은 고민 끝에 전국에 방을 붙이고 문제를 풀 사람을 찾았다. 여러 날이 지난 후 한 선비가 나타났다.

　왕은 선비에게 "너는 이 물건 중에서 가장 귀한 것을 가려낼 수 있느냐."라고 물으니 선비는 고개를 조아리고 "네, 상감마마."라고 대답했다. 왕은 맞히면 큰 상을 내리기로 하고 선비의 답을 요청하였다.

　선비는 주머니에서 아주 가느다란 철사를 꺼내어 승려상 하나를 택해 그 철사를 귀에 찔러 넣어보니 철사는 들어가지 않았다. 선비는 그 승려상을 들어 보이며 "상감마마, 이 상은 값싼 것이옵니다. 귀가 막혀 있어 남의 말을 듣지 않는다는 것입니다."라고 말했다.

　왕은 "그러하면 다른 상은 어떠한고?"라고 묻자 선비는 다른 상 하나를 집어 들고 귀에 철사를 찔러 넣으니 철사가 귓속으로 들어가더니 다른 쪽 귀로 통과되어 나왔다. "이 상은 당연히 값싼 물건입니다. 한 귀로 듣고 한 귀로 흘리는 것이니 남의 말을 소홀히 듣는다는 것입니다."

왕은 "다른 상도 살펴보아라."라고 하자 선비는 또 하나의 상을 들고 귀에 철사를 찔러 넣자 철사가 입으로 나왔다. "상감마마, 이 상 역시 값싼 물건입니다. 들은 것을 즉시 발설하는 자이기 때문입니다." 왕은 고개를 끄덕이며 마지막 남은 상을 물었다.

선비는 마찬가지로 귀에 철사를 찔러 넣으니 철사는 어디로도 나오지 않고 계속 들어가기만 하는 것이었다. "상감마마, 이 상은 가장 비싼 것이옵니다. 철사가 귀로 들어가 뱃속으로 들어갔으므로 말을 듣고 깊이 간직한다는 뜻입니다." 왕은 크게 기뻐하며 선비에게 황금을 내렸다. 선비가 상을 받아들고 떠나려 할 때 왕이 다시 물었다. "여봐라, 그렇다면 이 중에서 가장 값싼 물건이 어떤 것인지 알겠느냐."

선비는 "네, 귀로 들어가 입으로 나온 상이 가장 값싼 것입니다."라고 말했다. 선비는 떠났고 왕은 선비가 알려준 정답을 찾아 국가의 체면을 세웠다. 사람은 잘 들어야 하고 또한 들은 말은 함부로 발설하지 말아야 진정 말의 가치를 아는 사람인 것이다.

삼성의 창업주인 이병철 회장이 이건희 회장에게 강조한 것도 경청이었다. 미국 화이자 제약의 제프 킨들러Jeff Kindler 前 회장은 경청의 중요성을 몸소 실천하는 경청형 리더이다.

그는 매일 아침 1센트 동전 10개를 왼쪽 호주머니에 넣고 집을 나선다. 하루 동안 만나는 사람마다 자신이 경청을 했다고 생각하면 1센트 동전을 오른쪽 주머니로 옮긴다. 집으로 돌아와 오른쪽 주머니

PART 1 커뮤니케이션 전략

에 들어있는 동전의 개수가 그날 바로 경청의 점수가 되는 것이다.

존슨 앤 존슨Johnson & Johnson의 짐 버크Jim Burke 회장은 "나는 재직 중 일과의 40%를 직원들과 의사소통을 하는 데 할애했다. 그중에서도 가장 중요한 것은 경청이다."라고 말했다. 성공 리더들의 성공 비결이 바로 경청인 것이다.

세계 최고의 부자인 빌 게이츠Bill Gates가 조지 밀러George Miller라는 사람을 자신의 유전을 관리하는 관리자로 채용했다. 밀러는 유전에 관한 전문적인 지식을 갖춘 데다 매우 부지런했다. 그런데 빌 게이츠가 유전 시찰을 나갈 때마다 문제점들이 눈에 띄었다.

예를 들어 작업 속도가 느리거나 공구들이 제대로 갖춰져 있지 않아 작업에 지장을 가져오는 일이 비일비재했고, 문제는 관리 책임자인 밀러가 사무실 안에서만 일할 뿐 현장 시찰을 나가지 않는다는 것이었다. 이러한 문제점은 기업의 손실로 이어졌다.

빌 게이츠는 조지 밀러의 능력은 인정하지만 잘못된 관리 방식을 간과할 수 없었다. 그래서 밀러를 불러 "내가 유전을 둘러본 지 한 시간도 안 됐는데 여러 가지 문제점을 발견했네. 자네가 현장을 둘러보지 않아서 문제를 발견하지 못하는 것 같아. 조금만 주의하면 불필요한 지출을 줄일 수 있을 것 같은데."라고 하자 밀러는 이렇게 말했다. "그건 유전이 사장님 소유라서 사장님 호주머니에서 돈이 나간다고 생각하니까 사소한 것도 큰 문제로 보이는 겁니다." 빌 게이츠는 순간 움찔했다.

빌 게이츠는 며칠 동안 고민하다가 다시 밀러를 불렀다. "내 유전을 자네에게 맡기고 싶네. 월급을 안 주는 대신 유전에서 나오는 이윤의 일부를 자네 몫으로 떼어 주겠네. 유전에서 이윤이 크게 남을수록 자네 몫도 많아질 걸세. 자네 생각은 어떤가?" 밀러는 빌 게이츠의 제안을 흔쾌히 받아들였다.

그날 이후로 유전 관리 방식은 바뀌었다. 효율적인 관리 방식으로 불필요한 인력을 줄이고 수시로 현장을 순시했다. 과연 이런 변화가 가능한 건 무엇 때문일까? 그건 빌 게이츠가 밀러의 말을 잘 경청하고 경영 방식을 바꿨기 때문이다. 자신의 입장만 생각했다면 합리적이고 효율적인 경영을 할 수 없었을 것이다. 이렇듯 경청은 많은 것을 얻게 하고 지혜를 발휘할 수 있는 방법과 기회를 제공하는 것이다.

우리가 무의식중에 내뱉는 말 속에서 듣는 상대는 성격, 가치관, 생각, 단점 등을 발견해 후에 약점으로 이용하거나 꼬투리를 잡을 수 있다. 그래서 말을 남보다 많이 한다는 것은 남보다 단점을 더 많이 드러내는 것이며 상대방을 제대로 파악할 수 없기 때문에 진정한 소통이 불가능하다. 결국 자신이 원하는 바를 얻을 수 있는 확률이 낮아지는 것이다. 그러므로 인간관계나 비즈니스에서도 정확한 정보를 얻기 위해서는 나의 말은 줄이고 상대방의 말을 많이 들어야한다.

국내 대형 보험 회사의 한 설계사에게 8년 연속 대상을 받은 비결을 물으니 보험 가입을 권하기 전에 고객의 이야기 상대가 되어서 말을 많이 듣고 인간적인 친분 관계를 쌓는 것이라고 한다. 그리고 고객의 이야기를 많이 듣다 보면 고객의 개인 정보를 자연스럽게 알게 되어 그 사람에게 꼭 맞는 보험을 제안하게 된다고 한다. 고객은 자신에게 꼭 필요한 보험이기 때문에 가입률과 유지율이 높아져 결국 보험왕이 되었다고 말한다.

우리는 누군가를 설득한다고 하면 많은 말을 해야 한다고 생각하지만 사실 먼저 상대방의 이야기를 잘 들어주어야 설득률이 올라간다. 경청이 바로 설득의 비결인 것이다. 미국의 정치가 데이비드 딘 러스크David Dean Rusk도 "남을 설득하는 가장 좋은 방법은 귀를 이용하는 것, 즉 남의 말을 들어주는 것이다."라고 했다.

들음으로써 지혜가 생기고 말함으로써 후회가 생기는 것이다. 경청은 내 인생의 많은 것들을 해결해 주는 열쇠가 될 것이다.

2
소통은 머리가 아니라 가슴으로 하는 것이다

대통령학의 세계적 권위자인 프레드 그린스타인Fred Greenstein 교수는 『위대한 대통령은 무엇이 다른가』라는 저서에서 프랭클린 루스벨트Franklin Roosevelt부터 빌 클린턴Bill Clinton까지 미국의 대통령 11명의 업적과 스타일을 분석한 후 대통령의 5가지 덕목을 강조했다.

5가지 덕목은 의사소통 능력, 통찰력, 감성 지능, 정치력, 인지 능력이었다. 이 5가지 덕목으로 평가한 결과 프랭클린 루스벨트Franklin Roosevelt, 존 F. 케네디John F. Kennedy, 로널드 레이건Ronald Wilson Reagan 대통령을 가장 뛰어난 리더로 평가했다.

반면 드와이트 D. 아이젠하워Dwight D. Eisenhower나 리처드 닉슨 Richard Milhous Nixon의 평가는 매우 저조했다. 평가 결과의 가장 큰 요인은 소통 능력의 차이였다.

사회적 지위와 직급이 올라갈수록 소통 능력이 중요하다. 호통보다는 소통하는 리더가 성과를 더 많이 낼 수 있다. 피라미드 조직에서 직급이 한 단계씩 멀어질수록 심리적 거리감이 제곱으로 커지는 '켈의 법칙Kel's law'이 있다.

동료 간의 거리가 1이라면 바로 위 상사와의 거리는 2가 되어 심리적 거리감은 4가 되는 것이다. 소통하려면 이러한 심리적 거리를 좁혀야 한다. 특히 권위적인 조직일수록 심리적 거리감이 크기 때문에 소통이 어려워진다.

소통을 잘해야 유능한 상사이다. 그리고 소통을 잘해야 좋은 성과도 얻을 수 있는 것이다.

페덱스는 'GFTGuaranteed Fair Treatment'라는 직원들의 의사를 중시하기 위한 제도를 실시했다. 이 제도는 매년 직원들이 설문지에 상사를 평가하고 함께 모여 문제점을 토론하고 개선하는 제도이다. 상사에 대한 직원의 평가는 승진에 지대한 영향을 미쳤다.

직원들과 상사 사이의 의사소통의 중요성을 인식하여 조직의 결속력을 다지고 직원들이 회사 경영에 참여한다는 의식으로 보다 적극적으로 회사에 참여하고 관심을 보이는 데 효과적이었다.

2014년 8월 11일 취업 포털 '잡코리아'가 직장인 304명을 대상으로 실시한 '직장 내 커뮤니케이션' 설문 조사에서 92.1%가 '소통이 어렵다'고 답했다. 직장에서 원활한 소통이 어려운 가장 큰 이유는 '서로 의견을 잘 이야기하지 않아서', '회사 이슈가 잘 공유되지 않아서' 등의 답변이 많았다. 또한 직장 내 커뮤니케이션이 제일 어려웠던 순간으로는 '상사와의 의견 충돌'이 1위를 차지했다. 이렇게 대부분의 직장인들이 소통의 어려움을 겪고 있고 직장 생활의 어려움이 상사가 원인인 경우가 많았다.

마음에 상처와 오해가 있으면 소통이 어려워진다. 먼저 마음이 풀려야 대화가 풀리는 것이다. "머리를 맞대면 두통이 오고 가슴을 맞대면 소통이 된다." 소통은 머리가 아니라 가슴으로 하는 것이다. 이성으로 하는 것이 아니라 감성으로 하는 것이다. 소통하려면 마음부터 얻어야 한다. 청각은 귀가 아니라 마음에 달려있기 때문이다. 상대방에게 긍정적인 감정을 불러일으킬 때 메시지를 정확하게 전달할 수 있고 설득할 수 있는 것이다.

인정받는 리더가 되고 싶다면 먼저 구성원들과 소통을 잘해야 하고 소통을 잘하려면 마음을 얻어야 한다. 아무리 유능한 리더라도 구성원들의 마음을 얻지 못하면 원하는 바를 이룰 수 없다. 구성원들의 마음을 얻지 못하는 리더는 유능하다고 할 수도 없다.

서울의 한 명문 사립대학에서 한 교수가 자신의 수업을 듣는 학생 300명을 대상으로 실험을 하였다. 먼저 화이트보드에 '차'라는 단어를 적어 놓고 이 단어를 보고 연상되는 내용으로 리포트를 작성하라고 하였다. 그리고 300명의 학생들은 리포트를 제출했다. 그 결과 290명의 학생이 '자동차'에 대해서 썼고, 9명의 학생이 '마시는 차'에 대해서 그리고 단 1명의 학생만이 '장기판의 차'에 대해서 쓴 것이다. 이렇게 같은 단어를 보고 고정관념이나 인식의 차이에 따라 다른 생각을 하는 것이다.

『어떻게 원하는 것을 얻는가』의 저자이자 세계적인 협상가인 스튜어트 다이아몬드Stuart Diamond 교수는 의사소통에 실패하는 가장 큰 원인을 인식의 차이라고 말한다.

다이아몬드 교수는 저서에서 몇 가지 사례를 제시한다. 그중 하나는 사람들에게 흰 여백에 붉은색 동그라미가 그려진 그림을 보여 준 다음 그림에서 무엇을 보았는지 질문한다.

절반 정도는 붉은 점이나 붉은 원이라고 대답하지만 나머지 사람들은 붉은 것과 관련이 없는 것을 말한다. 이처럼 인식의 차이가 생기는 이유가 무엇일까? 자신이 듣고 싶고 보고 싶은 것에만 집중하는 '선택적 지각' 때문이다. 즉 사람은 자기가 보고 싶고 듣고 싶은 것만 보고 들으려 한다. 이조차도 자신의 경험과 지식, 정보에 의해 만들어진 틀을 통해서 본다.

그래서 커뮤니케이션이 어렵고 진정한 소통의 가능성이 낮아지는 것이다. 흰색을 어떤 색에 덧칠하느냐에 따라 색이 달라지듯 같은 말이라도 어떤 사람에게 하느냐에 따라 말의 의미와 해석이 달라진다.

지난해 한 기업체에서 강의 중에 프레젠테이션 이벤트인 "페차쿠차PechaKucha(일본어: 잡담)에 가 보신 분 있으신가요?"라고 교육생들에게 물었다. 말이 끝나기 무섭게 한 여성 교육생이 손을 번쩍 드는 것이다. 그래서 나는 "어떠셨나요?"라고 물었더니 "맛있었어요!"라고 자신 있게 대답한다. 순간 소통의 어려움을 몸소 느낀 순간이었다.

나는 프레젠테이션 이벤트인 페차쿠차를 물었지만 교육생은 '일본 음식점 페차쿠차'를 떠올린 것이다. 같은 단어이지만 듣는 사람은 이렇게 다르게 인식하고 해석하는 것이다. 덕분에 교육생들과 한바탕 크게 웃었던 기억이 난다. 이처럼 머리로만 소통을 하면 사람마다 인식의 차이로 어려움이 있기 때문에 마음으로 하는 소통이 필요한 것이다.

어느 축구인이 한국 축구는 차범근에서 시작되었고 차범근으로 요약되는 역사라고 하였다. 차범근은 훌륭한 선수이기도 하였지만 훌륭한 감독이었다. 차범근 감독이 국가대표 감독을 맡았을 때 선수들이 가장 열심히 그라운드를 누볐다고 한다. 차범근 감독은 지쳐 있는 선수들을 향해 이름을 호명하며 엄지손가락을 치켜 세워주며 격려했기 때문이라고 한다.

선수들은 감독의 엄지손가락을 본 순간 자신이 인정받았다는 생각에 더 힘을 내어 열심히 뛰게 되는 것이다. 차범근 감독의 엄지손가락은 선수들과의 소통의 안테나이자 선수들을 향한 사랑의 메시지였다.

친한 친구끼리 사랑하는 연인끼리 좋아하는 사람끼리는 많은 말을 하지 않아도 상대방이 원하는 것이 무엇인지 금방 알아차린다. 그래서 우리는 텔레파시가 통했다는 말을 자주 한다.

사람들이 원하는 최적의 소통 상태는 아무 말 하지 않고 서로 바라보기만 해도 뜻이 통하는 상태라고 한다. 평소 아무리 눈치 없는 사람도 아이를 낳고 엄마가 되면 자식에 대해서만큼은 최고의 소통자이자 눈치 구단이 된다. 울음소리만 들어도 배가 고픈지 어디가 아픈지 구별한다. 표정만 보아도 무엇을 원하는지 어디가 불편한지를 금방 알아차린다. 모성애 때문이다. 분명 사랑과 관심이 없으면 알 수 없는 것이다. 그렇다. 우리의 소통도 따뜻한 사랑과 관심이 필요하다.

스위트 스팟Sweet spot을 찾아라

베르나르 베르베르Bernard Werber의 저서 『쥐의 똥구멍을 꿰맨 여공』의 '시도'에서 "내가 생각하는 것, 내가 말하고 싶은 것, 내가 말하고 있다고 믿는 것, 내가 말하는 것, 상대가 듣고 싶어 하는 것, 상대가 듣고 있다고 믿는 것, 상대가 듣는 것, 상대가 이해하고 싶어 하는 것, 상대가 이해하고 있다고 믿는 것, 상대가 이해하는 것, 내 생각과 상대의 이해 사이에는 이렇게 열 가지 가능성이 있기에 우리의 의사소통에는 어려움이 있다. 그렇다 해도 우리는 시도를 해야 한다."라고 했다. 그래서 서로 마음이 통하는 소통이 필요한 것이다.

스포츠에서 야구 배트나 골프 클럽에 공이 맞았을 때 가장 멀리 날아갈 수 있는 지점을 스위트 스팟이라고 한다. 대화에서도 화자話者와 청자聽者가 공유할 수 있는 지점, 즉 마음이 만나는 지점을 찾았을 때 진정한 소통을 할 수 있다. 대화에서도 스위트 스팟을 찾아야 하는 것이다.

1940년 11월 미국 워싱턴 주 타코마 해협Tacoma Narrows의 다리가 산들바람에 어이없이 무너진 사건이 있었다. 조사 결과 다리의 고유 진동수와 바람 불 때 생긴 작은 진동이 우연히 일치했고 그래서 더욱 강하게 진동해서 다리가 무너지고 만 것이다.

이처럼 공명은 상상 이상의 힘을 낼 수 있다. 사람과의 소통도 내가 먼저 상대방의 진동수를 맞추면 상상 그 이상의 폭발력 있는 의사소통을 할 수 있다. 누구나 상대방이 먼저 나를 이해해 주고 맞추어 줄 것이라는 착각에서 소통이 시작된 것이 문제이다.

어느 초등학교에서 시험이 있는 날 선생님이 아이들에게 시험지를 나누어 주었다. 그런데 한 아이의 시험지가 눈에 들어왔다. 시험지에 우산을 그려 놓은 것이다. 화가 난 선생님은 아이를 불러 물었다. "너 시험지에 낙서를 하면 어떡하니?" 하자 아이는 "낙서 아니에요."라고 말했다. 그러자 선생님은 "그럼 우산을 왜 그렸니?" 하자 아이는 "시험지에 비가 많이 내릴 것 같아서 미리 우산을 씌운 거예요."라고 하였다. 선생님은 "아 그랬구나, 다음번에는 시험지에 비가 덜 내리도록 노력해보자."라고 말했다. 아이가 "선생님! 제 시험지에 비 많이 내렸어요?" 하자 선생님은 "글쎄, 내일 알려줄게."라고 말했다. 소통은 상대방의 눈높이에 맞추는 것이다. 그리고 인정해 주는 것이다.

미국의 역대 대통령 가운데 가장 인기 있는 대통령으로 프랭클린 루스벨트Franklin Roosevelt 대통령이 꼽힌다. 그와 대화를 나눈 사람은 자신이 루스벨트 대통령으로부터 존중받았다는 느낌이 든다고 한다. 그 이유는 루스벨트 대통령은 상대를 만나기 전 상대방의 직업, 취미, 취향 등을 알아낸 후 상대방이 관심을 가질 만한 주제로 이야기를 꺼내기 때문이다.

루스벨트 대통령과 대화를 나눈 사람들은 자신의 이야기보다는 상대방이 좋아하고 듣고 싶은 이야기를 하는 그를 존경하고 좋아할 수밖에 없는 것이다.

『주역』에서 "세상은 공존하고 인간은 소통해야 할 의무가 있다. 전기가 통하듯 소통했을 때 좋은 운이 들어오는 것이다. 고인 물이 썩듯 소통하지 않은 사람은 점점 운이 나빠진다. 복을 받고 좋은 운이 들어오려면 소통해야 한다."라고 했다. 지금 일이 잘 풀리지 않는다면 먼저 주변 사람들과 머리가 아닌 가슴으로 소통부터 시작해보자.

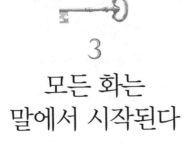

3
모든 화는
말에서 시작된다

말로 상처 주면 말로 치유하라

『탈무드』에서 "남의 입에서 나오는 말보다 자기의 입에서 나오는 말을 잘 들어라."고 했다. 시간이 지나 한번 뱉은 말로 상처 받은 누군가 서운했었다고 말하면 "그런 말 한 적 없다."라거나 "잘 생각이 나지 않는다."라거나 "그런 의도로 한 말이 아니니 오해하지 말라." 등의 말로 상처를 치유해 주기는커녕 자신의 변명으로 일관한다.

차라리 설사 기억이 나지 않더라도 "나의 말로 상처 받았다니 정말 미안하다. 진작 말하지 그동안 얼마나 가슴이 아팠느냐."라고 말해보라. 상처 난 가슴에 따뜻한 말 한마디는 이 세상의 어떠한 약보다도 회복이 빠를 것이다. 상처 주는 말을 하지 않는 것도 중요하지만 상처 받은 가슴을 치유해 주는 말도 중요하다는 사실을 잊지 말아야 할 것이다.

말의 해석은 화자話者의 입장이 아닌 청자聽者의 입장이다. 즉 나는 좋은 뜻으로 한 말이지만 듣는 사람이 상처를 받았다면 그 말은 좋은 말이 아니라 상처를 주는 말인 것이다. 그래서 상대방이 상처받았다고 말하면 바로 인정해야 하는 것이다.

내가 아는 한 가정의 4남 1녀 중에 막내딸인 50대 여성은 어린 시절 큰오빠의 언어폭력과 폭행의 상처로 중년인 지금까지도 트라우마Trauma에서 벗어나지 못하고 우울증으로 힘들게 살고 있다. 그래서 가족들이 모두 모인 자리면 어김없이 어린 시절 받은 상처를 쏟아내며 큰오빠에게 울면서 하소연한다. 그런데 오빠는 미안하다는 말은커녕 어릴 적 일 가지고 난리라며 오히려 큰소리친다.

여동생의 상처와 분노가 더 쌓여간다. 가슴 아픈 일이다. 차라리 오빠가 "철없던 시절 나의 말과 행동으로 네가 참 힘들었겠다. 앞으로 오빠가 더 잘할게. 서운한 점이 있다면 풀기 바란다. 미안해."라고 했다면 용서를 청하는 따뜻한 말 한마디가 이 세상의 어떠한 약으로도 고칠 수 없는 명약이 될 텐데……. 동생은 오빠에게 진심으로 미안하다는 말 한마디만 들을 수 있다면 더 이상 바랄 게 없다며 오늘도 가슴을 치며 눈물을 흘린다.

과연 우리들의 모습은 아닐까하는 생각이 든다. 직장에서 가정에서 사회에서 만나는 많은 사람들 속에서 우리는 분명 상처를 치유해 줄 줄 아는 내면의 치유자가 되어야 한다.

가해자는 끊임없는 가해자이고 피해자는 항상 피해자가 되어야 하는 굴레에서 벗어나 미안하다고 용서를 구할 줄 아는 인격이 필요하다. 우리는 너무 에고이스트egoist처럼 살고 있는 것 같다.

EBS에서 방영되었던 대한민국 화해 프로젝트 「용서」는 씻을 수 없는 상처로 얼룩진 관계를 회복하기 위한 프로그램이다. 도저히 회복할 수 없을 것 같은 관계들을 회복해 가는 과정에서 많은 것을 느끼고 배웠다.

서로 인정받지 못하고 말로 받은 상처를 평생 가슴에 묻고 살아가는 사람들의 이야기였다. 결국 상대방이 받은 상처를 인정하고 용서를 청했을 때 관계를 회복할 수 있었다. 하지만 대부분의 사람들은 본인의 잘못은 인정하지 않고 사과하지 않으면서 상대방은 그렇게 해주길 바랐다. 그렇기 때문에 갈등의 골은 더 깊어져만 갔다. 용서를 구할 줄 아는 용기와 지혜가 필요한 때이다. 지금 이 순간 내가 용서를 구하고 상처를 치유해주어야 할 사람은 없는가.

종이에 손을 베고 -이해인-

눈부시게 아름다운
흰 종이에
손을 베었다.

종이가 나의 손을

살짝 스쳐간 것뿐인데도

피가 나다니……

쓰라리다니……

나는 이제

가벼운 종이도

조심조심

무겁게 다루어야지

다짐해본다.

세상에 그 무엇도

실상 가벼운 것은 없다고

생각하고 또 생각하면서

내가 생각 없이 내뱉은

가벼운 말들이

남에게 피 흘리게 한 일은 없었는지

반성하고 또 반성하면서…….

세 번 생각하고 세 가지 체에 걸러서 말하라

주간 『이코노미스트』 중에서 말실수가 많은 조지 워커 부시George W. Bush의 백악관 보좌관들은 대통령이 입을 열까 봐 걱정했다고 한다. 공식 자리에서 부시 대통령의 실언으로 보좌관들이 속기록 수정에 진땀을 빼기도 하고 '실언록'을 발간하자는 얘기까지 나왔다고 한다.

말실수를 하는 것은 감정을 다스리지 못하거나 지나친 자만심 혹은 욕심에서 비롯된다. 한번 내뱉은 말은 스스로 찍어낸 화폐와 같아서 그 가치가 떨어지면 무용지물이 된다.

사람에게 인격人格이 있듯 말에는 언격言格이 있다. 사람의 품격의 기준이 말에 있기 때문에 외모보다 말로써 사람의 가치가 결정된다. 아무리 훌륭한 외모를 가진 사람이라도 언격이 떨어지면 그 가치가 떨어지지만 비록 볼품없는 외모를 가졌더라도 언격이 높은 사람에게는 존경심마저 드는 것이다.

말은 말하는 사람의 내면의 진실을 알 수 있고, 그 말의 조각들이 모이면 인간성이라는 내적 이미지를 형성하고 그 이미지가 성공을 결정하게 된다.

어느 날 부처님이 인도에서 제일 신분이 고귀하다는 브라만Brahman의 집으로 탁발을 갔다. 그런데 집주인은 밥을 주기는커녕 "사대육신 멀쩡한데 일해서 먹고살지 왜 밥을 얻어먹으러 다니는가!"라고 소리를 질렀다. 부처님은 빙긋이 웃으며 "당신 집에 손님이 옵니까?"

라고 물었다. 그러자 집주인은 "그럼, 손님이 오지!"라고 답했다.

부처님이 "손님들이 올 때 선물도 가지고 옵니까?"라고 묻자 "그럼, 가져오지!"라고 말했다. 또 부처님이 "만약 선물을 가져왔는데 당신이 그 선물이 마음에 안 들어서 받지 않으면 그 선물은 누구 겁니까?"하자 "그야 가져온 사람 거지."라고 했다.

부처님이 "지금 당신이 나에게 욕을 선물했는데 그것을 내가 받지 않으면 그 욕은 누구의 것이 됩니까?"라고 묻자 집주인은 이제야 깨닫고 잘못을 빌었다.

말은 결국 부메랑이 되어서 다양한 형태의 열매를 맺어 나에게 돌아온다. 선한 말은 선한 열매로 돌아오고 악한 말은 악한 열매로 되돌아온다. 상대방을 향해 한 말이지만 결국은 나에게 되돌아온다는 말의 진리를 명심해야 할 것이다.

법정法頂 스님은 '말은 생각을 담는 그릇'이라고 했다. 우리는 가끔 '프로이트의 말실수Freudian slips(프로이트가 창안한 심리학 용어, 속마음이 드러난 실언)'도 하게 된다. 순간 말실수를 해놓고선 누군가 진심이냐고 물으면 농담이라고 어색한 웃음 뒤에 숨어버릴 때가 있다. 하지만 이미 뱉어버린 말에 상대방은 언중유골言中有骨이라며 상처 받아 서운한 마음을 감추질 못한다.

사실 전혀 생각하지도 않는 말이 나올 리 없다. 돌이켜 보면 조금이라도 그런 생각을 하고 있었기 때문에 그런 말이 나온 것이다. 이러한 실수로 난처한 경우도 있지만 우리가 의식적으로 그러한 언행들을 선택할 수 있기 때문에 많은 연습을 해야 한다.

어느 날 한 청년이 노인에게 "중요한 소식이 있습니다."라고 하자 노인이 "그 소식이 진실이냐?"라고 물었다. 청년은 "방금 길거리에서 들은 것인데요."라고 대답했다. 노인이 "그러면 급하게 알려주려고 하는 것은 좋은 의도가 있어서냐?"라고 묻자 청년은 "그건 생각해 보지 않았는데요."라고 말했다.

노인이 "그럼 그 소식이 중요하다고 생각하느냐?"라고 묻자 청년은 "잘 모르겠습니다."라고 대답했다. 그러자 노인은 "그렇다면 나에게 말하지 않는 것이 좋겠구나. 다음에는 말하기 전에 먼저 세 개의 체로 걸러낸 뒤 말하는 것이 좋겠구나."라고 했다. 그러자 청년은 "세 개의 체라니요?"라고 물었다. 노인은 "첫 번째 체는 진실이요, 두 번째 체는 선의요, 세 번째 체는 중요함이다."라고 말했다.

나의 말 한마디가 누군가의 인생에 걸림돌이 될 수도 있고, 천생연분인 부부의 금슬에 금이 갈 수도 있고, 친한 친구가 원수지간이 될 수도 있고, 사업이 부도 위기에 처할 수도 있고, 돌이킬 수 없는 큰 사건의 발단이 될 수도 있다. 이렇게 엄청난 말의 위력을 생각하면 반드시 세 가지 체에 걸러서 말하는 습관을 가져야 할 것이다.

2014년 가을 아파트 경비원 분신자살 사건 소식에 국민들이 가슴 아파하고 그 배경이 한 주민의 언어폭력 때문이라는 사실에 분노했다. 그 기사를 보고 그저 가슴이 먹먹하기만 했다. '그 말만 아니었다면……'

그 주민은 경비원의 영정 사진 앞에서 미안하다는 사과와 함께 후회의 눈물을 흘리지만 이미 뒤늦은 후회에 눈물로 사죄하는 길밖에 없었다.

매일 수많은 언론의 기사에서도 말에 대한 실수는 돌이킬 수 없을 뿐만 아니라 개인의 명예까지 실추된다. 공인의 경우는 그 손실이란 어떠한 것으로도 보상할 수 없을 만큼 크다는 사실을 알고 있지만 현실에서는 또다시 말의 실수가 끊이지 않고 있다.

우리는 하루에 수없이 많은 말을 쏟아 내지만 그중 진정 누군가를 기분 좋게 하고 이롭게 하는 말은 얼마나 할까? 어쩌면 상처 주거나 피해를 주는 말만 하지 않아도 다행인 것이다.

남성은 스트레스를 받으면 깊이 생각하지 않고 행동하고 여성은 스트레스를 받으면 깊이 생각하지 않고 말한다고 한다. 그래서 심리 치료를 받는 환자의 90%가 여자이고 교도소 죄수 중 90%가 남자라고 한다. 특히 감정의 흥분 상태에서는 차마 해서는 안 되는 말까지 하고 나서 흥분이 가라앉고 나면 홧김에 나온 말이니 잊으라고 한다.

연필로 쓴 글을 지우개로 지운 것처럼 한번 뱉은 말을 지울 수만 있다면 말의 중요성을 언급할 필요도 없을 것이다. 본인은 홧김에 한 말이지만 상대방에게는 평생의 씻을 수 없는 상처로 남을 수 있으니 화가 난 상태에서는 차라리 혼자 조용히 화를 가라앉히는 편이 더 나을 것이다. 그러면 최소한 홧김에 나온 말은 안 할 수 있으니 말이다.

우리는 흔히 "난 뒤끝이 없다."라며 자랑삼아 이야기하곤 한다. 사실 뒤끝이 없는 건 좋은 것이다. 하지만 뒤끝이 없다고 말하는 사람들은 대체로 가해자인 경우가 많다. 이러한 사람은 본인의 분노를 상대방에게 마구 쏟아내고 나니 속이 후련해져 뒤끝이 없는 것이다.

그런데 그 상대방의 가슴에는 엄청난 못이 박혀있다. 너무 상처받아 힘들어하면 속이 좁다고 핀잔을 준다. 나는 다 풀려서 아무런 감정이 없는데 너는 아직까지 마음속에 담아두느냐며 달래주기는커녕 오히려 못마땅해한다.

어떤 사람은 누군가 못마땅하면 조용히 불러 너를 위해 할 말이 있다며 그동안 자신이 담아 놓았던 모든 감정을 쏟아낸다. 조언을 가장한 언어폭력이다. 모두 쏟아내고 나니 너무 시원하다. 말은 상대방을 위한 조언이지만 사실 나 자신의 감정 분출을 위한 언어폭력인 것이다. 과연 감정 분출인지 조언인지는 자신이 먼저 판단해야 한다.

진심으로 상대방이 잘되기 위한 마음이 간절해서 하는 말이면 조언이지만 상대방이 마음에 들지 않아 미운 마음에 하고 싶은 말이면 감정 분출이다. 조언은 하고 나면 가슴이 아프지만 감정 분출은 속이 후련하다.

말은 내뱉는 순간부터 살아서 움직인다. 상처 되는 말은 가슴 속에 죽을 때까지 살아있을 수도 있고 헐뜯는 말은 천 리를 달려 갈 수도 있다. 곧 발 없는 말이 천 리를 가는 것이다. 특히 상처가 되는 말은 가슴속에 조용히 숨죽이고 있다가 앙갚음으로 다시 되살아나기도 한다.

송宋나라 진종眞宗 때 구준寇準이라는 재상이 있었다. 그는 유능하고 지혜로웠고 관운이 따르지 않은 젊은이들을 발탁하여 등용하였다. 그중 정위丁謂라는 젊은이가 있었다. 정위에게 구준은 큰 은인이었다.

어느 날 구준이 조정 대신들과 식사를 하는 자리에서 수염에 음식 찌꺼기가 묻었다. 그런 구준을 본 정위는 참다못해 슬그머니 일어나 구준에게 다가가 자기 소맷자락으로 구준의 수염에 묻은 음식찌꺼기를 공손히 닦아 주었다. 이에 구준은 놀라면서 "한 나라의 중신이 어찌 윗사람의 수염까지 털어준단 말이오!"라며 정위를 냉정하게 꾸짖었다.

정위는 무안하여 자리로 가지도 못하고 고개를 숙인 채 도망치듯 물러가고 말았다. 결국 정위의 구준에 대한 존경심은 구준의 말 한마디로 인하여 증오심으로 바뀌게 되었다. 훗날 구준은 정위에 의해 실각하고 지방으로 쫓겨났다. 바로 말 한마디로 모든 것을 잃게 된 것이다.

우리는 윌리엄 셰익스피어William Shakespeare의 "인생을 망치지 않으려면 자신의 말에 신경을 쓰라."라는 말을 항상 마음에 새기며 살아가야 할 것이다.

Time, Place, Occasion에 맞는 말을 하라

누군가 나에게 옷 잘 입는 비결을 물으면 'Time, Place, Occasion'에 맞는 옷을 입으라고 말한다. 말을 잘하는 비결도 마찬가지다. 강의를 하다 보니 어디를 가든 즉흥적인 발언의 기회가 나에게 많이 오는 편이다. 아무리 말 잘하는 사람도 갑자기 발언을 하라고 하면 순간 당황스러울 때도 있다. 그런데 이 TPO의 원칙만 지키면 최소한 말실수는 줄일 수 있다.

얼마 전 한 단체의 창립 기념행사에 참석하게 되었다. 수백 명의 인사들이 참석했고 창립 기념행사인 만큼 축하하며 모두 화기애애한 분위기였다. 축사는 단체의 대표인 전직 장관이 내정되어 있었다. 장관은 무대에 오르더니 축사가 아닌 요즈음 이슈가 되는 문제를 제기하며 토론의 장을 만들어가는 것이 아닌가! 장관이 내놓은 토론의 주제는 모두가 팽팽하게 대립할 수 있는 주제이기에 어느새 창립 기념행사는 고성이 오가는 토론의 장이 되어 버린 것이다.

당연히 분위기는 엉망이 되었고 예정되었던 시간이 훌쩍 넘어 행사가 끝날 수 있었다. 행사가 끝나고 준비 위원장은 그렇게 열심히 준비한 행사가 전직 장관의 때와 장소와 상황에 맞지 않는 발언으로 엉망이 되었다며 한숨이 끊이질 않았다. 우리는 한 사람의 적절하지 못한 발언으로 분위기나 그 사람의 체면이 엉망이 되는 경우를 심심찮게 접하게 된다. 그래서 말도 TPO가 중요한 것이다.

어느 나라의 독재자가 권좌를 계속 지킬 수 있을지 불안해했다. 점쟁이를 불러 들여 자신의 앞날이 어떨지 물었다. 독재자의 점괘는 미구에 횡사하는 것으로 나왔기 때문에 점쟁이는 고민에 빠졌다. "재임 중에 돌아가시겠습니다."라고 했다가는 자신의 목이 먼저 날아갈 것 같았기 때문이다. 그래서 점쟁이는 "종신토록 권좌에 계시겠습니다."라고 고하고 선물 한 보따리를 안고 나왔다. 이렇게 같은 의미의 말이지만 어떻게 표현하느냐에 따라 듣는 사람의 기분이 달라질 수 있는 것이 바로 말이다. 바로 말도 상황에 맞게 말할 수 있는 센스가 필요하다.

2001년 9월 11일 세계 무역 센터가 공격을 당한 직후 미국 정부는 이 사건을 범죄로 규정하고 '테러와의 전쟁'을 선포했다. 미국은 영국과 함께 아프기니스탄올 침공했고 미국은 이라크로 진쟁을 확대하면서 '확대'라는 표현 대신 '물결'이라는 표현을 사용하였다.

'전쟁의 물결'은 '전쟁의 확대'보다 부드럽게 들리고 '테러와의 전쟁'은 '범죄와의 전쟁'과 다르게 들린다. 이렇게 같은 의미를 어떤 단어로 표현하느냐에 따라 전혀 다른 느낌으로 전달될 수 있다.

치과에서도 '뽑겠습니다' 대신 '제거하겠습니다', '어디가 고통스럽습니까?' 대신 '어디가 불편하십니까?', '바늘' 대신 '팁', '침을 뱉으세요' 대신 '입속을 비우세요'의 표현으로 환자가 느낄 공포감이나 불쾌함을 최소화한다.

사람과의 커뮤니케이션에서도 같은 내용을 어떤 단어를 쓰고 어떻게 표현하느냐에 따라 불쾌함을 전달할 수도 있고 기분 좋게 전달할 수도 있다.

한 모임에서 누군가 했던 말이 생각난다. 오래전 자신의 부친 장례식에 한 조문객이 '그 연세면 충분히 사실 만큼 살다 가신 것이니 너무 슬퍼하지 말라'고 한 말이 항상 가슴에 서운함으로 남아 있다고 했다. 자식의 입장에서는 더 살다 가시면 좋았을 것이라는 마음으로 슬퍼하고 있는데 그 말이 오히려 서운하게 들렸다는 것이다. 차라리 조문을 가면 두 손 꼭 잡아주며 아무 말 안 하는 것이 더 위로가 된다던 그 말이 지금도 잊히지 않는다.

나는 강의를 할 때 말하지 않는 세 가지가 있다. 정치, 종교, 사회적 이슈에 대한 나의 생각이나 의견은 잘 말하지 않는다. 사람들의 생각이나 가치관이 모두 다르기 때문에 잘못하면 강의의 분위기를 망칠 수도 있기 때문이다. 그리고 개인적인 모임에서도 구성원들에 따라 기분 상할 수 있는 발언을 피하는 것이 좋다.

한 번은 활동한 단체에서 회의를 마치고 식사를 하러 갔는데 TV에서 인기 있는 한 아나운서가 방송을 진행하고 있었다. TV를 보시던 회장님이 "저 아나운서는 좋은 학교를 안 나온 것이 흠이야."라고 하는 것이 아닌가. 그런데 그날 우리 단체에 행사 때마다 지원하고 협찬을 해주시던 CEO가 함께 식사를 하다가 그 아나운서와 학교 동문이다 보니 순간 화가 난 것이다.

그다음의 분위기는 말할 필요가 없을 것이다. 결국 회장님은 체면을 구기고 몇 번이나 용서를 청해야만 했다. 그 뒤로 그 CEO는 행사 협찬을 중단했다. 이렇게 TPO에 맞지 않는 말에 대한 결과는 생각하는 것 이상의 커다란 부메랑이 되어 돌아온다.

말하는 대로 이루어진다

우리는 "말이 씨가 된다."라는 속담을 자주 사용한다. 대학 시절 한 종합병원에서 수년간 안내 봉사를 했었다. 내가 주로 맡은 일은 노약자나 장애인, 문맹인들에게 병원 이용에 도움을 주는 일이었다.

어느 날 70대 할머니 한 분이 도움을 요청하셨다. 그래서 신분증을 받아 이름을 보니 '김죽자'가 아닌가. 할머니는 나에게 하소연하신다. 이름이 죽지이니 평생 죽을 고비도 많이 넘기고 병원을 안방 드나들 듯 하신다고 신세 한탄하신다. 할머니의 부친이 이름을 잘못 지어 이름이 씨가 되었다며 한숨지으신다. 웃지 못할 이름에 대한 에피소드이다. 그래서 우리는 남들의 입에서 더 많이 불리는 이름을 잘 짓기 위해 작명소까지 찾아가 좋은 의미의 이름을 짓기도 하는 것이다.

탤런트 안문숙 씨가 과거 한 방송 프로그램에 나와서 어머니 강삼봉 여사가 어린 시절에 했던 독특한 체벌에 대해 말한 적이 있다. 보통 잘못을 해서 꾸지람을 할 때 다른 어머니들은 "커서 뭐가 되려고 이러니?", "이렇게 해 가지고 성공할 수 있겠니?"식으로 부정적인 말을 하는데 안문숙 씨의 어머니는 매를 때리면서도 "커서 크게 될 가시나야!(전라도 사투리)", "커서 돈 많이 벌 가시나야!"라고 긍정적인 말로 꾸지람을 했다고 한다. 그래서 어머니의 이러한 긍정적인 말로 지금의 자신이 있을 수 있었다고 말한다.

매를 맞더라도 부정적인 말이 아닌 긍정적인 말로 꾸지람을 들으니 상처가 없음은 물론 어머니가 싫지 않고 좋더라는 것이다. 그래서 지금의 효녀 안문숙 씨가 되었는지도 모른다.

고교 시절 야간 자율 학습에 도시락을 두세 개씩 싸고 다니며 대학 입시에 시달렸던 시절이었다. 제법 놀기 좋아하는 한 친구가 학교 안 나오고 차라리 병원에 입원하고 싶다고 넋두리를 매일같이 쏟아냈다. 그러던 어느 날 친구가 정말 학교를 결석한 것이다. 알고 보니 맹장 수술로 병원에 입원을 한 것이었다. 우리들은 모두 입을 다물지 못했다. 이렇게 말이 씨가 될 줄 몰랐던 것이다.

그 후로는 퇴원한 친구가 병원에 입원한 것보다 학교 나오는 게 훨씬 좋다며 불평 없이 학교를 잘 다녔다. 물론 말이 씨가 된다며 말의 전도사 역할까지 했던 기억이 난다.

2만 번 이상 말하면 현실이 된다는 어느 인디언의 속담도 있다. 그래서 불평불만이 많은 사람은 인생이 평탄하지 않다는 말이 결코 틀린 말이 아닌 것이다. 지금 나는 어떤 말의 씨앗을 뿌리고 있는가.

4
역린逆鱗을
건드리지 마라

중국 고전 『한비자』에 등장하는 역린逆鱗은 '거꾸로 된 비늘'이라는 뜻이다. 용의 머리 뒤편에 다른 비늘 방향과 반대로 되어 있는 비늘이 모인 부분이 있다. 용을 탄 사람이 잘못해서 역린逆鱗을 만지게 되면 화가 난 용이 고개를 돌려 그 사람을 물어 죽인다.

한비자에서는 모든 사람마다 역린이 있으니 그 부분을 건드리지 않는 것이 좋은 관계를 위해서 필요한 것이라고 한다.

직업상 다양한 사람들을 만날 기회가 많은 편이다. 사람은 첫 만남이 중요하다는 사실을 잘 알고 있으면서도 현장에서는 자신의 언행이 자신의 이미지에 치명적인지조차도 모르는 경우가 의외로 많다. 예를 들어 처음 만난 자리에서 "나이가 어떻게 되시나요?", "경력이 몇 년이나 되셨나요?", "연봉은 어떻게 되나요?", "키는 몇 cm

인가요?", "자녀는 몇 명인가요?" 등 너무 많은 것을 알고 싶은 욕심에 질문이 계속된다.

자녀를 갖고 싶어도 갖지 못한 여성에게 자녀 질문은 상처이자 불쾌함이 될 수도 있다. 키가 콤플렉스인 사람에게 키에 대한 질문도 불쾌함이다. 첫 만남에서의 질문 공세는 확실한 실수이자 비호감 1순위가 될 수 있다.

궁금한 것은 차후에 친분이 쌓이면서 자연스럽게 알아갈 수 있으니 첫 만남에서 질문은 최소화하는 것이 호감도를 높이는 방법 중에 하나이다.

내가 아는 한 대기업에 다니는 여성은 180cm 가까이 되는 큰 키를 가졌다. 그런데 나를 보면 하소연을 한다. 처음 만나는 사람마다 도대체 키가 얼마나 되느냐며 운동선수 하지 왜 회사를 다니느냐고 자신의 콤플렉스인 키에 대한 말을 들을 때면 너무 괴롭고 상처가 된다고 말한다. 만나는 사람마다 자신에게 키에 대한 이야기를 하지 않는 것이 소원이라고 말할 정도이다.

그리고 한 공무원 연수원에 강의를 갔는데 한 여성 교육생이 쉬는 시간에 나에게 찾아와 자신의 고민을 이야기한다. 다름 아닌 동안인 자신의 얼굴에 대한 이야기였다. 주변 사람들은 동안인 자신을 보고 부럽다고 이야기하지만 정작 자신은 괴롭다고 말한다. 이유는 부부모임을 가더라도 처음 보자마자 반말부터 하고 어디를 가든지 존중받지를 못한다는 것이다. 반말을 하던 사람도 나중에 알고 보면 자신보다 어린 사람들이라는 것이다. 그녀의 바람은 동안인 얼굴 때문에 상처를 너무 받아서 나이 들어 보이는 것이라고 말한다. 일반 사람들은 의아해할 수 있지만 이렇게 사람의 역린은 다양하고 개인의 사적인 영역이기 때문에 보호하고 존중해주어야 한다. 그래서 사적인 질문이나 말은 잘 생각해서 해야 하는 것이다.

아랍권 최초 노벨문학상 수상자 나기브 마푸즈는 "어떤 사람이 대답을 어떻게 하는지를 보면 그가 얼마나 똑똑한지를 알 수 있지만, 그가 어떤 질문을 하는지를 보면 그가 얼마나 지혜로운지를 알 수 있다."라고 했다. 우리도 누군가의 마음에 상처 주지 않으려면 좀 더 지혜로워져야 할 것 같다.

첫 만남에서뿐만이 아니라 평소 인간관계에서 역린을 건드리지 않도록 항상 조심해야 한다. 특히 친분이 있을수록 더 신경을 써야 하는 부분임에도 불구하고 오히려 친하다는 이유로 실수하는 경우가 더 많다.

내가 아는 한 봉사단체의 회장님은 좋은 일을 많이 하신다. 시를 위해 기증도 하고 주변의 어려운 이웃들을 그냥 지나치지 않으신다. 하지만 상대방에 대한 단점을 서슴없이 이야기해 상처를 잘 주신다.

물론 그분의 말이 맞는 말도 있겠지만 틀린 말들도 많을 것이다. 하지만 그 자리에 함께 있는 사람들은 그 말을 듣고 선입견이 생길지도 모를 일이다. 좋지 않은 말을 들은 사람들은 불쾌한 마음을 표정으로도 감출 수가 없어 함께 있는 다른 사람들도 참 불편해진다.

좋은 일은 많이 하시면서 사람들의 마음의 성역을 침범하는 모습을 볼 때마다 존경스러운 마음보다는 안타까운 마음이 더 크다. 『주홍 글씨』의 작가 나다니엘 호손은 세상에서 가장 용서받지 못할 범죄는 다른 사람의 '마음의 성역'을 침범하는 일이라고 했다.

지난해부터 정부가 공공기관에 도입하는 국가직무능력표준NCS기반 채용에서는 기업들이 관행처럼 물어온 신장, 몸무게, 결혼 여부, 가족 관계 등을 입사 서류와 면접에서 묻지 않도록 했다. 또한 보건복지부와 법무부에 따르면 혼인 여부, 임신 또는 출산, 가족 상황 등을 차별 금지 대상으로 하고 차별금지법(가칭) 제정을 검토 중이다.

국가에서도 개인의 사적인 영역을 보호하려는 노력에 많은 사람들은 반가움을 드러낸다. 누구에게나 역린逆鱗이 있다. 상대방의 역린을 건드리지 않는 것도 세상을 살아가는 또 다른 지혜가 아닐까.

5
칭찬은 모든 관계의
해독제이다

베스트셀러 작가이자 세계적인 명성의 자기계발 전문가 브라이언 트레이시Brian Tracy는 『브라이언 트레이시처럼 말하라』에서 "인정의 욕구는 식욕이나 수면욕처럼 계속 채워줘야 하는 속성을 지니고 있다."라고 했다. 인정은 인간의 가장 기본적인 욕구 중 하나이다.

헤겔Georg Wilhelm Friedrich Hegel이 '인류의 역사는 인정 투쟁의 역사'라고 했듯이 인간이 하는 행동의 많은 부분은 다른 사람들로부터 인정받기 위한 몸부림이라고도 할 수 있다.

어느 조사에서 자녀들이 가장 상처 받는 말은 "네가 제대로 하는 게 뭐 있어?"라는 말이고 부모가 자녀들로부터 가장 상처 받는 말은 "나한테 해 준 게 뭐 있어요?"였다. 결국은 부모와 자녀의 관계에서도 인정받지 못할 때 큰 상처를 받는다는 것이다.

인정 욕구는 인정의 대상을 기준으로 기본적이고 중요한 순서대로 6단계로 나눠 볼 수 있다.

1. 존재 자체에 대한 인정, 2. 존재 가치에 대한 인정, 3. 정체성 구성 요소에 대한 인정, 4. 마음 알아주기, 5. 태도 능력에 대한 인정, 6. 행위와 결과에 대한 인정.

칭찬은 인정 행위의 일부이며 5, 6번이 해당된다. 칭찬을 받지 못한다고 화가 나지는 않지만 1~4번의 인정 욕구가 채워지지 않거나 침해되면 분노하게 된다. 즉 칭찬은 선택이지만 인정은 필수라고 할 수 있다. 사람은 인정해 주고 칭찬해 주는 사람을 좋아한다. 6가지 인정 욕구를 적절히 충족시켜 주면 주위 사람들과 좋은 인간관계를 유지하는 데 도움이 될 수 있다.

미국의 사회심리학자 프레더릭 허즈버그Frederick Herzberg는 조직 구성원의 만족 요인과 불만족 요인이 따로 존재한다고 주장했다. 만족 요인은 인정, 성취감, 책임, 일의 재미 등이고 불만족 요인은 인간관계, 임금, 근로 환경 등이다. 이 두 요인은 서로 영향을 주지 못하기 때문에 불만족 요인을 제거한다고 해서 만족 요인이 증가하는 것이 아니라고 분석했다. 즉 만족 요인을 훼손시키지 않아야 한다는 것이다.

삼성경제연구소에서 상사가 부하의 칭찬과 인정에 인색한 이유 5가지를 제시하였다. 첫째, 직원에 대한 기대 수준 자체가 높아 성에 안 차기 때문이다. 둘째, '월급 받으려면 그 정도는 해야지'라는 성과

　　　　　　　　　PART 1 커뮤니케이션 전략

에 대한 당연한 평가 때문이다. 셋째, 부하 직원이 잘하고 있는지 여부에 대해 모르기 때문이다. 넷째, 부하 직원을 인정하는 문화나 습관이 부재하기 때문이다. 다섯째, 칭찬하면 버릇이 나빠지거나 자만해질까 봐 걱정하기 때문이다.

때로는 상사의 칭찬과 인정이 조직의 활력과 의욕을 불러일으키고 리더십에도 필요한 부분이기 때문에 적당한 칭찬과 인정은 필요하다. 돼지는 밀어서는 안 넘어가지만 긁어주면 하늘 보고 넘어간다. 칭찬과 인정은 내가 원하는 방향으로 상대를 이끌어 갈 수 있는 무기이다. 상대방을 내 마음대로 이끌고 싶다면 칭찬과 인정이 필요한 것이다.

남아프리카의 바벰바 부족 사회에서는 규범을 어긴 부족원을 마을 한가운데에 세우고 모든 부족원이 그를 에워싼다. 그다음 돌아가면서 차례로 칭찬거리를 찾아 말해준다. 대신 그에 대한 비판이나 단점을 말하지 않는다. 그렇게 전체 부족원들은 잘못을 저지른 부족원의 칭찬 의식이 끝나게 되면 즐거운 축제가 벌어진다. 이와 같은 심판은 잘못한 사람의 자존심을 살려주면서 다른 부족원의 기대에 어긋나지 않게 살도록 하는 큰 효과가 있는 것이다. 결국은 바벰바 부족사회에서 범죄가 거의 일어나지 않는 이유가 바로 칭찬에 있었던 것이다.

심리학에서 사람은 누구나 부정적인 것은 멀리하려 하고 긍정적인 것을 선호하는 경향이 있다는 사실을 아첨 효과Flattery Effect와 반사 영광 효과Basking in Reflected Glory로 설명할 수 있다. 아첨 효과는 자신에 대한 긍정적인 부분은 무조건 믿으려 하는 경향을 말한다. 그리고 반사 영광 효과는 성공한 사람, 권력이 있는 사람, 매력적인 사람과 자신과의 연결 고리를 알림으로써 자신의 이미지도 그처럼 높아 보이게 만드는 것이다. 즉 이러한 긍정적인 것을 좋아하는 인간의 마음을 가장 만족시켜줄 수 있는 것이 바로 칭찬이다.

칭찬을 받는 것도 하는 것도 싫어했던 나폴레옹Napoleon Bonaparte도 "저는 장군을 존경합니다. 왜냐하면 칭찬같이 혀에 발린 말 따위는 질색으로 여기시기 때문입니다."라고 말한 부하의 칭찬에 즐거워했다고 한다. 이렇게 칭찬을 싫어하는 사람은 없는 것이다.

서울의 한 대학에서 6개월 과정으로 진행한 취업 면접 지도와 이미지 컨설팅을 할 때이다. 1:1 컨설팅을 하기 전에 모의 면접을 진행하였다. 모니터링해서 피드백하기 위해서이다. 물론 모든 학생들은 면접 복장을 하고 실제 면접 상황에 맞게 준비하고 임하였다.

모의 면접이 중간 정도 진행되었을 때 한 팀이 입장하는데 그중 구멍을 낸 꽉 낀 데님 팬츠와 발가락이 드러난 요란한 하이힐 샌들에 앞머리는 눈을 절반 가리고 자신감 상실에 반항기 가득한 A라는 여학생이 들어오는 것이 아닌가!

모두 면접 복장 차림인 데도 이 학생은 면접 복장은 고사하고 반항기 가득한 모습이어서 다른 지도교수들도 기대하지 않은 학생이었다. 하지만 난 생각이 달랐다. 사랑과 관심이 필요한 학생임을 직감했다. 그때부터 난 A학생에게 사랑과 관심을 표현했고 칭찬도 아끼지 않았다. 내가 정성과 사랑을 가장 많이 쏟은 학생 중 하나였다. 진심으로 학생을 대했고 그 A학생도 잘 따라와 주었다. 그렇게 몇 개월이 지나니 놀라울 정도로 밝아지고 요조숙녀가 되어 있었다. 다른 지도교수들도 기대 이상의 변화에 놀라움을 표현했다. 그때 사랑과 칭찬의 힘을 절실히 느끼게 되었다.

그 후 A학생은 국내 탑 금융권 3군데에 합격해 어디로 가야 할지 행복한 고민에 빠지게 되었다. 사람은 이렇게 인정받고 칭찬받을 때 변화되고 발전하게 되는 것이다.

칭찬 기법의 하나인 '부분 자극 확대 효과'는 어느 한 가지를 반복해서 칭찬받으면 자신의 모든 것이 칭찬을 받는다고 생각하게 되어 다른 부분까지 좋아지는 현상을 말한다. 교육학에서는 이러한 인간의 심리를 이용해 재능을 키우거나 자신감을 회복시키는 기법으로 사용한다.

옛날에 산에 소를 먹이러 갔다가 호랑이를 만나면 사람이 소고삐를 놓고 도망가면 소도 도망을 가다가 사람과 소 모두 호랑이에게 잡아먹힌다고 한다. 그런데 사람이 소고삐를 잡고 옆에서 격려하면 그 소가 뿔로 호랑이를 이긴다고 한다. 이렇게 칭찬과 격려는 없던 힘도 나게 하는 신비한 주문과도 같은 것이다.

사마천의 『사기』에 예양이 "선비는 자기를 알아주는 사람을 위해 목숨을 바치고 여자는 자기를 기쁘게 해주는 사람을 위하여 얼굴을 꾸민다."라고 했다.

누구나 칭찬해준 사람을 나쁘게 생각할 리 없고 칭찬받기 싫어하는 사람은 없다. 하지만 칭찬도 잘해야 한다. 칭찬에도 원칙이 있다. 진실성이 있어야 한다.

나의 한 지인은 칭찬 전도사이다. 보는 사람마다 무조건 엄지손가락을 들어 보이며 칭찬을 과하다 싶을 만큼 쏟아내니 진정성이 의심되고 그 가치까지 떨어진다. 오히려 듣고 싶지 않을 정도이다. 칭찬도 자주 하는 것보다 귀하게 느낄 수 있을 정도로 해야 한다. 칭찬을 단지 의례적인 에티켓 정도로 알고 표현하면 듣는 사람도 금방 그 진정성을 알아차린다. 오히려 안 하느니만 못하는 격이 된다.

진심이 담겨있지 않은 칭찬은 자신에게도 상대방에게도 별다른 이익을 주지 못한다. 그러므로 칭찬에서 중요한 것은 말의 내용보다도 진실한 마음과 그 말을 표현하는 표정, 말투, 눈빛이다. 진정성 있는 칭찬의 말은 듣는 사람의 마음을 사로잡을 수 있다.

칭찬을 하는 사람도 중요하지만 칭찬을 받는 사람도 주의가 필요하다. 너무 칭찬에 도취되면 오히려 모든 가능성이 사라질 수 있다.

칭찬은 과거나 현재에 대한 평가일 뿐 미래에 대한 평가가 아니기 때문에 칭찬을 들었을 때는 오히려 현재 자신의 상태를 다시 한 번 스스로 점검하여 미래를 위해 준비하고 대비하는 노력이 필요하다. 칭찬에 도취되어 자만하거나 현실에 안주하게 되면 오히려 칭찬이 독이 될 수 있으니 칭찬을 들으면 자신을 돌아보는 계기로 삼아 성공의 발판이 되도록 해야 할 것이다.

그리고 칭찬을 잘하기 위해서는 상대방에 대한 기대나 욕심을 줄여야 한다. 술이 70% 이상 차면 스스로 흘러내리는 술잔 계영배戒盈杯처럼 부족한 30%를 꾸짖지 말고 70% 정도 마음에 차면 칭찬하고 격려해보자. 결국은 나에게 존경과 사랑으로 돌아올 것이다.

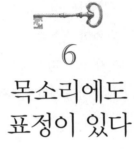

6
목소리에도
표정이 있다

사람들은 얼굴을 보고서야 첫인상이 형성된다고 생각하지만 실제로 만나기 전에 이미 형성되는 경우가 있다. 바로 전화 통화와 시간 약속이다. 전화 통화에서 호감을 얻지 못하면 첫인상에서 실패한 것이고 약속 시간에 늦는 것도 마찬가지이다.

비즈니스에서 대면하기 전에 이루어지는 통화는 앞으로의 비즈니스에 많은 영향을 줄 수 있기 때문에 평소 목소리 표정에 신경을 써야 한다.

캘리포니아 대학 심리학과 교수이며 표정 연구의 대가인 폴 에크먼Paul Ekman 교수가 얼굴 표정이 문화를 뛰어넘어 세계적으로 동일하게 인지된다고 한 것처럼 과학자들은 음성 표현도 인류 보편적인 현상을 보인다는 사실을 밝혀냈다.

사람들은 의외로 전화 통화의 중요성을 간과하는 경우가 많다. 얼굴을 대면하면 목소리에 대한 비중이 줄어들지만 전화 통화는 오로지 목소리에 의존해 판단을 하기 때문에 중요하다.

그리고 같은 말이라도 기분 좋은 억양과 불쾌함을 전달하는 억양이 있다. 얼굴에만 표정이 있는 것이 아니라 목소리에도 표정이 있는 것이다. 그래서 우리는 쉽게 목소리의 표정으로 진실함, 나에 대한 호감도, 감정 상태 등 수많은 메시지를 주고받는다.

영국의 사회학자이자 철학자인 하버트 스펜서Herbert Spencer는 "억양이란 지성의 주장 위에 감정의 논평을 싣는 것이다."라고 말했다. 목소리에 나타나는 작은 변화들이 말 자체보다 더 많은 것을 의미한다.

옷을 제2의 인격이라고 말한다. 목소리는 옷 이상의 더 많은 것을 알려준다. 옷은 내 몸 밖의 것이지만 목소리는 나의 몸속에서 울려 나오는 것이기 때문이다. 우리는 자신도 모르는 사이 내면의 본성을 폭로하고 다닌다. 아무리 명석한 위선자라 하더라도 목소리를 자신의 생각이나 감정의 변화로부터 완벽하게 보호할 수는 없다.

어느 텔레마케터의 책상에는 항상 거울이 놓여있다. 웃으며 통화하기 위한 노력인 것이다. 우리는 하루를 보내며 아는 사람이든 모르는 사람이든 목소리만 듣고 무언가를 결정하거나 상대에 대한 호감도를 측정하는 일이 빈번해졌다.

대부분의 사람들은 차갑고 무뚝뚝한 사람보다는 따뜻하고 부드러운 사람을 좋아한다. 보통 이러한 따뜻함과 부드러움은 목소리에서 느낀다. 같은 의미의 말도 어떤 목소리로 말하느냐에 따라 말의 의미와 기분이 달라진다. 목소리는 이성이 아니라 감성을 자극하기 때문이다. 그러므로 기분 좋은 목소리는 바로 좋은 이미지의 조건이 된다.

사람들은 음성 신호에 근거해서 다른 사람의 기분이나 감정 상태를 잘 알아낸다. 상대방이 지금 어떤 자세와 마음가짐으로 통화를 하는지 목소리만으로도 충분히 짐작할 수 있다. 사실 전화를 끊고 난 후 기분 좋은 통화가 있는 반면 '내 전화가 반갑지 않았나?' 아니면 '오늘 기분 안 좋은 일이라도 있었나?'라고 생각하게 만드는 통화가 있다.

잘생긴 얼굴도 중요하지만 밝은 표정에 더 호감이 가듯이 목소리도 좋은 목소리 못지않게 친절하고 밝은 목소리에 호감이 간다.

일반적으로 목소리는 남성보다 여성이 더 민감하다. 여성의 87%가 남자의 목소리에 매력을 느낀다. 그러므로 여성을 많이 상대하는 직업이나 여성에게 좋은 이미지를 심어주어야 할 사람이라면 특별히 음성 훈련에 관심을 가져야 할 것이다.

좋은 목소리란 상대방이 들었을 때 기분 좋은 목소리이다. 여기서 말하는 기분 좋은 목소리란 맑고 부드럽고 톤과 음량이 좋으며 속도가 다양한 목소리인데 거기에 따뜻하고 밝고 친절한 마음이 곁들여졌을 때 최고의 목소리가 된다.

목소리 클리닉을 운영하는 한 병원의 홈페이지에 "인간의 아름다움은 외모에서만 나오는 것이 아니라 아름다운 마음과 생각 그리고 그것을 표현하는 아름답고 진지한 목소리에서 진정한 가치가 표현됩니다."라는 문구가 인상적이다.

영국의 정치가 윌리엄 글래드스톤William Ewart Gladstone은 "스피치와 음성을 훈련하는 데 들인 시간과 돈은 그 어느 것보다 보상이 확실한 투자다."라고 했다. 영국의 상류층 사람들은 지금도 음성을 개발하는 훈련을 한다. 전문가들에 의하면 좋은 음성을 가진 사람들의 70~80%는 타고 나는 경우이고 20~30%는 노력을 해서 좋게 만든 경우라고 한다.

음성의 크기도 중요한데 특히 일상생활이나 대화 중에 큰 목소리는 좋은 이미지를 주기는 어렵다. 반대로 목소리가 너무 작은 사람의 경우도 자신감이 없어 보이고 존재감이 약해질 수 있다. 또한 말이 빠르면 경박한 이미지를 줄 수 있다. 말이 느린 경우는 끝까지 경청하기 어렵고 우둔해 보일 수 있으며 스피드 시대에 맞지 않은 인재로 보일 수 있다.

프랑스 파리의 한 호텔에는 '한국 단체 손님 사절'이란 문구가 붙어 있다. 우리나라 단체 관광객들이 시끄럽게 떠드는 것에 호텔에서 극약 처방을 내놓은 것이다. 공공장소에 가면 너무 큰소리에 불쾌함을 넘어 같은 한국인으로서 부끄러울 때가 있다. 붉은 악마는 축구장에서만 멋지게 빛날 수 있다.

고대 그리스 사람들은 아고라에 모여 하루 종일 정치 토론을 벌

이곤 했다. 당시에는 마이크나 음향 시설이 없었기 때문에 정치를 하려면 목소리가 커야 유리했다. 고대 그리스 철학자 소크라테스 Socrates는 머리도 좋고 박식했지만 목소리가 작아서 정치를 그만두고 이론가로 한평생 보냈다고 한다.

일반인들도 목소리 큰 사람이 리더의 역할을 잘할 수 있다고 생각했을지도 모른다. 하지만 21세기는 큰 목소리보다 작지만 힘 있고 감성을 움직일 수 있는 따뜻함과 카리스마가 넘치는 그런 목소리에 귀 기울일 것이다.

7

메시지 자체보다
전달 방법이 더 중요하다

1960년 제35대 미국 대통령 후보인 리차드 닉슨Richard Milhous Nixon
과 존 F. 케네디John F. Kennedy는 말보다 보이는 메시지의 힘이 더 설
득력이 있다는 것을 보여준 사례이다. 라디오 토론에서 정치 신인
이며 언변이 부족한 케네디보다 정치 경험이 많고 말 잘하는 닉슨을
국민들은 더 지지했고 확실한 유력 후보였다.

당연히 라디오 토론은 언변력의 경쟁이었다. 그러다 자신의 불리
한 상황을 역전시킬 수 있는 방법을 고민하던 케네디가 닉슨에게 미
국 최초로 TV토론을 제안한다. 자신감에 넘쳤던 닉슨은 이를 흔쾌
히 받아들였고 드디어 최초의 대통령 후보 TV토론이 시작되었다.

다소 밝은 색의 수트를 입고 지치고 피곤해 보이는 닉슨에 비해
케네디는 신뢰감을 줄 수 있는 진한 색 수트와 자신감에 넘치는 보

디랭귀지 그리고 카메라를 응시하는 시선으로 국민들과 교감하며 그동안 보여 줄 수 없었던 모든 메시지를 국민들에게 보여주었다.

방송이 끝난 후 닉슨의 어머니는 닉슨에게 전화를 해 "너 어디 아프니?"라고 물어볼 정도로 방송에서의 이미지는 호감을 주지 못했다. 하지만 케네디는 방송을 통해 많은 지지층을 확보할 수 있었다. 결국 국민들은 닉슨이 아닌 케네디를 선택했다. 이처럼 메시지 자체보다 시각적·청각적 전달 방법에 따라 메시지의 내용과 호감도가 달라질 수 있다.

오클라호마 주립대의 마리 다스보로Dasborough 박사가 부정적인 평가를 받은 A라는 팀에게는 긍정적인 신호를 보내며 평가 결과를 전달했고, 긍정적인 평가를 받은 B라는 팀에게는 부정적인 신호를 보내며 평가 결과를 전달했다. 그 결과 B팀이 평가 결과에 더 부정적인 반응을 보였다. 결국 메시지 자체보다 전달 방법이 더 중요하다는 것이다.

『카리스마, 상대를 따뜻하게 사로잡는 힘』의 저자인 리더십 코칭 전문가 올리비아 폭스 카반Olivia Fox Cabane은 "언어 신호와 비언어 신호가 일치할 때 비언어 신호는 언어 신호를 증폭시킨다. 하지만 두 신호가 서로 일치하지 않는다면 우리는 비언어 신호를 더 신뢰하는 경향이 있다."라고 말했다.

우리는 누군가에게 미안하다는 사과를 받는 경우 태도나 표정에서 진실함이 느껴지지 않으면 말의 진실성에 의심을 갖는다. 곧 미안하다는 말보다는 미안해하지 않는 태도나 표정 등의 시각적 메시지를 진실로 받아들인다는 것이다. 인간은 본능적으로 말의 내용보다는 말하는 사람 자체로부터 더 많은 의미를 유추하도록 되어있다.

미국 캘리포니아 대학의 심리학자인 알버트 메리비안Albert Mehrabian 교수는 커뮤니케이션에 있어서 말의 내용은 7%, 음성적인 부분(말의 크기, 빠르기, 억양, 악센트 등)은 38% 그리고 표정, 외모, 시선, 자세, 태도 등 비언어적인 시각적인 부분이 55%를 차지한다고 했다.

다시 말해 외국인과 언어가 달라도 표정과 말투만 듣고도 93%의 의사소통이 된다는 것이다. 커뮤니케이션에서 언어보다 비언어적인 메시지가 더 강력한 영향력을 미친다는 뜻이다.

얼마 전 늦은 밤 지방에서 강의를 마치고 서울역에 도착했다. 그런데 여성 중국인 2명이 당황한 얼굴로 안절부절못하며 나에게 도움을 요청했다. 영어를 전혀 하지 못했던 그녀들은 중국어만으로 도움을 요청했다. 중국어를 알아듣지 못한 나로서는 그들의 표정과 말투, 보디랭귀지만으로 의사소통을 해야 했다. 하지만 쉽게 그녀들이 원하는 것이 무엇인지를 금방 알아차릴 수 있었다. 의정부까지 지하철을 타고 가야 하는 그녀들은 타국에서 길 잃고 헤매는 상황인 것이다. 나는 승차권 발권을 도와주고 의정부행 지하철을 탈 수 있는 곳까지 안내해 주었다. 헤어지면서 나의 손을 잡고 얼마나 고마워하던지 그녀들의 마음을 눈빛과 말투만으로도 충분히 알아들을 수 있었다. 언어만이 아닌 비언어적인 메시지로도 의사소통이 가능하다는 것을 느낀 순간이었다.

몇 개월 전 한 지인으로부터 전화가 왔다. 「KBS 열린 음악회」 방청권을 준비해 놓았다며 같이 가자는 것이다. 평소 음악을 워낙 좋아하기에 흔쾌히 가기로 약속했다. 녹화 40분 전에 도착했지만 KBS 별관의 1,400석이 이미 차 있었고 방청객들은 기대에 부풀어 있는 모습이었다. 엔딩 무대는 가수 이은미 씨였다. 블랙 의상에 은발의 헤어스타일과 자신감에 넘치는 목소리와 제스처는 무대를 압도했다.

방송은 편집되었지만 앙코르를 수차례 받을 정도의 가창력과 카리스마는 방청객들의 환호를 받을 자격이 충분했다. 그녀의 무대를 압도하는 카리스마는 가창력뿐만이 아닌 의상과 헤어스타일, 무대 매너 등 모든 시각과 청각을 사로잡는 무대였다.

그녀는 자신의 노래를 어떻게 표현해야 최고의 노래로 전달할 수 있을지를 너무도 잘 알고 있었다. 지금도 무대 위 그녀의 모습이 선명하게 그려진다.

관객 천만 명을 돌파한 영화 「괴물」의 봉준호 감독은 영화를 제작하기 전 영화 제작사 대표를 설득시킬 제안서를 가져갔다. 그는 여러 장의 제안서가 아닌 한강에서 괴물이 출현하는 사진 한 장을 들고 가 설득시켰다. 바로 말이 아닌 시각적 메시지로 설득시킨 사례이다. 한 장의 사진이 천 마디 말보다 더 큰 힘을 발휘한 것이다.

매들린 올브라이트Madeleine Albright 전 미국 국무장관에게 브로치는 다양한 외교 메시지를 전달하는 수단이었다. 그는 중요한 외교석상에서 메시지가 담긴 브로치를 착용하여 적극적이면서도 품격 있는 에피소드를 만들어 내곤 하였다. 평화의 상징인 비둘기 브로치와 귀걸이를 착용한 모습이 백 마디의 말보다 더 강하게 느껴진다.

북한이나 러시아와 외교전을 벌일 때 독수리나 성조기 브로치로 미국의 힘을 과시했다. 상대국으로부터 '독사 같다'는 비난을 받을 때는 뱀 모양의 브로치로 맞대응한 적도 있다.

크리스틴 라가르드Christine Lagarde 국제통화기금 총재는 2015년 11월 30일 미국 워싱턴에 위치한 IMF본부에서 기자회견을 열어 중국 위안화가 IMF 특별인출권SDR 통화 바스켓에 편입됐다고 발표했다.

라가르드 총재의 공식 발표에 앞서 언론은 기자회견장에 입장하는 그녀의 목에 주목했다. 경제계 안팎에선 그녀가 화려한 스카프나 액세서리로 치장할수록 세계 경제가 긍정적이라는 분석을 내놓곤 했다. 이날 라가르드 총재는 검정 바탕에 붉은색 무늬가 들어간 스카프와 빨간색 귀고리를 착용해 말보다 먼저 패션으로 위안화가 SDR에 편입됐음을 알렸다. 빨간색은 중국에서 행운을 상징하는 색으로 황금색과 함께 중국 사람들이 가장 좋아하는 색이다.

그리고 2009년 2월 힐러리 클린턴Hillary Rodham Clinton 전 미국 국무장관은 아시아 국가 순방 시 각 나라를 방문할 때마다 색깔이 다른 재킷을 입어 메시지를 전달하였다.

2007년 여름 US오픈이 열리는 뉴욕에 샤라포바Maria Sharapova는 빨간색 원피스에 크리스탈 액세서리의 차림으로 등장했다. 뉴욕 시민들은 빨간색은 뉴욕의 상징인 사과이며 크리스탈은 뉴욕의 야경을 의미한다는 메시지를 알고 샤라포바의 전략에 열광했다. 그녀는 말보다 더 강한 시각적 메시지로 시민들과 소통하였고 그 이상의 사랑과 환대를 받을 수 있었다.

우리는 표정을 보고 감정을 알 수 있고 전화기 너머로 들려오는 목소리만 듣고도 상대방의 많은 것들을 느낄 수 있듯이 나 자신도 모르는 사이 누군가에게 끊임없이 많은 메시지들을 전달하고 있다. 이제 우리는 '무엇을 말할까'보다는 '어떻게 전달할까'를 더 많이 고민해야 할 것이다.

8

진실보다
더 힘 있는 말은 없다

캐나다의 전 총리였던 장 크레티앙Jean Chretien은 1993년 총리가 된 이래 2003년까지 총리직을 3회나 연임했다. 그는 가난한 집안에서 태어나 선천적으로 한쪽 귀가 들리지 않고 안면 근육 마비로 입이 비뚤어져 발음이 어눌했다. 그런 그가 선거 유세를 다닐 때의 일이다. "여러분, 나는 언어장애 때문에 오랜 시간 고통을 당했습니다. 하지만 지금은 언어장애 때문에 내 생각과 의지를 전부 전하지 못할까 봐 고통스럽습니다. 내 어눌한 발음이 아니라 그 속에 담긴 내 생각과 의지를 들어주셨으면 합니다." 그때 누군가 "한 나라를 대표하는 총리가 언어장애가 있다는 것은 치명적인 결점입니다!"라고 소리쳤다.

크레티앙은 "나는 말은 잘 못하지만 거짓말은 안 합니다."라고 단호하게 말했다. 말은 어눌했지만 국민들의 지지를 받을 수 있는 것은 바로 마음을 움직이는 그의 진실한 말이었다.

황혼 무렵 조용한 나루터에 네 사람이 도착했다. 그곳은 텅 비어 있었고 멀리서 낚시를 하는 노인을 급하게 큰 소리로 불렀다. 노인이 그들에게 "내 배는 너무 작아서 겨우 한 사람만 태울 수 있는데 누굴 태웠으면 좋겠소?"라고 물었다.

네 사람은 서로 자신을 고집하며 노인에게 이유를 설명했다. 그중 한 사람은 "이 몸은 권세가 좀 있소. 누가 나에게 노여움을 살 수 있는지 주변 수십 리 안에서 물어보시오." 그는 현의 관리였다. 또 다른 사람이 하얀 은자 꾸러미를 꺼내 들고 말했다. "나를 태워주면 이 돈을 다 노인장에게 드릴 것이오." 그는 상인이었다.

세 번째 사람은 수중의 칼을 빼들고 "나를 태워주지 않으면 한 칼로 당신을……." 그는 무사였다. 노인이 고민에 빠져있을 때 마지막 한 사람이 탄식했다. "어린 자식은 하루 종일 '아빠 아빠' 하며 울고 마누라는 항상 나를 미워하는데 내가 어떻게 해야 근심이 없을지……."

노인은 그에게 "당신이 타게나!" 하고 말했다. 배에 탄 후 그 사람은 노인에게 왜 자신을 태웠는지 궁금해 물었다. 노인은 자신의 가슴을 가리킬 뿐이었다. 이렇게 사람의 마음을 움직이는 말은 진실함과 인간미가 느껴지는 말이다.

진솔한 사람은 누구에게나 호감을 준다. 특히 솔직함은 위기 상황에 처했을 때 강한 힘을 갖는다. 탤런트 김혜수 씨는 논문 표절 사건으로 연예인으로서 위기가 왔을 때 당당하고 솔직하게 논문 표절을 인정했고 학위도 반납하겠다고 말하고 사과했다. 김혜수 씨의 진솔한 모습에 사람들은 오히려 박수갈채를 보냈고 그녀는 진실함으로 위기를 극복했다.

진실함에는 현실을 인정하고 자신의 잘못을 시인할 줄 아는 사과도 필요하다. CEO의 경영 코치인 마셜 골드스미스Marshall Goldsmith는 그의 저서 『일 잘하는 당신이 성공을 못 하는 20가지 비밀』에서 성공한 리더는 "죄송합니다."라고 말할 줄 아는 특성이 있다고 했다. 그는 "사과는 인간이 할 수 있는 가장 마법적인 치유 방법이며 관계를 복원할 수 있는 말이다."라고 했다.

만일 누군가에게 잘못을 하고 사과를 하지 않는다면 그 사람의 도움을 받을 수 있는 수많은 기회를 잃어버리는 것이다. 사과를 해야 하는 가해자임에도 오히려 자신의 잘못을 피해자에게 덮어씌우며 자신의 잘못을 정당화하는 사람들이 있다. 상대방이 받는 상처와 분노는 어떠한 방법으로도 치유할 수 없게 된다.

미국 매사추세츠 의과대학 학장이며 정신의학과 교수인 아론 라자르Aaron Lazare는 저서 『사과 솔루션』에서 "사과는 더 이상 약자나 패자의 변명이 아니라 리더의 언어로 바뀌어야 한다."라고 했다. 또한 사과는 개인, 기업, 사회조직, 정부 등에서 위기관리 커뮤니케이션의 핵심이다.

캘리포니아 대학 심리학과 폴 에크먼Paul Ekman 교수의 연구에 의하면 사람은 하루에 대략 200번 정도 거짓말을 하고 있다고 한다. 즉 사람마다 정도의 차이가 있겠지만 자신이 의식을 하건 의식하지 않건 간에 자신도 모르는 거짓말을 하고 있다는 것이다.

거짓말을 한 순간부터는 뛰어난 기억력이 필요하다. 거짓말을 진실처럼 포장하기 위해선 과거와 미래까지도 끝없는 거짓말로 포장하고 훌륭한 소설가가 되어야 하기 때문이다.

무엇보다도 신뢰에 치명적인 상처를 주는 거짓말은 피해야 한다. 거짓말과 진실이 맞섰을 때 거짓말이 이기기 쉽다. 왜냐하면 거짓말은 말 한마디면 되지만 진실을 밝히는 데는 수많은 증거와 해명이 필요하기 때문이다. 우리의 뇌는 부정적인 말 한 가지를 중화시키는 데 40개의 긍정적인 말이 필요하다는 연구 결과도 있다.

거짓말을 잘하는 사람의 가장 큰 슬픔은 그가 다른 사람으로부터 신뢰를 받지 못한다는 것보다 그 자신이 아무도 믿지 못한다는 것이다. 거짓말을 많이 하는 사람은 다른 사람의 진실조차도 거짓으로 들리는 것이다.

영국의 교육가 로저 애스컴Roger Ascham은 "거짓말을 하지 말라. 부정직하기 때문이다. 모든 진실을 다 이야기하지 말라. 불필요하기 때문이다."라고 했다. 상처를 주는 진실보다 치유해 주는 거짓말이 더 낫다. 즉 지혜로운 거짓말이 어리석은 진실보다 더 좋은 말이다.

진실 중에서도 말해서는 안 되는 진실이 있다. 바로 사람에게 상처를 주는 진실이다. 분명 진실임에도 거짓말보다 못한 진실이 있음을 알아야 한다. 그래서 선의의 거짓말이 필요한 것이다. 진실로 인해 상처를 주고 피해를 주는 말이라면 진실한 말이 아니라 악한 말이 되는 것이다. 영국의 시인 W. 블레이크William Blake는 "악으로 말한 진실은 모든 거짓말을 능가한다."라고 했다. 그래서 말해야 하는 진실과 말하지 않아야 하는 진실을 구분해서 말하는 지혜가 필요한 것이다.

사람들마다 모두 진정성을 갈망하지만 현실에서 진정성은 귀한 것이 되어 버렸다. 오늘날에 이르기까지 인류는 아직 진정성보다 더 힘 있고 귀한 자산을 찾지 못하고 있다. 그래서 진실한 말, 진솔한 사람, 정직한 기업, 도덕적인 정치인을 갈망하고 좋아하는지도 모른다.

이 세상에 이렇게 진실이 살아 숨 쉬고 진실만이 힘 있고 진실만이 살아갈 수 있는 세상이 와서 수많은 슬픔과 고통에서 벗어나는 살맛나는 세상, 행복한 세상이 될 수 있을 거라는 커다란 꿈을 그려 본다.

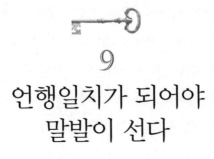

9
언행일치가 되어야
말발이 선다

리더십의 영향력은 바로 말발이 있느냐 없느냐이다. 말발은 상대를 움직이는 힘이기 때문이다. 말발이 서지 않으면 말의 의미가 없어진다. 그런데 말발은 언행일치言行一致가 되었을 때 가능한 것이다. 우리는 언행일치가 되지 않은 리더가 조직원을 움직일 수 있는 능력이 얼마나 미약한지 잘 알고 있다.

작가 노먼 빈센트 필Norman Vincent Peale은 "다른 사람들에게 좋은 충고를 해주면서 자신은 좋지 못한 모습을 보여주는 사람만큼 혼란스럽게 하는 것도 없다."라고 말했다.

쉬운 예로 어미 꽃게가 자신은 옆으로 가면서 새끼 꽃게에게는 똑바로 가라고 호통치는 격이다. 우리는 진정 자신의 말발에 대해 고민하지 않고 왜 이리 말이 안 먹히는지 상대방 탓하기 바쁘다.

PART 1 커뮤니케이션 전략

청학동 이정석 훈장도 "몸으로 가르치니 따르고 입으로 가르치니 반항하네."라고 말했다. 이 세상에 연설가는 많지만 몸으로 보여주는 실천가는 드물다. 장관 후보자들이 청문회에서 호되게 시달리는 가장 큰 이유는 언행일치가 안 되기 때문이다.

미국 부통령까지 지낸 앨 고어Al Gore는 「불편한 진실」이라는 환경 다큐로 아카데미상까지 수상했다. 그런데 그 바로 다음 날 충격적인 신문기사로 세상을 놀라게 했다.

그 기사는 엘 고어의 대저택이 일반 미국 가정의 20배가 넘는 에너지를 소비하고 있고 전기·가스 요금으로 연간 3만 달러를 지출하고 있었다. 국민들의 모범이 되어야 할 공인의 불편한 진실이 드러나 버린 것이다. 언행일치가 되지 않는 그에게 국민들은 많은 실망을 하였다.

어느 날 한 어머니가 아이를 데리고 마하트마 간디Mohandas K. Gandhi를 찾아왔다. "선생님 제 아이가 사탕을 너무 좋아해서 치아가 썩었습니다. 제가 먹지 말라고 타이르기도 하고 혼을 내어도 말을 듣지 않고 먹습니다. 그래서 선생님께서 이야기를 해주신다면 아이가 들을 것 같습니다." 그러자 간디는 "한 달 후에 오십시오."라고 하였다. 어머니는 한 달 후에 오라는 간디의 말이 의문이었지만 한 달을 기다렸다가 다시 찾아왔다.

간디의 답변은 또 "한 달 후에 오십시오."였다. 어머니는 다시 한 달을 기다렸다가 찾아왔다. 두 달이 지나서야 간디는 아이에게 사탕을 먹지 말라고 이야기했다. 어머니는 궁금해 "선생님, 사탕 먹지 말라고 이야기하는데 왜 두 달이나 걸렸나요?"라고 물었다.

그러자 간디는 "어머니, 저도 사탕을 좋아합니다. 제가 사탕을 좋아하고 또 먹으면서 아이에게 먹지 말라고 이야기할 수 없었습니다. 그래서 제가 사탕을 끊을 수 있는 시간을 한 달로 잡았는데 한 달 만에 끊지 못하여 한 달이란 시간을 더 들여 사탕을 끊고 나서 아이에게 말할 수 있었습니다."라고 하였다. 이는 언행일치의 모범을 보여준 간디의 유명한 일화이다.

언행일치란 말에 대한 책임이기도 하고 인격을 가늠할 수 있는 척도가 되기도 한다. 내가 사회생활 20여 년 동안 깨달은 것 중에 가장 무서운 사람은 권력이 있는 사람도 돈이 많은 사람도 힘이 센 사람도 아닌 언행일치가 되는 사람이었다. 또한 이러한 사람은 일도 잘했고 인간관계도 좋았다. 모든 사람에게 신뢰뿐만 아니라 존경심마저 들게 하였다. 당연히 성공할 수밖에 없었고 실패하더라도 무섭게 다시 일어설 수 있는 힘이 있었다. 바로 최종 승자는 그들이었다.

10
입방정 떨면
재수가 없어진다

　사람은 두 부류로 나뉜다. 말보다 행동이 앞서는 사람과 행동보다 말이 앞서는 사람이 있다. 우리는 주변에서 두 부류의 사람들을 쉽게 구별할 수 있다. 그런데 말이 앞서는 사람에게 쉽게 현혹되는 우리를 발견할 때가 있다. 왜냐하면 행동은 시간이 지난 다음에서야 드러나지만 화려한 말 앞에서는 바로 성과가 눈앞에 와 있는 것 같은 착각이 들기 때문이다.

　행동은 옮기기 어렵지만 말은 인간으로서 불가능한 것까지도 가능한 것처럼 할 수 있기 때문에 말이 화려한 사람의 주변에는 항상 사람이 북적거린다. 그 사람의 말만 듣고 있으면 모든 것이 이루어질 것 같은 착각마저 들기 때문이다. 그런데 이렇게 말이 앞서는 사람이 행동으로 실행하는 경우가 드물다. 왜냐하면 행동보다 말이 훨씬 쉽기 때문이다.

『주역』에서도 말이 앞서고 입방정 떠는 사람은 복이 입으로 빠져나가 재수가 없어진다고 했다. 나 역시 이러한 사례를 수없이 봐왔기 때문에 사회생활에서 터득한 지혜가 있다.

중요한 일을 앞두거나 결과를 기다리고 있을 때에도 절대 침묵하고 조용히 기다리는 것이다. 왜냐하면 입방정 떨면 복이 입으로 빠져나가 좋은 결과를 얻기 힘들기 때문이다. 그리고 큰일을 계획하고 있을 때에도 최대한 침묵하고 조용히 일을 진행해 나가는 것이 성공 확률을 높인다. 아직 결과도 나오지 않은 일을 가지고 자랑하고 입방정을 떨고 다니면 점점 재수가 없어지고 있는 징후이다.

한 단체에서 직책을 맡고 있는 A씨와 같은 단체에서 활동하기 때문에 식사 자리에서 그의 말을 들을 기회가 종종 있다. 식사 시작부터 헤어질 때까지 그의 말을 듣고 있노라면 그를 대통령으로 당선을 시키면 못할 일이 없을 것 같다. 어찌나 잡학다식하고 말재주가 뛰어난지 어느 누구도 그의 말에 현혹이 되지 않을 수 없다.

특히 행사를 하면 그의 실행력이 그대로 드러난다. 행사가 있을 때면 준비 사항을 제대로 갖추어 놓은 것을 본 적이 없다. 그뿐만 아니라 개인이든 공식이든 약속을 지키는 경우보다 지키지 않을 때가 많다. 당연히 모든 것이 실패라는 부메랑이 되어서 돌아온다. 하지만 그는 자신의 문제점은 발견하지 못하고 다른 사람 탓하기 바쁘다. 그래서 그의 인생의 역사는 영광스러운 실패가 아닌 불명예의 실패를 달고 산다. 하지만 그는 아직도 입방정의 늪에서 빠져나오지 못하고 있다. 그의 인생이 안타까울 뿐이다.

사업가 B 씨는 아주 유쾌하고 다정다감하여 만나면 사람을 기분 좋게 하는 재주가 있다. 하지만 입만 열면 말의 풍선이 하늘로 높이 높이 올라간다. 어떤 사람은 자신의 도움으로 사업에 성공해서 부자가 되었고 자신의 반짝이는 아이디어는 무궁무진하다며 자랑이 끊이질 않는다. 자신의 사업도 잘될 거라며 입방정 떨기 바쁘다. 그런데 그의 현실은 수없는 사업 실패와 빚더미에 쌓여있다.

교육자 C 씨는 무슨 일을 계획하고 있으면 항상 반드시 크게 성공할 것이고 엄청나게 잘될 것이라고 입방정을 떨기 시작한다. 처음에는 주변 사람들이 그의 말을 듣고 모두 기대하고 지켜본다. 하지만 결과는 흔적도 없이 사라지기 일쑤이다. 이제는 아무도 그의 말을 귀담아 듣지 않는다. 그의 말과 성과는 전혀 다르게 나타나기 때문이다.

나는 누군가를 만날 때 말이 화려하고 말이 앞서는 사람과는 거리를 두는 편이다. 물론 지켜보면 앞서 말한 입방정을 떨면 재수가 없어진다는 공식에 맞아떨어진다. 그래서 행동이 앞서는 사람이 더욱 빛나고 멋있어 보일지도 모른다.

전혀 기대하지 않고 생각지도 않았을 때 행동으로 보여주는 누군가를 발견하면 우리는 그를 신뢰하고 존경심마저 갖게 된다. 이는 아직도 행동보다 말이 앞서는 사람들이 많아서일지도 모른다. 지금 꼭 이루어지기를 바라는 일이 있는가? 그러면 조용히 침묵하고 행동으로 옮겨보라. 반드시 좋은 결과가 기다리고 있을 것이다.

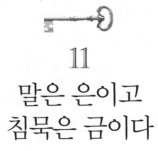

11
말은 은이고
침묵은 금이다

2014년 8월 프란치스코 교황이 방한할 즈음 방송에서는 교황에 대한 프로그램이 여러 편 방영되었다. 그중 한 방송사의 프로그램은 교황의 삶에 대한 내용이었는데 나의 마음을 사로잡은 것은 교황의 인품이었다. 프란치스코 교황이 사제 시절 다른 사람 때문에 누명을 쓴 일화였다. 억울한 누명으로 사람들의 지탄을 받는 상황에서도 침묵으로 일관하며 진실이 밝혀질 때까지 기다렸던 것이다.

시간이 흘러 모든 진실이 밝혀지고 교황은 누명을 벗었다. 더불어 억울함을 해명할 수 있는 충분한 시간이 있었음에도 불구하고 끝까지 침묵을 지킨 교황의 인품에 존경과 찬사가 쏟아진 것이다. 이러한 사건을 계기로 교황은 주변 모든 사람들의 존경과 사랑을 더욱 많이 받을 수 있었고 지금의 자리까지 올라올 수 있게 된 것이다.

PART 1 커뮤니케이션 전략

사람들이 말하는 것을 좋아하는 것은 자신을 알아주기 바라는 마음에서인 경우가 많다. 영국의 평론가이자 역사가인 토머스 칼라일Thomas Carlyle은 "말을 하지 마라. 당신의 생각이 침묵 속에서 스스로 숙성할 때까지. 침묵에서 힘이 나온다. 말은 은이고 침묵은 금이다. 말은 인간의 것이고 침묵은 신의 것이다."라고 말했다.

한 젊은이가 대중 연설을 배우기 위해 소크라테스를 찾아갔다. 그는 오랫동안 자신을 소개하는 바람에 소크라테스는 어떠한 것도 제대로 가르쳐 줄 기회를 갖지 못했다. 마침내 소크라테스는 그 젊은이의 입을 손으로 막고는 "자네에게는 수업료를 두 배로 받아야 할 것 같네. 자네를 훌륭한 지도자로 만들기 위해서는 하나가 아닌 두 가지를 가르쳐야 하기 때문이네. 그것은 혀를 자제하는 법이네. 그래야 혀를 올바르게 사용하는 법을 배울 수 있을 걸세."라고 말했다. 우리는 말하는 법도 배워야 하지만 더불어 침묵하는 법도 배워야 진정한 말의 품격을 지녔다고 할 수 있을 것이다.

톨스토이Leo Tolstoy가 사람의 지혜가 깊으면 깊을수록 생각을 나타내는 말은 단순해진다고 했다. 특히 리더는 질문하는 방법과 주의 깊게 듣는 법 그리고 침묵하는 법도 알아야 할 것이다. 말은 짧고 적게 할수록 무게가 실리고 말을 아낄 때 리더십은 살아난다. 리더는 말을 적게, 짧게, 좋게, 낮게 할수록 리더십에 힘이 생긴다.

리더들은 하고 싶은 말이 많다. 구성원들이 내 맘 같지 않고 하는 것마다 성에 차지 않기 때문이다. 그렇다고 하고 싶은 대로 마구 말을 쏟아부으면 오히려 반대의 결과로 돌아오는 경우가 많다.

오히려 침묵 속에서 나오는 한마디의 말이 어떠한 말보다도 더 값이 있고 힘이 있는 것이다. 진정 하고 싶은 말이 있다면 침묵으로 지켜보다가 해보라. 그 말은 반드시 구성원들의 마음속에 그대로 전달되어 행동으로 드러날 것이다.

내가 강의 준비를 위해 꼭 보고 싶은 책이 있었다. 그런데 출판된 지가 오래 된 책이다 보니 일반 서점에서는 도저히 구입할 수가 없었다. 책 한 권을 구하기 위해 먹이를 찾아 헤매는 하이에나처럼 열심히 찾아다녔다.

마침내 중고 책방에서 구할 수 있었다. 먼지가 뽀얗게 내려앉은 그 책이 어찌나 귀하던지 지금도 책장에 고이 모셔두었다. 이 책이 귀한 이유는 좋은 책이기도 해서이지만 구하기 어려웠기 때문이었다. 쉽게 이곳저곳에서 구할 수 있는 책이었다면 이렇게 귀하지 않았을 것이다. 말도 마찬가지이다. 쉽게 들을 수 없는 말이 귀한 것이다. 수다스러운 사람의 말보다는 말수가 적은 사람이 침묵을 깨고하는 그 말은 모든 사람의 귀와 마음을 열어 준다. 그리고 그의 말은 어찌나 귀하게 들리는지 마음속에 오래도록 기억에 남게 될 것이다.

12

유머는 새로운 형태의 권위다

최근 조직 내에서 펀Fun 경영을 적용하며 즐겁게 일하는 분위기를 만들고 조직 구성원들의 마음을 유하게 해 업무 효율성을 높이기 위한 열풍이 높아지는 추세이다.

관료적이고 딱딱한 조직보다 부드럽고 활기찬 조직을 만들어 생산성과 효율성을 높이려는 펀 경영이 크게 확산되고 있다. 펀 경영은 혁신 경영으로 주목받고 있다.

유머나 경영 모두 창의력을 발휘하는 핵심 경쟁력이기 때문에 실제로 유머가 풍부한 CEO가 경영도 잘하는 것으로 나타났다.

미국 메릴랜드대 로버트 프로빈Robert Provine 심리학 교수는 웃음이 많은 기업이 웃지 않은 기업에 비해 평균 40%에서 300%까지 생산성이 증대된다는 연구 결과를 발표했다. 웃음이 많은 기업이 업무에 대한 적응력과 실적에서 탁월하다는 것이다.

해충 방제 전문 기업 '세스코CESCO'는 국내 기업 가운데 유머 감각이 뛰어난 회사로 손꼽힌다. 유머의 힘으로 성장한 회사다. 세스코 홈페이지 Q&A 게시판은 소비자의 황당한 질문에 성실하고 재치 있는 답변으로 인기를 끌고 있다.

덕분에 세스코는 수많은 기업 팬클럽을 거느리고 있고 세스코맨 어록까지 생길 정도로 인기를 끌며 전문 기업으로서의 이미지를 탄탄히 다질 수 있었다. 그 결과 10년 전 다소 우중충했던 '쥐 잡는 회사'에서 친근하고 세련된 방제 회사의 이미지로 변모했다.

1996년에는 창립 20주년 행사로 그동안 세스코 때문에 죽은 쥐, 개미, 바퀴벌레의 원혼을 달래주는 '쥐 위령제'라는 흥미로운 이벤트를 열었다. 신문 광고도 "음식을 먹다 바퀴벌레가 몇 마리 나왔을 때 가장 기분이 나쁠까요?"이다. 답은 거꾸로 된 작은 글씨로 쓰여 있다. '반 마리.'

2001년 '세스코 유머'가 인터넷에서 히트하면서 큰 PR효과를 누렸다. 세스코는 유머로 회사의 이미지를 바꾼 대표적인 사례이다. 요즈음은 점심이라도 한 끼 먹으러 나가면 세스코 마크가 걸려 있는 식당 앞에서 발길이 멈춰진다. 기분 좋고 깔끔한 식당에서 식사를 할 수 있을 거라는 기대 때문이다.

또한 항공계의 꽃 '사우스 웨스트 항공'의 허브 켈러허Herb Kelleher

전 CEO는 뛰어난 유머 감각으로 업무 능률과 매출을 신장시켰다. 이 회사의 표어는 "웃다 보면 어느새 도착합니다"이다. 비행기 금연 방송도 "이 비행기는 금연 비행기입니다. 비행 도중에 꼭 담배를 피워야 하는 분은 창문을 열고 밖으로 나가시기 바랍니다. 흡연실은 비행기 날개 위에 있습니다. 오늘 흡연하면서 감상하실 영화는 '바람과 함께 사라지다'입니다."라고 말한다.

다소 딱딱하고 복잡한 메시지도 유머를 섞어 전달하면 부드럽고 친밀감 있게 전달된다. 적절한 타이밍에 적절한 유머는 메시지를 쉽고 오래 기억하게 만든다. 설득 전문가인 광고계 종사자들은 유머가 강력한 설득 수단이 된다는 사실을 잘 알고 있다. 미국 텔레비전 광고의 24%, 영국 텔레비전 광고의 36%에 유머가 사용된다.

영국의 정치인 허버트 가드너Herbert Gardner는 "사람들을 웃게 만들면 그들은 당신의 말에 귀 기울일 것이고 당신은 거의 모든 것을 그들에게 말할 수 있다."라고 말했다. 하지만 유머를 사용할 때는 매우 신중해야 한다. 잘못 사용하면 오히려 상대방을 불쾌하게 만들거나 안 좋은 이미지를 심어줄 수 있다. 상대방에 따라 유머가 달라져야 하며 장소와 상황에 맞는 유머가 중요하다.

『걸리버 여행기』의 작가인 조너선 스위프트Jonathan Swift가 아침에 외출을 하려는데 하인이 신발을 닦아 놓지 않았다. 하인을 불러 "자네는 왜 신발을 닦아 놓지 않았는가?"라고 물었다. 그러자 하인은 "길바닥이 저렇게 진창인데 닦아봤자 또 더럽혀질 텐데요."라고 대답했다. 조녀선은 아무 말도 하지 않고 하인을 돌려보냈다. 그리고 그날 하인에게 식사를 주지 않았다. 하인이 조녀선에게 억울하다며 이렇게 말했다. "주인님, 왜 저에게 식사를 주시지 않습니까?" 그러자 조녀선은 "식사를 해봤자 금방 또 배가 고파질 텐데."라고 대답했다.

이렇게 조녀선은 유머로 촌철살인의 메시지를 전했다. 유머는 상처를 주지 않고 상대방에게 메시지를 확실하게 전달할 수 있는 최고의 공격술이 되기도 한다.

일본 의회에서 애꾸눈을 가진 외무대신이 연설을 했다. 그러자 한 야당 의원이 외무대신에게 "한 눈을 가진 사람이 어떻게 복잡한 국제 정세를 제대로 파악할 수 있겠소."라고 공박攻駁했다. 곰곰이 생각하던 외무대신은 "당신은 일목요연一目瞭然이란 말을 모르는가. 한 눈이기 때문에 더 훤히 알 수 있소이다."라고 답했다. 이러한 외무대신의 재치 있는 답변에 야당 의원은 입을 다물 수밖에 없었다.

유머 감각과 재치가 경쟁력인 시대이다. 어려운 상황에서 흥분해서 상황을 악화시키는 사람보다 재치와 유머로 상황을 반전시키는 사람의 능력이 더 돋보인다. 다른 사람의 웃음을 끌어낼 수 있는 사람은 지지와 협력도 쉽게 끌어낼 수 있다. 유머는 메시지의 마지막 2%를 채우는 힘이 있어 설득력에 날개를 달아준다.

『유머가 이긴다』에서 소개된 「하버드 비즈니스 리뷰」에 '평범한 임원'과 '뛰어난 임원'의 차이는 평소 유머 사용 빈도에서 비롯된다고 한다. 즉 평소 유머가 있는 사람은 일도 잘하고 인간관계도 좋으며 연봉도 높다는 것이다.

오프라 윈프리Oprah Winfrey도 "나에게 유머가 없었다면 오늘의 나도 없었을 것이다. 한 번 웃을 때마다 성공의 확률이 조금씩 높아진다는 것을 기억하라."라고 했다.

한 중견 기업 회장님의 초대로 클래식 음악회에 참석한 적이 있다. 음악회가 끝나고 모두 함께하는 자리에서 조금은 어색할 수도 있고 서먹한 분위기를 회장님의 재치와 유머로 한순간에 유쾌하고 화기애애한 분위기로 바꿔놓았다. 드라마 「베토벤 바이러스」의 강마에 모델인 함신익 지휘자의 멋진 음악회였지만 지금 돌이켜 보면 회장님의 유쾌한 유머와 재치가 머릿속에 더 좋은 기억으로 남아있다.

누군가는 "훌륭한 유머는 사교계에서 가장 빛나는 의상이다."라고 했다. 비즈니스에 있어서도 '딱딱함'보다는 '부드러움'이 상대방을 설득하는 데 훨씬 효과적이다. 그것은 유머와 미소의 힘이다. 인격과 유머 감각을 가진 사람이라면 누구에게나 호감을 줄 뿐만 아니라 비즈니스에서도 성공할 가능성이 더욱 높아진다.

거래처와의 업무에서도 유머로 성공한 사례를 찾아볼 수 있다. 한 영업 사원이 어떤 중견 기업 회장과 면담 요청을 하였는데 계속 거절을 당하자 "저는 하느님도 매일 만나는데 회장님은 영원히 만날 수 없겠군요."라는 유머 섞인 불평으로 거래를 성사시킨 사례도 있다.

사사건건 따지는 최 대리에게 김 과장이 묻는다. "자네, 명석함과 지혜로움의 차이를 아나?"

　최 대리가 "잘 모르겠는데요."라고 하자 김 과장은 "상사의 말에서 오류를 찾아내는 건 명석함이고 그걸 입 밖으로 꺼내지 않는 것이 지혜로움일세."라고 하였다.

　이렇게 유머는 싸우지 않고도 이길 수 있는 이 시대 최고의 지혜로운 소통법이다.

이미지
전략

좋은 인상은 모든 일의
추천서가 된다

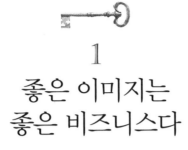

1
좋은 이미지는
좋은 비즈니스다

체코의 유명한 소설가 밀란 쿤데라Milan Kundera는 현대를 이미지 Image와 이데올로기Ideologie를 합성한 '이마골로기Imagologie'의 시대라고 했다. 이미지가 곧 이데올로기의 기능을 대신한다는 의미인 이것은 '인간을 움직이는 것은 더 이상 논리적인 이데올로기가 아니라 단지 일련의 이미지와 암시'임을 강조한다.

레이건과 부시 전 미국 대통령의 미디어 전략 전문가인 로저 에일 리스Roger Ailes 폭스 뉴스 사장은 "개인의 설득 파워를 높이는 가장 강력한 무기는 상대방으로부터 호감을 얻는 능력이다. 당신 자신이 바로 메시지이다."라고 말했다. 호감을 줄 수 있는 이미지는 성공의 최고 전략인 것이다.

프랑스의 대통령에 두 번 취임한 자크 시라크Jacques Chirac는 정치적인 능력뿐만 아니라 이미지 관리에 뛰어난 사람이라는 평을 듣는다. 그는 친근한 인상, 탁월한 연설 능력, 훤칠한 외모, 위기관리 능력 등으로 여성들과 보수 중산층의 지지를 받았다.

그는 광고 전문가이자 대통령 공보관을 맡고 있는 딸 클로드가 미국 대통령 후보의 홍보 전문가를 연결시켜줘 이미지 정치에 많은 도움을 받을 수 있었다. 예를 들어 책상 밑에서 다리를 떠는 생활 속 사소한 버릇까지 고쳤다. 이렇게 좋은 이미지를 위해 부단히 노력한 결과 매력 있고 능력 있는 대통령으로 국민들의 지지를 끌어낼 수 있었다. 좋은 이미지는 결코 노력 없이 이루어질 수 없다.

마케팅 전문가 필립 코틀러Philip Kotler는 '정치 후보자도 하나의 상품'이라고 주장했다. 선거에 당선되기 위해서는 후보자의 이미지와 마케팅 전략이 중요한 역할을 한다고 말했다.

1990년 보리스 옐친Boris Yeltsin은 부패 정치와 건강 악화 등의 부정적인 이미지로 지지도가 한 자리 수였기 때문에 국민의 60%가 절대 대통령이 되어서는 안 된다고 생각했다. 그러나 미국의 선거 전문가 4명의 이미지 전략에 의해 결국 1991년 6월 12일 실시된 대통령 선거에서 57.30%의 득표율로 러시아 최초 대통령에 당선되었다. 바로 이미지의 힘을 보여준 사례이다.

이미지Image란 나름의 사고·취향에 따라 편집되어 만들어진 그 사람에 대한 생각의 덩어리나 특유한 감정, 고유한 느낌이라고 할 수 있다. 이미지는 크게 내적 이미지(성격, 인품, 지식의 정도 등)와 외적 이미지(옷차림, 표정, 헤어스타일, 자세, 걸음걸이, 목소리 등)를 포함한다.

내적 이미지와 외적 이미지가 조화를 이루었을 때 가장 이상적인 이미지라고 할 수 있다. 즉 아무리 훌륭한 외적 이미지를 지녔다고 하더라도 내적 이미지가 부족하면 좋은 이미지라고 할 수 없으며 반대로 훌륭한 내적 이미지를 지녔다고 하더라도 그에 맞는 외적 이미지를 갖추지 않으면 역시 좋은 이미지라고 할 수 없다.

우리는 살아가면서 수많은 사람들과의 만남 속에서 인연을 만들어 가고 그 인연을 통해 성공으로 가는 길을 찾기도 한다.

온라인 취업 포털 사람인에서 직장인 2,328명을 대상으로 '성공을 위한 인맥의 필요성'에 대해 조사한 결과 무려 98.4%가 '인맥이 성공에 필요하다'고 답했다.

대다수의 사람들은 사람과의 만남을 성공으로 가는 하나의 통로일 뿐만 아니라 인생의 기회까지도 이 안에 있다고 단정 짓기도 한다. 이렇게 우리는 수많은 사람들을 만나면서 그 사람의 이미지를 통해 자신도 모르게 호감도뿐만 아니라 그 사람의 성격과 능력까지도 미리 판단해버린다. 사람들은 많은 노력과 시간을 들여가면서까지 상대를 판단하려고 하지 않기 때문에 그저 느끼고 보여지는 이미지를 판단 기준으로 삼는다. 이러한 이미지를 통해 상대방의 가치를 판단하고 관계 수준을 결정하므로 이미지는 개인을 평가하는 척도이기도 하다.

외모가 잘생겼느냐 못생겼느냐가 아니라 상대에게 얼마만큼 호감과 신뢰를 주느냐에 따라 취업 준비생들에게는 미래의 직장이 결정되고, 미혼들은 평생 함께할 배우자를 만나게 되고, 직장인은 업무 실적이나 고객의 만족도가 달라지는 게 현실이다. 즉 이미지의 차이가 성패를 좌우할 수 있는 시대가 된 것이다.

현대 사회에서는 이미지가 모든 것의 가치를 결정한다고 볼 수 있다. 우리는 마음에 드는 이미지의 제품을 구입하고 좋은 이미지의 회사와 계약을 하고 호감 가는 비즈니스 파트너와 일을 하고 싶은 욕구 때문에 무의식중에 주변의 이미지 전략에 빠져들고 있다.

토머스 왓슨Thomas Watson 전 IBM 회장은 "좋은 디자인이야말로 좋은 비즈니스다."라고 했다. 그러므로 성공을 위해서는 이미지 전략이 절실하다고 볼 수 있다.

상대를 설득하고 싶거나 바라는 것을 얻고자 할 때 자신의 이미지가 긍정적인 관심을 끌어낼수록 원하는 결과를 이끌어 낼 확률이 점점 더 높아진다. 즉 상대로부터 긍정적인 태도를 끌어낼 수 있는 힘은 바로 호감을 줄 수 있는 이미지이다.

때로는 좋은 이미지가 높은 지위나 천 마디 말보다도 더 큰 위력을 발휘한다. 좋은 옷차림도 때와 장소와 상황에 맞게 입었을 때 빛이 나듯이 이미지도 목적에 맞는 전략을 세울 때 최고의 경쟁력이 된다.

중국 당나라 때 관리로 등용되기 위해 갖춰야 할 네 가지 조건이 '신언서판身言書判'이었다. 말씨, 문필, 판단력에 그에 걸맞은 용모까지 갖추어야 관리로 등용될 수 있었다. 오늘날도 이 기준이 유효하다. 업무 능력에 화술, 상황에 맞는 대처술 그리고 호감을 줄 수 있는 이미지까지 겸한다면 가장 이상적인 인재상으로 평가받을 수 있는 시대이다.

자신이 가진 호감의 이미지를 전달하는 능력은 각자 개인의 노력에 따라 얼마든지 계발이 가능하다. 좋은 이미지를 전달할 수 있는 요소가 많음에도 불구하고 제대로 전달하지 못하는 사람들이 있는가 하면 적은 요소들을 가지고 있다 할지라도 관심과 노력으로 그 요소들을 몇 배의 가치로 전달할 수 있는 사람이 있다.

진정으로 바라는 자신의 이미지를 그리며 그 이미지를 만들기 위해서 필요한 노력과 변화해야 할 요소들을 찾아 목표로 하는 이미지에 하나하나 근접할 수 있도록 내적·외적 이미지를 바꾸어 나가야 한다.

이미지를 고치는 것과 외모를 고치는 것은 별개의 문제이다. 좋은 이미지는 잘생기고 예쁜 것이 아니라 좋은 인상, 즉 밝은 표정에서부터 시작되는 것이기 때문이다. 따라서 잘생기고 예쁜 얼굴을 만들기 이전에 좋은 인상, 바른 마음가짐을 갖는 데 더 주의를 기울여야 한다.

성공을 열망하는 직장인이라면 이제는 영어 실력을 쌓고 업무 능력을 올리는 것뿐만 아니라 좋은 이미지도 성공을 위한 중요한 자기 계발임을 알아야 한다.

몸이 아프면 통증이나 생명에 대한 불안감 때문에 병원부터 찾게 되지만 이미지가 좋지 않다고 해도 지금 당장은 특별한 불편함이나 고통을 느끼지 못하기 때문에 이미지 변화의 필요성을 절실히 느끼지 못한다. 시간과 노력을 투자해 이미지 변화에 나선다면 그 결과는 단 1%의 부작용 없이 노력에 비례한 결과로 돌아올 것이다.

2
옷은 나를 표현하는
최초의 커뮤니케이션이다

옷은 자신을 표현하는 중요한 수단이며 제2의 인격이다. 동시에 자신의 진정한 모습을 드러내는 데 방해가 되는 가장 위험한 요소이기도 하다. 일본의 컨설턴트 데쯔시 후쿠시마는 "좋은 인상을 주는 패션은 당신 자신의 브랜드 이미지를 높여준다."라고 했다. 특히 비즈니스 세계에서는 만나는 사람에 따라 다른 옷을 입고 상황에 맞는 옷을 입어야 한다.

경향신문 유인경 기자의 에피소드가 기억에 남는다. 어느 날 치파오Chinese dress, 旗袍를 입고 점심 약속 장소인 차이니스 레스토랑을 간 것이다. 그런데 하필이면 레스토랑 종업원과 옷이 같아서 민망했다며 부끄러운 기억을 이야기한다. 결국 장소에 맞지 않는 옷을 입은 것이다. 누구나 한 번쯤 장소에 맞지 않은 옷을 입어 부끄러운 기억이 있을 것이다.

비즈니스 현장에서의 잘못 입은 옷차림은 때로는 냉혹한 재판 이상의 것이 될 수도 있다. 옷은 나를 보여주는 수단이기 때문이다. 앞서 언급했듯이 옷을 잘 입는다는 것은 TPOTime, Place, Occasion이다. 때와 장소, 상황에 맞는 옷을 입는 것이다. 거기에 누구를 만나는가에 따라 옷을 입는다면 옷차림도 전략이 될 수 있다.

프레젠테이션을 할 때, 회의에 참석할 때, 협상할 때, 맞선을 볼 때, 고객을 만날 때, 강연을 할 때 등 수많은 상황과 다양한 사람들을 만날 때에 그에 맞는 옷차림 연출이 필요하다. 상황과 상대에 맞는 옷을 입으면 우리가 직면한 문제에 무엇이든 대응할 준비가 되어 있다는 메시지를 전할 수 있다.

나 역시도 강의 장소와 강의 대상에 따라 그리고 행사 참석, 개인적인 만남 등에 따라 신중하게 옷을 결정해서 입는다. 그래서 옷이나 신발, 액세서리를 구입할 때도 다른 사람들에 비해 많은 시간과 노력을 들인다. 스커트나 재킷 하나를 구입하더라도 나의 기준점에서 조금이라도 부족하거나 여유가 있으면 반드시 수선을 해서 입고 다음날 입을 옷은 반드시 전날 체크한다. 터진 곳은 없는지, 단추는 튼튼한지, 구김은 없는지 등 꼼꼼히 확인한 후 깔끔하게 다림질해서 다음 날 실수 없도록 입는다.

사실 바쁜 일과 속에서 이러한 과정은 여간 번잡스럽고 힘든 일이 아닐 수 없다. 하지만 이러한 과정도 하나의 중요한 비즈니스 과정 중의 하나이기 때문에 소홀해서는 안 된다. 많은 사람들은 바빠서 신경 쓸 시간이나 여유가 없다고 말하면서 일은 잠을 덜 자고서라도 하지만 이러한 관리들은 시간의 여유가 있는 사람들만이 할 수 있는 사치쯤으로 생각한다. 이러한 노력은 어떠한 다른 것보다도 확실한 결과로 보상이 되어 돌아온다는 사실을 잊어서는 안 될 것이다.

직업과 나이에 맞는 옷을 입어라

스페인의 소설가 세르반테스M. de Cervantes는 "옷은 잘 입고 다녀야 한다. 그렇다고 비싼 옷에 보석으로 치장하라는 말은 아니다. 병사가 장군의 복장을 할 수 없듯이 자신의 직업과 분수에 맞는 옷을 입을 것이며 항상 깨끗하고 단정하면 되는 것이다."라고 했다.

직업과 나이에 맞지 않는 옷은 격이 떨어지는 옷차림으로 호감도가 떨어진다. 직업과 나이에 맞는 옷차림은 패션의 공식이라 할 만큼 중요한 요소이다.

특히 나이가 들어갈수록 젊어 보이는 옷차림보다 나이에 맞는 품격이 느껴지는 옷차림이 최고의 패션 전략이다. 패션 디자이너는 패션 디자이너답게 입어야 하고 교육자는 교육자답게 입어야 하고 리더는 리더답게 입어야 자신의 분야에 프로로 보일 수 있는 이미지 전략인 것이다.

미국의 정치가이자 외교관인 벤자민 프랭클린Benjamin Franklin은 "음식은 자신을 위해서 먹고 옷은 남을 위해서 입어야 한다."라고 했다.

평소 자신이 좋아하는 옷을 입고 구입하는 것 자체가 자기표현이고 자기만족이지만 그 이전에 상대방에게 호감과 신뢰를 줄 수 있는 옷차림인지를 먼저 생각하고 옷을 결정해야 할 것이다.

페이스북의 CEO인 억만장자 마크 주커버그Mark Zuckerberg는 중요한 투자자 회의에 후드를 입고 스니커즈를 신고 나타나 자신의 방식대로 당당하게 행동하고 있다는 점을 보여주었다. 그러나 월가에서 고급스런 정장을 입은 변호사들과 투자 은행가들은 긍정적으로 받아들이지 않고 오만한 일탈 행동으로 받아들였다.

『로스엔젤레스 타임스』는 '후드 차림의 마크 주커버그가 페이스북 CEO를 잘 해낼 수 있을까'라는 헤드라인으로 기사를 내보냈다. 주커버그의 옷차림과 경영 능력 사이에 인과관계가 있는 것은 아니지만 그의 옷차림에서 사람들은 많은 메시지를 유추하고 전망했다.

우리는 주변에서 옷차림에 신경 쓰는 것 자체가 부담스럽고 귀찮은 일이라고 생각하는 사람들을 쉽게 만날 수 있다. 여성보다는 남성에게서 많이 볼 수 있다.

심리학자들은 남성에 비해 여성들이 옷차림으로 사람을 판단하는 경향이 더 강하다고 말한다. 그래서 여성을 많이 상대하는 직업이나 여직원이 많은 회사에 근무하는 사람일수록 옷차림에 더 신경을 써야 한다고 조언한다. 그럼에도 불구하고 남자들 중에는 아침마다 잡히는 대로 옷을 입고 출근하거나 오히려 털털한 차림새가 좋은 성격을 대변한다고 착각하는 사람들도 있다.

옷은 나를 표현하는 최초의 커뮤니케이션이다. 옷으로 상대방에게 많은 메시지를 전달하고 있다. 보이지 않는 나의 내적 이미지와 상대방에게 전달하고 싶은 나의 이미지를 최초로 보여 줄 수 있는 수단이 바로 옷이다.

누군가를 만날 때 다른 어떤 것보다도 겉으로 보이는 모습으로 그 사람의 능력이나 전문성까지 판단해버린다. 그리고 겉으로 보이는 모습이란 옷을 어떻게 입었느냐 하는 것에 대한 판단이 대부분이다. 우리는 생활 속에서도 쉽게 경험할 수 있다. 옷을 잘 차려 입고 쇼핑이나 식당을 갔을 때와는 달리 초라한 옷차림으로 갔을 때 분명히 다른 대우를 받은 경험이 있을 것이다. 그럴 때마다 불만을 토로하기도 하지만 우리 자신조차도 의식적이든 무의식적이든 옷차림으로 사람을 차별하거나 선입견을 가지고 대하는 경우가 종종 있었을 것이다.

겉모습보다는 내면이 중요하기 때문에 옷차림으로 사람을 판단해서는 안 된다고 말하면서도 자신도 모르는 사이에 옷차림에 따른 차별과 선입견을 갖게 된다.

성공을 위한 옷차림의 표준은 없지만 성공한 사람들의 옷차림은 무언가 다르다. 그러면 옷차림의 전략을 세우기 전에 나는 상대에게 어떤 사람으로 보이고 싶은지 호감을 주고 싶은 상대는 누구인지를 고민할 필요가 있다. 그리고 나의 직업과 나이에 맞는 옷을 선택한다면 어디에서든 품격 있는 나를 발견하게 될 것이다.

패션 감각을 키워라

정약용이 유배지에서 자신의 두 아들에게 보낸 편지에는 "의복이란 몸을 가리기만 하면 되는 것인데 고운 비단으로 된 옷이야 조금이라도 해지면 세상에서 볼품없는 것이 되어버리지만 텁텁하고 값싼옷감으로 된 옷은 약간 해진다 해도 볼품이 없어지지 않는다."라고의복의 근검절약을 강조했지만 현대에는 적용하기 어려운 말이다.

"경제가 허용하는 한 몸에 걸치는 것에는 돈을 아끼지 말라. 그렇다고 지나치게 차려 입어서는 안 된다. 대개 입은 것으로 미루어 그인물을 알 수 있으니까."라고 한 셰익스피어Willam Shakespeare의 말은시대에 맞는 말이다.

어떤 사람들은 고급스러운 옷을 입어야 옷을 잘 입었다고 생각한다. 하지만 비싼 옷이라고 해서 모두 어울리고 멋져 보이는 건 아니다. 자기만족일지도 모른다. 경제적인 여유가 있어 옷을 입는 데 많은 비용을 지불하는 게 부담스럽지 않고 자연스럽고 당연하다고 생각한다면 모를까 자신에게 부담이 될 정도의 옷에 대한 지출은 사치로 보일 수 있다.

옷을 잘 입는다는 것은 비싼 옷을 입는 것이 아니라 자신에게 어울리는 옷을 입는 것이다. 그러기 위해서는 패션 감각이 필요하다. 패션 감각은 선천적으로 타고난 재능이기도 하지만 관심과 노력에의해서도 얻어질 수 있다. 전문가들처럼 공부를 해서만 얻어지는 것이 아니라 평소 TV나 다양한 매체, 주변 사람들의 옷차림을 관찰하고 관심을 갖는 것에서부터 얻을 수 있다. 옷차림에 관심을 갖는 것 자체를 일이라고 생각하지 말고 즐겨야 한다. 관심을 가지면 가질수록 변해가는 자신을 보게 될 것이다.

옷은 유행을 좇는 것이 아니라 자신만의 패션 스타일을 찾는 것이다. 옷을 잘 입은 사람의 패션을 모방하는 것이 아니라 응용하는 것이야말로 바로 패션 감각이다.

평소 시간이 있을 때마다 옷을 구입하지 않더라도 아이쇼핑을 하거나 쇼윈도에 걸린 옷을 보면서 패션에 대한 감각을 조금씩 익히다 보면 어느새 세련된 자신의 모습을 발견하게 될 것이다. 작은 관심에서 출발하면 옷차림 때문에 이미지를 구기는 일도 없을뿐더러 시대에 뒤떨어지지 않을 정도의 감각과 깔끔함으로 비즈니스 세계의 베스트 드레서가 될 수 있다.

깔끔함에 세련미를 더하라

옷은 깔끔함과 세련미를 느끼게 한다면 부족함이 없다. 특히 깔끔함은 세탁을 잘해서 입는다는 의미 외에 자신의 체형에 맞을 뿐 아니라 구겨진 옷을 그냥 입는 것보다 다림질해서 입는 것을 의미한다. 이러한 깔끔함은 조금만 부지런하면 체득할 수 있는 습관에 불과하다.

남성의 경우 깔끔하게 다려진 새하얀 드레스 셔츠, 반듯하게 주름이 잡힌 바지, 단정하게 맨 넥타이, 사이즈가 잘 맞는 수트, 반짝반짝 빛나는 구두, 단정한 헤어스타일 등 이러한 깔끔한 패션만으로도 상대방에게 신뢰와 호감을 줄 수 있다. 신사란 '성품이 귀한 사람이 옷도 단정히 입었다'는 뜻에서 신사인 것이다. 여성의 깔끔함은 단정한 헤어스타일, 깔끔한 메이크업이 많은 비중을 차지한다. 여기에 세련미는 패션 감각이 있어야 한다.

일본 경영의 신인 파나소닉 창업자 마쓰시타 고노스케松下幸之助, Konosuke Matsushita가 "경영자는 겉모습에 신경 써야만 한다."라고 말했다. 그는 긴자에 있는 어느 미용실에서 "긴자 4가에는 마쓰시타 씨 회사의 멋진 네온 광고탑이 있습니다. 그런데 마쓰시타 씨의 머리는 그 이상으로 중요한 회사의 광고판입니다. 당신의 헤어스타일을 보고 당신 회사의 제품을 사고 싶거나 사기 싫은 마음이 들 수도 있기 때문입니다."라는 말을 들은 후 항상 깔끔한 헤어스타일을 위해 2주에 한 번 정도 미용실을 들렀다고 한다.

깔끔하고 단정한 헤어스타일은 신뢰감을 전달할 수 있는 중요한 이미지 요소이다. 남성과 여성 모두 자신의 직업과 얼굴에 잘 어울리는 헤어스타일의 결정은 어떤 값비싼 옷보다도 큰 효과를 얻을 수 있다. 머리는 옷보다 훨씬 더 많이 그 사람의 정체성을 보여준다.

워싱턴의 스타일리스트인 조던 프링글은 "비즈니스 세계에서 너무 뛰는 헤어스타일을 하면 사람들이 당신을 진지하게 대하지 않을 겁니다."라고 말했다.

깔끔한 옷차림은 잘 정리된 옷장에 있다. 옷을 잘 정리한다는 것은 문서 정리를 잘하는 것과 같다. 일을 잘하려면 문서 관리를 잘하는 것이 기본이듯 옷을 잘 입으려면 옷장 정리를 잘해야 한다. 유행이 지났거나 몸에 맞지 않는 옷은 과감히 버린다. 몸에 맞지 않는 옷 중에서 수선해서 입을 수 있는 옷이라면 몸에 맞게 수선해서 입는다. 특히 남성의 경우 낡은 드레스 셔츠, 얼룩지고 색 바랜 넥타이, 낡은 양말 등은 버리는 것이 좋다. 그대로 두었다간 바쁜 출근길에 또 입을 가능성이 많기 때문이다.

여성들의 경우 스커트 단이 터져 있는지, 단추는 떨어지지 않았는지, 블라우스나 재킷 어딘가 박음질이 터지지 않았는지 자주 체크해 볼 필요가 있다.

항상 다음 날 입을 옷을 정해 놓고 전날 미리 다림질을 한다든지 옷 상태 등을 체크해서 준비해 놓는 습관이 필요하다. 여성들은 남성들에 비해 옷을 고르는 선택의 폭이 넓고 자유롭지만 그만큼 더 엄격하게 옷에 대한 평가를 받는다. 그래서 여성들은 나이와 격에 맞는 옷을 선택하는 데 더 신중해야 할 것이다.

몸의 청결은 좋은 인상을 주는 데 옷보다 더 중요한 역할을 한다. 멋진 옷을 아무리 완벽하게 차려입었다 해도 청결하지 않으면 아무 소용이 없다.

누군가를 만나는 자리에 제대로 감지 않아 더럽고 지저분한 머리칼, 깔끔하게 정리되지 않은 더러운 손톱, 깔끔하게 면도하지 않은 수염, 치아 관리 부족으로 나는 냄새, 너무 진한 화장을 하고 나간다면 부정적인 이미지를 줄 뿐만 아니라 이는 상대방에 대한 결례이다.

특히 비즈니스 파트너의 더러운 손톱을 발견하는 순간 신뢰마저 사라질 것이다. '저렇게 자기 관리도 못하는 사람과 비즈니스를 잘할 수 있을까?'라고 말이다.

손은 모든 상황에서 쉽게 눈에 띄는 신체의 일부분이다. 사람을 만날 때 2초도 채 되지 않아 더러운 손톱이 눈에 띄면 그 순간 나머지 모든 이미지는 비호감으로 바뀌게 된다. 사람의 자기 관리 기준을 손톱 관리로 판단하는 사람도 있다. 특히 여성의 경우 긴 손톱에 벗겨진 매니큐어는 게으름과 자기 관리 못하는 여성의 이미지를 피해갈 수 없다.

남성의 경우 깨끗한 이미지는 단정한 헤어스타일, 깔끔한 면도와 코털 관리에 있다. 이는 비즈니스맨의 필수 조건이며 언제 어디서나 빈틈이 없어야 한다. 특히 수염이 많은 남성의 경우 책상이나 서류가방에 면도기를 항상 휴대해야 한다. 중요한 비즈니스 만남이나 회의 참석 등에 갈 때는 수염 상태를 확인해야 한다.

면도를 하고 가는 것도 옷을 깔끔하게 다려 입고 나가는 것 이상의 효과가 있다. 가끔 진한 향의 화장품이나 향수 때문에 거부감이 느껴지는 경우가 있는데 되도록 향이 너무 진한 것은 피해야 한다.

여성의 경우 가끔 피부에 자신 있다는 이유로 아니면 화장기 없는 얼굴이 깔끔해 보인다는 이유로 민낯으로 다니는 경우가 있다. 하지만 그것은 잘못된 생각이다. 직장 여성에게 화장은 필수이고 상대방에 대한 매너이다.

깔끔한 화장은 자기 관리와 세련미의 표현이기도 하다. 단 화장을 할 때 너무 진하거나 화려하지 않고 단순할수록 좋은 이미지를 줄 수 있다. 메이크업에 자신이 없으면 전문가에게 배우는 것도 자기계발을 위한 현명한 투자이다. 여성에게 있어 메이크업은 옷과 더불어 자신을 돋보이게 하는 필수조건이다.

여기에 헤어스타일은 전문성을 보여줄 수 있는 중요한 요소이다. 특히 긴 머리일수록 단정하고 얼굴을 가리지 않아야 한다. 자신의 전문성을 보여주고 싶다면 어깨선 위로 자른 머리가 한층 세련된 도시적인 커리어우먼의 이미지를 줄 수 있다. 따라서 어떤 옷을 입고 어떤 말을 할지를 생각하기 전에 몸의 청결 상태가 완벽한지를 확인해 봐야 한다.

사람들은 당신의 세련된 옷차림보다도 지저분한 손톱을 더 오랫동안 기억할 것이다. 프로는 자기 관리를 잘하는 사람이다. 21세기에는 자기 관리 못하는 일 벌레는 성공의 대열에 들 수 없다. 깨끗한 몸차림을 한다는 것은 사소한 것도 소홀히 하지 않는 자기 관리이다.

몸차림과 옷차림에 투자한 시간과 노력이 아깝다고 생각한다면 현대를 살아가는 직장인으로서 부족함이 있다고 할 수 있다.

나폴레옹이 농민들로 이루어진 국민군을 조직해서 타국의 용병들을 이길 수 있었던 것은 바로 군복의 힘이었다. 농민들도 통일감이 느껴지는 군복을 입음으로써 자신감이 생겨 전쟁에서 승리할 수 있었던 것이다. 비즈니스 세계 역시 보이지 않는 전쟁 중이다. 치열한 비즈니스 전쟁에서 이길 수 있는 무기 중의 하나가 바로 패션 전략이다. 성공하고 싶다면 지금부터 패션이라는 무기로 무장하라.

3
좋은 첫인상의 세 가지 느낌
– 신뢰감, 자신감, 친근감

미국의 심리학자인 리처드 니스벳Richard Nisbett 교수가 『생각의 지도』에서 미국인은 논리와 분석에 강한 반면 동양인은 직관에 강하다고 말한다. 직관은 과거의 경험에 따른 비분석적 사고법이며 논리와 분석의 대척점에 있다.

특히 한국인은 상황을 분석적이거나 논리적으로 파악하기보다 직관적인 첫 정보에 더 민감하게 반응한다. 그래서 한국 사회의 인간관계에서 첫인상의 중요성이 높아지고 있다. 첫 만남에서 긍정적인 이미지의 강한 인상을 주지 못하면 비즈니스에서 성공하기 힘들기 때문이다.

사람들은 첫 만남에서 얻게 되는 정보에 대해서 좀처럼 바꾸려 하지 않는 경향이 있다. 이렇게 첫인상 이후의 정보에 관심을 갖지 않는 것을 '주의 감소 효과Attention Decrement'라고 한다. 어떤 사람의 첫인상에 실망했을 경우 이후 다른 새로운 이미지를 만드는 것 자체가 스트레스로 작용하기 때문에 대부분의 사람들은 많은 시간을 들여 상대를 판단하려 하지 않는 경향이 있다.

그동안의 경험을 바탕으로 첫인상이 정확하지 않을 수도 있다는 것을 알면서도 첫인상이 좋지 않았던 사람이 친절하고 호의적인 행동을 보이면 무언가 목적이 있는 의도적인 행동이라고 생각하는 경우가 많다. 주의 감소 효과 때문에 어떤 사람에게 강한 인상을 받으면 그 인상을 지우기가 쉽지 않기 때문이다.

캐나다의 브리티시 콜롬비아대학 심리학자 델로이 폴러스 박사팀은 "첫인상이라는 것은 좀처럼 변하지 않는 성질의 것이다."라는 학설을 발표했다.

처음 만난 사람에 대한 인상이 '이러이러한 사람이다'라고 느낀 이후 여러 번을 만나 친해지게 되면 처음보다 더 정확하게 판단하고 달라질 것이라 생각하지만 그렇지 않다는 것이다. 사람들은 자기가 느낀 첫인상을 계속 가지고 있는 경향이 있다고 한다. 즉 첫인상은 바꾸기 어렵기 때문에 첫 만남일수록 온갖 노력을 다하여 좋은 인상을 주도록 해야 한다.

심리학자 솔로몬 애쉬Solomon Asch는 어떤 가상의 인물에 대해 묘사하는 형용사를 들려주고 그 사람의 인상에 대해 어떻게 생각하는지 실험을 했다.

첫 번째 조건에서는 '똑똑하고 근면하고 충동적이며 비판적이고 고집이 세며 질투심이 강하다'는 정보를 제시했고, 두 번째 조건에서는 '질투심이 강하고 고집이 세며 똑똑하고 근면하며 충동적이고 비판적이다'는 정보를 제시했다. 실험 결과 긍정적인 정보가 먼저 제시된 첫 번째 조건에서는 호의적인 인상을 가졌지만 부정적인 정보가 먼저 제시된 두 번째 조건에서는 부정적인 인상을 갖는 것으로 나타났다.

솔로몬 애쉬는 먼저 제시된 정보가 나중에 제시된 정보보다 영향력이 강하다는 결론을 내리고 이를 '초두 효과'라고 명명했다. 처음 주어진 정보로 맥락을 만든 후 다음 정보는 그 맥락에 근거해 해석해 나가는 경향이 있고 처음 형성된 정보가 이후의 정보 해석에 지속적인 영향을 주는 것이다. 애쉬의 실험 결과를 통해서 첫인상의 중요성을 알 수 있다.

사람들은 상대방에 대해 아무 정보가 없을 때 첫인상에 대한 정보를 전체 정보로 받아들인다. 첫인상에 대한 정보가 틀렸다고 해도 자신의 잘못을 인정하지 않으려고 하는 심리 때문에 한 번 얻은 정보를 고치려 하지 않는다. 특히 자신이 똑똑하다고 여기고 자존감이 강한 사람일수록 이러한 경향은 강하다.

처음 만난 사람의 경우 10초 이내에 표정, 복장, 태도, 용모, 시선, 자세, 걸음걸이와 같은 시각적 이미지와 음성, 억양, 말씨와 같은 청각적 이미지를 통해 상대방을 평가하게 된다. 즉 극히 짧은 시간에 표면적인 기준으로 상대방의 경제력, 지적인 수준, 직업 등을 판단하고 용모가 단정하지 못하고 매너 없는 사람에게는 시간과 돈을 투자하려 하지 않는다.

대부분의 사람들은 개인적으로 중요한 만남이나 공식적인 자리가 아니면 외적 이미지에 신경 쓰는 것을 귀찮게 여기는 경우가 많다. 하지만 우리는 예고 없이 중요한 모임에 참석하게 된다든지 갑작스런 중요한 만남이 이루어지는 경우를 종종 경험하게 된다. 그러므로 평상시에도 항상 최고의 모습을 갖추고 있어야 하고, 지금 이 순간도 나의 사소한 행동과 모습 속에서 이미지는 끊임없이 만들어지고 있다는 사실을 기억해야 한다.

사람마다 차이가 있지만 우리는 평생 동안 평균 10만 명의 사람과 첫 만남이 이루어진다. 이 수많은 만남 속에서 누가 자신의 인생에 영향을 미칠 사람이 될지는 알 수 없는 일이다. 그러므로 지금 당장은 하찮게 여겨지는 사람일지라도 최선을 다해 좋은 첫인상을 보이도록 노력해야 한다.

좋은 첫인상을 줄 수 있다는 것은 그만큼 성공의 기회가 많다고 볼 수 있다. 그렇다면 과연 좋은 첫인상이란 어떤 모습일까? 사람들은 신뢰감이 느껴지는 믿을 만한 사람, 무슨 일이든 잘 해낼 수 있을 것 같은 자신감이 넘치는 사람, 인간적인 공감대를 형성할 수 있고 따뜻한 정을 느낄 수 있는 친근한 사람을 선호한다.

첫인상은 눈빛에서부터 발끝까지 그 사람이 가지고 있는 모든 것에서 느껴지듯 좋은 첫인상을 위해서는 내적 이미지의 변화부터 시작해야 할 것이다. 즉 첫인상을 바꾼다는 것은 외과적인 수술이라기보다는 내면적인 성찰을 통해 삶에 대한 근본적인 태도를 바꾸고 내면의 자기 변화에서 출발해야 한다는 것을 의미한다. 더불어 바른 내면과 단정한 용모는 좋은 첫인상뿐만 아니라 어디에서든 주위의 관심과 신뢰를 얻을 수 있다.

훌륭한 내적 이미지에 걸맞은 외적 이미지가 조화를 이루었을 때 그 사람의 가치는 더욱 빛난다. 그래서 좋은 첫인상만큼 만날수록 '참 좋은 사람'이라는 말을 듣는 사람에게 인생의 좋은 기회도 찾아오기 마련이다.

"운명은 우리의 삶 속에 누가 찾아올 것인가를 결정하지만 우리의 태도와 행위는 누가 머무를 것인가를 결정짓습니다."라는 예반의 시구가 떠오른다.

지금 이 순간 '내 주위의 모든 사람이 내 인생의 기회'라 생각하고 누구나 내 곁에 머무르고 싶어 하는 사람이 되어야 할 것이다.

시간 약속과 약속 장소가 신뢰감의 출발점이다

우리는 수없이 많은 약속과 만남 속에서 살아가고 있다. 그중 시간에 대한 약속이 가장 많다. 인간관계의 기본은 신뢰라는 생각은 누구나 가지고 있다. 신뢰는 만나서 경험을 통해서만 판단할 수 있는 요소라 생각할 수 있지만 얼굴을 보지 않고 제일 처음 느끼는 신뢰가 바로 시간 약속이다.

약속 시간을 잘 지키면 자신의 이미지에 플러스는 될 수 있지만 지키지 않은 약속 시간으로 인해 망가진 이미지는 어떠한 것으로도 보상할 수 없다. 사람들은 똑똑한 사람보다는 진실하고 신뢰할 만한 사람을 좋아한다. 특히 처음 만나는 사람에게 성실하고 준비된 사람이라는 이미지는 시간 약속을 통해서 보여 줄 수 있다. 아무리 멋진 외모로 치장을 하고 나와도 약속 시간을 지키지 않는다면 차라리 만나지 않는 게 나을 것이다.

흔히 시간 약속을 지키지 않는 사람과는 비즈니스도 하지 말라는 말이 있지만 아직도 코리안 타임이 남아 있다는 것을 부정할 수 없다. 외국의 바이어들 사이에서도 한국인과의 약속은 10분 정도 늦게 나가야 만날 수 있다고 생각한다.

시간 약속에 대한 관념은 사람에 따라 다르지만 한 가지 분명한 것은 성공한 사람들은 시간 약속을 아주 중요한 평가 기준으로 삼고 있다는 사실이다. 약속 시간을 정확히 지킬 줄 아는 사람만이 성공의 기회를 잡을 수 있을 가능성이 높아진다. 그리고 좋은 인간관계를 위해서는 먼저 약속 시간을 잘 지키는 신뢰할 만한 사람이 되어야 한다.

사람의 첫인상은 환경적인 요소에 의해서도 달라질 수 있다. 아무리 좋은 첫인상을 가지고 있다 할지라도 쾌적하지 않고 어수선한 곳에서의 만남은 호감도를 떨어뜨리는 요소로 작용할 수 있다.

캔사스 주립대학 환경심리학자 윌리엄 그리피트 박사와 러셀 벤치 박사는 "붐비는 곳에서 만날수록 당신은 미움을 받는다."라는 실험 결과를 발표했다.

서로 모르는 121명의 남녀를 모아 첫인상 형성에 대한 실험을 했다. 두 가지 상황을 설정하고 첫 번째 상황은 16명이 한꺼번에 만나는 조건이고 두 번째 상황은 3명이 한 그룹이 되어서 만나는 조건이었다. 혼잡한 상황과 여유 있는 상황에서 만날 때를 비교하려고 한 것이다.

16명이 한꺼번에 혼잡한 상황에서 만난 그룹에서는 '저 사람과는 성격이 맞지 않다', '저 사람이 불쾌한 발언을 했다' 등 서로에 대해 부정적인 판단이 많았다. 반대로 3명이 여유 있는 상황에서 만난 그룹은 '그 사람과 있으면 즐겁다', '그 사람은 친절하다' 등의 긍정적인 인상을 갖게 되었다.

상대에게 신뢰받고 싶다면 신뢰받을 만한 장소를 선택해야만 한다. 상품도 어떤 곳에 진열되어 있는가에 따라 그 가치가 다르게 느껴지듯 사람도 어떤 곳에서 만나느냐에 따라 그 사람의 가치나 신뢰도가 달라질 수 있다. 특히 미혼남녀의 맞선이나 중요한 비즈니스의 만남이 조용하고 고급스러운 곳에서 이루어지는 이유도 여기에 있다고 봐야 한다.

만약 처음 들어갈 때는 조용했던 곳이 시간이 지나면서 복잡하고 시끄러워지는 경우가 생기면 기분전환을 위해 다른 장소로 옮기는 것도 상대에 대한 배려이자 좋은 만남이 되기 위한 방법이 될 수도 있다. 실내에서도 가능하면 타인의 주목을 받는 한가운데 테이블보다는 구석 자리를 확보하면 편안한 분위기에서 대화를 할 수 있다.

고객을 만나 상담을 할 때도 마찬가지다. 커피숍에서 만나는 경우 미리 도착해서 상담하기 좋은 테이블을 찾아서 기다리고 자신의 자리는 상대방이 나에게 집중할 수 있도록 창을 바라보는 방향이나 벽을 등지고 앉아서 60~70cm 거리를 유지하는 것이 좋다.

가끔 장소 선택을 잘못해서 맞선이 실패하거나 비즈니스 협상이 제대로 이루어지지 않았음에도 장소가 아닌 다른 것에서 원인을 찾는 경우가 종종 있다. 조용하고 깨끗한 장소에서 상대와 만나면 설득과 상담의 기본이 되는 신뢰도가 높아져 좋은 첫인상을 줄 수 있을 뿐만 아니라 비즈니스 성공 확률도 그만큼 올라간다는 사실을 잊어서는 안 될 것이다.

자신감으로 무장하라

미국의 심리학자 아이린 캐슬러는 "성인 누구에게나 마음 속 깊은 곳에 미숙한 약점이 있다."라고 했다. 누구에게나 부족한 점은 있으니 자신의 능력을 과소평가하지 말고 자신감을 가져야 한다. 그리고 어디서나 가슴을 펴고 당당하게 자신을 표현하면 주변 사람들로부터 원하는 대접을 받고 있는 자신을 곧 발견하게 될 것이다.

사람들은 다른 사람을 평가할 때 가장 먼저 태도를 보고 판단한다. 특히 긍정적인 자세, 열정적인 모습, 자신감에 넘치는 태도에서 신뢰감을 느낄 수 있다.

소설가 김홍신의 『인생사용설명서』에 "대학 시절 데모하다 잡혀갔다가 담당 형사에게 들은 이야기가 지금껏 잊히지 않습니다. '잡혀 온 학생 중에 겁에 질려 손발이 닳도록 비는 녀석은 따귀 한 대 갈기고 싶지만 데모 대열에 설 수밖에 없었다고 당당하게 주장하는 녀석은 나중에 저 기세로 어떤 인물이 될지 모른다는 생각에 함부로 대하기 어렵다'고 말입니다. 자존심을 지키기 위해 당당할 때 스스로의 가치를 지킬 수 있는 것이지요."라고 자신감에 대한 경험을 말한다.

'강남 스타일'의 돌풍으로 한류 스타가 된 가수 싸이는 어디에서나 당당하고 자신감 넘치는 모습이 그의 매력이다. 강남 스타일 노래를 들어 본 사람이라면 한 번쯤 노래에 맞춰 말춤을 춰본 경험이 있을 만큼 그의 노래와 춤은 전 세계에 싸이 열풍을 일으켰다. 당당함과 자신감에 넘친 그의 춤과 노래는 많은 사람에게 사랑받기 충분했다.

직장 내에서도 항상 자신감에 넘치는 사람은 모든 일을 잘하는 것 같은 착각마저 들게 할 정도로 대단한 위력이 있다. 그리고 나도 모르게 신뢰감마저 들게 된다.

나는 대학생들 취업 지도를 할 때도 항상 가장 중요하게 생각하는 것이 바로 자신감을 갖게 하고 자신감을 표현하는 연습을 하게 하는 것이다. 많은 학생들은 자신의 부족함을 크게 생각하다 보니 점점 자신감은 없어지고 열등감에 사로잡히게 된다.

아무리 열심히 노력하여도 자신감이 없다면 자신의 가치는 떨어질 수밖에 없다. 스스로를 믿는 힘이 부족한데 어떻게 다른 사람이 나를 믿고 호감을 줄 수 있을까를 생각해야 한다. 자신의 능력도 존재감도 모두 드러낼 수 있는 무기가 바로 자신감이다. 반면에 열등감과 지나친 겸손은 자기 이미지를 손상시키는 결과를 낳게 된다.

영국 최고의 심리치료사 마리사 피어Marisa Peer는 "자신이 가치 없는 사람이라는 생각, 부족하다는 생각, 호감이 가지 않는 사람이라는 생각이 수많은 현대인이 겪는 불안감과 우울증의 원인이다."라고 했다.

우리는 자신감이 부족하기 때문에 칭찬받기 바라는 것이다. 자신감을 갖기 위해서는 남에게 칭찬받기를 바라기 전에 먼저 자신을 칭찬하고 인정하는 것이 필요하다.

함께하고 싶은 사람이 되어라

한 연구에 의하면 우리는 누군가를 처음 만날 때 세 가지를 판단한다고 한다. 첫째는 지성과 교육 수준을 평가한다. 둘째는 경제적 능력을 판단한다. 셋째는 그 사람과 친구가 될 수 있는 가능성을 판단한다는 것이다. 좋은 첫인상은 친구가 될 수 있는 친근감 있는 사람이다.

친근감은 누구에게나 호감을 줄 수 있는 매력이다. 편안함을 느끼고 어디에서든 함께하고 싶은 모습은 모든 사람이 원하는 이상적인 사람의 이미지이다.

내가 아는 한 교수님은 잘생긴 얼굴도 매력이 넘치는 분도 아니지만 어디 가서나 인기가 많다. 처음에는 조금 의아했지만 시간이 흐르면서 그 이유를 알게 되었다. 교수님의 친근함과 편안함이 그 이유였던 것이다. 누구의 이야기든 잘 들어주시고 헤어질 때는 식사를 꼭 챙겨서 보낼 정도로 정이 넘치고 기분 상한 일이 있어도 그냥 웃어넘기시는 여유가 있는 분이시다. 그래서 주변의 많은 사람들의 상담자가 되어주는 경우도 많다. 교수님의 편안함과 친근함 때문에 속 깊은 이야기도 서슴없이 하게 되는 것이다. 평소 주변 사람들에게 친근하고 편안하게 대하시는 모습이 처음 만나는 사람들에게도 그대로 전해지는 것이다.

편안함과 친근함을 느낄 수 있는 얼굴은 포커페이스처럼 순간 드러날 수 있는 모습이 아니다. 인간관계에서 얼굴 표정이 절대적인 역할을 하기 때문에 평소 마음의 훈련과 노력이 필요한 것이다.

남을 배려하는 마음, 따뜻함을 느낄 수 있는 인정 있는 마음, 자신감이 넘치면서도 자신을 낮출 줄 아는 겸손한 마음, 상대방의 이야기에 경청하며 공감할 줄 아는 마음을 가진 사람이라면 누구에게나 기쁨을 주고 인생의 먼 여정에 함께 동행하고 싶은 사람이 될 것이다.

사람은 함께 있을 때 기쁨을 주는 사람이 있는 반면 떠난 후에야 기쁨을 주는 사람이 있다. 나는 지금 어떤 기쁨을 주고 있는가.

4
최고의 관상은
밝은 얼굴이다

관상학자들은 사람의 관상을 볼 때 얼굴의 생김새도 보지만 전체적으로 느껴지는 느낌이나 표정, 눈빛을 더 중요하게 생각한다. 그래서 관상학의 교과서인 마의상법麻衣相法에서는 아무리 반듯한 이목구비를 지녔다 하더라도 근심이 가득하고 어두운 얼굴이라면 좋은 상으로 보지 않는다. 표정만으로도 현재 상태의 운뿐만 아니라 미래까지도 알 수 있다고 이야기한다.

『주역』에서도 운을 끌어당기기 위한 가장 쉬운 방법이 명랑하고 친절한 모습이라고 말한다. 명랑함은 내가 기분 좋은 상태이고 친절함은 상대방의 기분까지 좋게 만드는 것이다. 항상 웃는 얼굴, 친근한 인상, 인자한 표정들이 자신을 외롭지 않게 하는 비결이다.

옛날에는 '아내가 웃음을 띠면 남편과 자식이 성공한다'고 해 아내의 웃음을 가장 큰 내조로 삼았다. 실제로 호감 가는 얼굴은 항상 밝고 언제 보아도 기분 좋은 표정을 지닌 사람이다. 즉 사람에 대한 호감도는 표정에 따라 달라진다. 인상이 좋고 나쁨의 기준을 대부분 생김새보다도 표정에 따라 판단하는 경우가 많기 때문이다.

밝은 표정은 상대방에게 좋은 이미지를 전달하는 데 가장 기본이 되는 요소이다. 옷차림이 때와 장소와 상황에 맞아야 하듯 표정도 마찬가지이다. 때와 장소와 상황에 맞지 않는 표정은 자칫 뭔가 부족한 사람으로 오인받기 쉽다. 독일의 어머니들은 자식들에게 "네 얼굴은 너의 것이 아니라 네 얼굴을 보는 사람들의 것이다. 그러므로 너는 그 사람들을 위해 늘 좋은 표정을 지녀야 한다."라고 가르친다.

2013년 소셜 데이팅 서비스 업체에서 "직장 내에서 이상형의 동료"에 대한 설문조사를 했다. 2위는 '친절한 동료'였고 1위는 '웃으며 인사하는 사람'이었다. 직장에서도 밝은 표정을 가진 사람을 가장 좋아하는 것이다.

현재 한국인의 행복 지수는 OECD 34개국 중 32위이다. 한국인 성인 남녀 행복 지수는 100점 만점에 59점으로 조사됐으며 143개 국가 중 118위에 머물렀다.

자살률, 소주 판매량, 이혼율, 청소년 불행 지수, 성형수술, 간 기증, 대학 진학률, 지하철이 세계 1위이다. 경제 성장의 속도만큼 정신 건강이 갈수록 악화되고 있는 현실이다. 정신이 건강해야 얼굴도 밝아질 수 있다.

대부분의 사람들은 밝은 표정은 타고나기 때문에 바꿀 수 없다고들 한다. 더구나 스트레스와 근심이 있고 우울할 때 미소를 짓는다는 게 좀처럼 쉽지 않다. 사람은 외부적인 조건이나 환경 때문이 아니라 자신의 내면적인 정신 상태에 따라서 표정이 바뀐다.

미국의 갤럽연구소가 18개국 국민을 대상으로 조사한 결과 가장 행복한 표정을 지닌 국민은 아이슬란드 사람들이었다. 인구가 약 31만 명의 빙하의 나라이며 겨울에는 밤이 스무 시간씩 계속되는 힘든 환경에서 살아가는 사람들의 밝은 표정은 환경적인 요소보다 마음의 자세가 더 중요하다는 사실을 알려준 결과이다.

0.5%의 사람들이 사고로 또는 선천적으로 기형의 얼굴을 가지고 있고 90% 이상의 정상적인 사람들은 실패와 두려움으로 인한 마음의 상처를 갖고 있기 때문에 밝은 얼굴을 갖는다는 것이 쉽지 않다. 우리는 보이지 않는 마음의 상처부터 치료해야 할 것이다.

외국의 택시 기사는 동양인들 중에서 얼굴에 아무 표정이 없는 한국인을 구별해내기가 쉬웠다고 한다. 특히 우리나라 남성들의 굳은 표정이 외국인들의 눈에는 모두 화가 나서 거리를 왔다 갔다 하는 것처럼 보인다고 지적하기도 한다.

자신은 화가 나지 않았음에도 상대방에게 화난 모습으로 보였다면 상대에게 실례되는 일이다.

우리나라 사람들은 특히 공식석상에서 지나치게 진지하다 보니 딱딱하고 불친절한 느낌을 갖게 한다. 중국 속담에 웃는 얼굴이 아닌 사람은 가게를 열면 안 된다고 했다. 사람을 많이 상대하는 사람일수록 표정관리의 중요성을 간과해서는 안 될 것이다.

메릴랜드 대학의 '웃음 공학 연구소'에는 웃음을 연구하는 의사들의 모임이 있다. 이곳의 연구 결과에 따르면 '성인의 20%는 우스울 때 웃고 80%는 사회적인 연대감을 위해 웃는다'고 한다. 일반적으로 여자의 웃음은 자기방어와 보호를 의미하고 남자의 웃음은 통제와 조절을 의미한다.

영국 옥스퍼드 의과대학 연구팀은 어린아이는 하루에 400~500번을 웃지만 장년이 되면 하루 15~20번으로 감소하였다. 결국 나이가 들수록 웃음이 줄어든다는 결론이다.

한 연구 발표에 따르면 한국인은 하루 6~7번 웃는다. 1번 웃는 데 걸리는 시간이 10초라고 가정하면 1분 정도 웃는 것이다. 그것도 잘 웃는 사람의 말일지도 모른다. 독일 사람은 하루에 6분, 영국인 15분, 프랑스인 18분, 이탈리아인은 19분 웃는다.

어느 기업 광고에 인생을 80년 산다면 21년 일하고, 26년 잠자고, 9년 먹고 마시는데 웃는 시간은 20일뿐이라고 했다.

미국 빌 메모리얼 병원에는 '하루 15초 정도 웃으면 이틀을 더 오래 산다'고 적혀있다. 웃어도 건강하게 수명을 이틀 연장할 수 있으니 매일 먹어야 하는 밥처럼 매일 웃어야 살 수 있다고 생각을 바꿔야겠다.

아리스토텔레스Aristoteles는 "동물 중에서 웃는 것은 인간뿐이다."

라고 했다. 인간과 가장 친한 동물인 개는 입이 튀어나와 웃을 수 없다. 웃음은 인간만이 누릴 수 있는 특권이다.

인간이 걸리는 질병 중에서 90%가 면역력이 떨어져서 생기는 병이다. 히포크라테스Hippocrates가 '이 지구상에서 제일 좋은 약은 면역'이라고 했다. 웃으면 탁월한 면역력이 생긴다. 면역력이 강한 사람은 감기도 잘 안 걸리고 바이러스에도 쉽게 감염되지 않는다. 웃으면 엔도르핀, 엔케팔린의 활동이 증가하는데 엔케팔린 호르몬은 모르핀보다 약 300배의 통증 억제 효과가 있다는 보고도 있다.

미국 로마린다 의과대학의 리 버크 교수의 「웃음의 면역기능 강화」라는 논문에서 웃으면 항균체인 '감마인터페론' 수치가 200배나 증가한다고 발표했다. 그리고 백혈구 속에 암세포를 죽이는 NK세포가 있는데 웃으면 백혈구가 증가해 암에 대한 면역력도 증가한다.

배를 움켜쥐면서 웃으면 어떠한 장약보다 효과가 좋아 내장 운동에 좋다. 미국 스탠포드 대학의 윌리엄 프라이 박사는 우리 몸은 650개의 근육으로 되어있는데 한 번 크게 웃으면 231개의 근육이 움직인다고 말했다. 10분 동안 배꼽 잡고 웃으면 마라톤 10킬로미터를 뛰는 운동 효과가 있다.

미국의 심리학자 윌리엄 제임스William James는 "행복하기 때문에 웃는 것이 아니라 웃기 때문에 행복하다."라고 말한다. 과학자들은 인간의 두뇌는 행복하기 때문에 웃는 것과 웃기 때문에 행복한 것을 구분하지 못한다고 한다. 밝은 표정을 지니려면 마음을 다스리고 항상 긍정적인 삶의 자세를 가지려는 노력이 필요하다.

　밝은 표정은 상대방에게 좋은 이미지를 심어주어 대인 관계뿐만
아니라 비즈니스에도 좋은 영향을 미친다는 사실을 기억하자. 웃음
은 얼굴뿐만 아니라 내 인생도 활짝 펴줄 것이다.

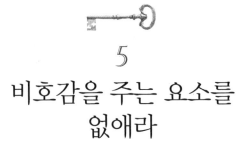

5

비호감을 주는 요소를
없애라

한 설문 조사에서 사람을 처음 만날 때 제일 먼저 보는 곳으로 얼굴이 74.4%를 차지했다. 비호감을 느끼는 요인으로는 굳은 표정이 30.7%, 거칠거나 부정적인 말투 24.5%, 무례하고 이기적인 행동 21.4%, 외모 8.6%, 기타 14.8%였다.

그리고 평소 인간관계를 통해 누군가를 평가할 때 '잘생겼는데 성격이 나쁘다', '성격은 좋은데 정직하지 않다', '다 좋은데 말을 함부로 한다', '능력 있는데 이기적이다' 등 한 가지 치명적인 단점 때문에 좋은 이미지를 심어주지 못하는 사람들이 의외로 많다. 하지만 정작 자신은 모르고 고칠 생각조차 못한다. 병이 생기면 자신의 병명이 정확히 무엇이고 어느 정도 심각한지를 알아야 치료를 할 수 있고 병도 고칠 수 있듯이 이미지 변화를 하기 전에도 정확한 진단이 필요하다.

개인의 이미지 전략도 어떤 부분을 드러내고 감추느냐에 따라 인식되는 이미지는 달라질 수 있다. 이러한 전략을 세우기 전에 자신의 강점과 약점을 정확하게 파악해야 하고 부정적인 이미지를 주는 것이 무엇인가를 정확히 알아야 한다. 그렇게 해야 호감을 주는 이미지 전략을 세울 수 있게 되는 것이다.

최고의 이미지 전략은 '무엇을 드러내고 무엇을 감추고 무엇을 바꿀 것인가' 하는 것이다.

어느 날 단골 미용실 원장이 많은 고객들을 만나면서 놀란 점이 있다며 나에게 이야기해준다. 헤어스타일을 결정하려면 가장 먼저 얼굴형을 파악하고 그다음 직업이나 본인의 취향, 나이 등을 고려해 헤어스타일을 제안한다고 한다. 그런데 의외로 자신의 얼굴형을 정확히 모르는 사람이 많다고 한다. 오히려 자신의 얼굴형을 묻는 사람이 많다는 것이다. 이처럼 매일 보는 자신의 얼굴형도 정확히 모르는데 자신의 단점과 비호감을 주는 요인을 찾기란 혼자만의 노력으로는 어려운 것이다.

좋은 이미지를 위한 변화를 시도한다면 없는 장점을 개발하려고 하기 전에 단점이나 부정적인 이미지를 과감히 없애는 데 투자해야 한다. 고르지 않은 치아로 단정하지 않은 입 모양이나 부정확한 발음, 자신감을 잃은 미소, 너무 눈에 띄는 점이나 사마귀, 심한 여드름이나 구취, 불쾌감을 줄 수 있는 습관이나 말투, 오해받을 수 있는 표정, 좋지 않은 성격 등이 그것이다. 이러한 경우는 일정한 비용과 의료 처방이 필요하거나 자신의 노력만으로도 고칠 수 있다. 이러한 문제점이 있음에도 불구하고 정작 자신은 전혀 알지 못하거나 심각성을 느끼지 못해 개선할 생각조차 못 하고 있는 경우가 많다.

가까운 주변 사람들로부터 객관적인 조언이 필요하다. 자신의 이러한 단점들을 망각한 채 이를 해결하지 않아 받는 불이익은 자신이 생각하는 것 이상의 부정적인 결과를 초래한다는 것을 명심해야 한다. 마찬가지로 이를 해결함으로써 얻을 수 있는 효과는 생각보다 매우 크다는 사실을 기억해야 할 것이다.

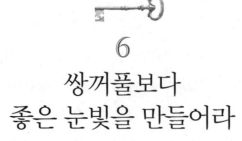

6
쌍꺼풀보다
좋은 눈빛을 만들어라

어느 날 급한 약속이 있어 택시를 타고 이동을 하게 되었다. 택시에 타자마자 나이 지긋한 기사님이 "여검사님이신가요?" 하고 대뜸 물으신다. "아닙니다." 그러자 "그럼, 교육자이시지요?" 하고 재차 물으신다. 나는 너무 갑작스런 질문 공세에 웃으며 "기사님은 뭘 보고 아시나요?" 하고 물었다. "눈을 보면 많은 것을 알 수 있지요. 제가 대기업에서 30년 동안 인사담당자로 근무를 하다 보니 눈을 보면 사람을 알 수 있습니다."라고 하신다. 30년 동안 대기업 인사 담당자로 근무하면서 사람을 판단하는 데 눈빛이 중요하다는 사실을 알게 된 것이다. 그리고 "인재를 뽑을 때 눈이 살아있고 좋은 눈빛을 가진 사람을 뽑으면 틀림없는 인재더라고요."라고 하시며 눈빛의 중요성을 이야기하신다.

PART 2 이미지 전략

사실 나 역시도 사람을 볼 때 눈빛을 가장 중요하게 생각한다. 반짝반짝 눈이 살아 있다는 것은 열정과 자신감, 카리스마를 가진 사람이다. 당연히 일처리도 확실한 사람이다. 그리고 눈빛에 따뜻함과 선함이 느껴지면 인품 또한 틀림없이 선하다. 막심 고리키도 "사람의 눈은 그가 현재 어떻다 하는 인품을 말하고 사람의 입은 그가 무엇이 될 것인가 하는 가능성을 말한다."라고 했다. 그래서 빛나지 않는 눈보다는 반짝반짝 살아 있는 눈과 내면의 모든 것을 알려주는 맑은 눈을 많은 사람들이 좋아할지도 모른다.

특히 리더들은 이러한 인재를 찾기 위해 오늘도 공을 들이고 있는 것이다. 이렇게 눈을 보고 사람을 판단할 때는 눈의 모양을 보고 판단하는 것이 아니라 눈빛을 보고 판단한다.

상대에게 좋은 느낌을 전할 수 있는 가장 중요한 것은 바로 눈빛이다. 우리는 흔히 "눈은 마음의 창이다."라는 말을 자주 한다. 사람의 눈을 보면 현재의 마음 상태, 성격, 건강, 심성, 똑똑함 등 작은 창에서 너무나 많은 것을 느낄 수 있다. 그래서 관상학자들은 관상에서 가장 중요한 것은 바로 눈빛이라고 말한다. 몸이 천 냥이면 눈이 구백 냥이라고 한다.

대학 동창인 A라는 친구는 서로를 너무나 잘 아는 가까운 친구였다. 그래서 친구의 부모님도 잘 알다 보니 집에 초대받아 자주 놀러 갔다. 딸 부잣집인 친구의 어머니는 좋은 사위를 얻기 위해 관상 공부를 하고 계셨다. 그러면서 사위는 눈빛을 보고 결정해야겠다고 입버릇처럼 이야기하셨다. 어느 날 친구의 큰언니가 결혼을 한다고 집안이 잔치 분위기였다. 그리고 친구 가족들과 저녁 식사를 하게 되었는데 친구 어머니가 사위를 결정하게 된 배경을 이야기해 주셨다. 친구의 큰 형부가 결혼할 당시 직업이 없는 대학원생이었다. 딸을 믿고 맡기기에는 부족함이 있었던 것이다.

그런데 친구의 어머니가 처음 사위를 만났을 때 어찌나 눈빛이 좋고 초롱초롱 빛이 나던지 딸을 주어도 행복하게 살 수 있겠다는 확신이 들어 결혼을 승낙한 것이다. 평소 말씀대로 눈빛을 보고 사위를 결정하신 것이다.

친구 어머니의 믿음대로 결혼 후 사위는 좋은 직장에 취직도 하고 아내에게 너무도 잘하는 최고의 사위가 되어 장모님의 사랑을 듬뿍 받게 되었다. 지금도 너무 잘 살고 있다고 한다. 그 뒤로 가끔 친구의 어머니가 나에게 눈이 살아있고 눈빛이 좋은 사람은 아무것도 보지 말고 그냥 결혼해도 된다고 입버릇처럼 이야기하시던 기억이 난다.

대개 성공한 사람들의 눈빛은 광채를 발하고 살아있다. 뇌가 외부와 직접 연결되는 유일한 곳이 눈이고 시신경을 통해 뇌와 연결되어 있기 때문에 눈을 보면 많은 것을 알 수 있다. 또한 눈에는 상당한 설득력이 있어서 카리스마도 눈빛에서 느껴진다. 눈빛은 백마디 말보다 더 많은 말을 할 수 있고 진심어린 마음도 눈빛으로 느낄 수 있다.

탤런트 조재현 씨는 눈으로 많은 표현을 할 줄 아는 연기파 배우이다. 그의 눈은 살아 있고 작은 체구에서 나오는 카리스마는 그의 연기를 한층 더 빛나게 해준다. 눈으로 수많은 감정과 느낌을 잘 표현하는 그의 연기에 시청자들은 더 공감하고 빠져드는 것이다. 그의 성공 비결은 바로 누구도 흉내 낼 수 없는 그만의 눈빛 연기인 것이다.

예쁜 쌍꺼풀은 타인이 만들어 줄 수 있지만 좋은 눈빛은 자신이 만들어야 한다. 내적인 자아 성찰을 통한 자기 변화가 있을 때 한층 맑고 광채를 발하는 눈빛으로 거듭날 수 있다.

지금 이 순간 좋은 관상, 카리스마 있는 모습, 호감 가는 인상을 갖고 싶다면 내적인 변화와 건강관리, 눈으로 표현하는 연습과 훈련을 해 보라. 조금씩 달라진 자신을 발견하게 될 것이다. 그리고 열정과 카리스마가 느껴지는 살아있는 눈빛은 나의 인생을 밝고 빛나게 해 줄 것이다.

7
심상이
곧 인상이다

보이지 않는 땅 속이 마음이고 드러난 화산이 얼굴이다. 즉 얼굴은 오장육부에서 끌어올라온 것이고 마음의 기운이 얼굴로 형상화된 것이다. 곧 얼굴 자체가 그 사람의 마음, 심상이며 마음이 얼굴을 빚는 것이다. 곧 인상은 만들어지는 것이다.

존 로빈스의 저서 『존 로빈스의 인생 혁명』에서 빅토리아 모란은 "우리가 갖춰야 하는 아름다움은 돈으로 살 수도 화장품 병에 담을 수도 없는 내면의 빛이다…내적 아름다움을 지닐 때 우리 눈은 진정한 영혼의 창문이다…나이와 신체 특징에 상관없이 인품에서 저항하지 못하는 매력이 뿜어져 나와 아름답게 만들어준다. 이것이 바로 방안을 환하게 빛내고 인생을 밝히며 세월이 흘러도 결코 줄어들지 않는 아름다움을 선사하는 광채다."라고 했다.

PART 2 이미지 전략

얼굴에는 그 사람 내면의 모든 것이 드러난다. 링컨Abraham Lincoln이 "사람은 40세까지는 그 얼굴에 책임이 없다. 그러나 40세 이후에는 부모의 책임이 아니고 자신의 책임이다."라고 한 것처럼 나이가 들수록 심상이 인상이 되는 것이다. 그 내면의 모든 것이 나이가 들어가면서 서서히 우러나오는 것이다. 그 어떤 것도 내면에서 우러나오는 빛을 가릴 수 없다. 그것이 바로 그 사람의 향기인 것이다.

어느 날 부처님과 제자들이 길을 걷다가 새끼줄을 발견했다. 부처님은 옆에 있던 제자에게 "어디에 썼던 새끼줄인지 알겠느냐?" 하고 물었다. "네, 생선을 엮었던 새끼줄입니다.", "그것을 어떻게 알았느냐?", "비린내가 나기 때문입니다."

또 길을 가다가 종이를 발견했다. 부처님이 제자에게 다시 물었다. "이 종이는 어디에 썼던 것인지 알겠느냐?", "네, 향을 쌌던 종이입니다.", "그것을 어떻게 알았느냐?", "종이에서 향내가 납니다."

이렇게 생선을 엮었던 새끼줄에는 비린내가 나고 향을 쌌던 종이는 향이 남아 향을 쌌던 종이라는 사실을 알 수 있듯이 사람도 어떤 마음과 생각으로 살아왔는지 내면의 향기가 얼굴에 다 드러나는 것이다.

"꽃의 향기는 백 리를 가고(화향백리, 花香百里) 술의 향기는 천 리를 가지만(주향천리, 酒香千里) 사람의 향기는 만 리를 가고도 남는다(인향만리, 人香萬里)."라는 말이 떠오른다.

아름다운 꽃은 그 향긋한 꽃향기가 백 리까지 퍼지고 오랫동안 잘

익어 깊은 맛이 나는 술의 향은 천 리까지 가지만 좋은 사람의 인품에서 우러나오는 향기는 만 리 밖까지 퍼져 나간다는 뜻이다.

백만매택百萬買宅 천만매린千萬買隣이란 말이 있다. 중국 남북조시대 송계아宋季雅라는 고위 관리가 정년퇴직 후 자신이 살 집을 보러 다녔다. 그런데 지인들이 추천해 준 몇 곳을 다녀 보았으나 마음에 들지 않았다.

하지만 백만금밖에 안 되는 집을 천백만금을 주고 여승진呂僧珍이라는 사람의 이웃집을 사서 이사했다. 이 얘기를 들은 이웃집의 여승진이 이유를 묻자 송계아는 백만금은 집값으로 지불했고 천만금은 여승진과 이웃이 되기 위한 값이라고 답했다. 좋은 사람과 가까이 지내는 데는 집값의 열 배를 더 내도 아깝지 않다는 의미이다. 이렇게 인품이 훌륭하고 덕이 있는 사람에게는 만 리 길도 마다하지 않고 찾아가고 따르게 된다.

인품에서 우러나오는 향기가 그 사람의 인상을 결정짓기 때문에 이목구비를 고치는 것보다 마음속의 심상을 바꾸는 데 더 관심을 가져야 한다.

나이가 들어 늘어가는 주름살을 걱정하지 말고 나의 얼굴에서 뿜어져 나오는 향기를 걱정해야 한다. 처음 만나는 사람을 보고 '느낌이 참 좋은 사람이야', '인상이 참 좋아'라는 말이 바로 좋은 내적 이미지를 가진 사람들만이 들을 수 있는 최고의 찬사이다.

거울을 들여다보면 자신의 이목구비의 형태는 알아볼 수 있지만 나에게서 뿜어져 나오는 향기는 알 수 없다. 오직 타인만이 느낄 수 있는 것이기에 나 스스로 알기 어렵다. 하지만 현재까지 나의 삶을 냉철하게 들여다보면 그동안 나의 삶이 나의 향기인 것이다. 그 향기가 바로 나의 인상이다. 꽃의 향기는 타고나지만 사람의 향기는 선택되는 것이고 만들어지는 것이다. 지금 나는 어떤 향기를 뿜고 있는가.

생긴 대로 사는 게 아니라 사는 대로 생긴다

우리는 종종 누군가에게 실망하고선 "생긴 대로 산다."라는 말을 쉽게 한다. 하지만 심리학자가 분석한 통계를 보면 사람은 생긴 대로 사는 게 아니라 사는 대로 생기게 된다고 한다.

사는 모습과 생각에 따라 얼굴과 관상이 바뀌고 결국 인생의 70~80%가 바뀐다. 심상이 바뀌면 형상이 바뀌고 형상이 바뀌면 운명이 바뀐다. 몸을 끌고 다니는 정신, 심상이 곧아야 불운도 비켜가고 운명도 개척할 수 있다. 프랑스의 철학자 장 폴 사르트르Jean Paul Sartre도 '한 인간의 현재 모습은 바로 스스로 그렇게 만든 결과'라고 했다.

20여 년 전 이웃 집 아주머니가 큰아들 결혼을 앞두고 동네 이곳 저곳을 누비며 며느리 자랑을 하는 바람에 동네가 들썩일 정도였다. 도대체 얼마나 대단한 며느리이기에 이토록 매일 자랑일까 무척이나 궁금했었다. 그러던 어느 날 우연히 예비 며느리를 보게 되었는데 내가 본 며느리는 사기꾼의 모습이었다. 그래서 가족들에게 며느리 될 사람이 사기꾼처럼 보인다며 걱정스럽게 이야기했었다.

그리고 몇 개월 후 결혼식을 올리고 1년 정도 지나 이웃집은 한바탕 큰 소동이 일었다. 그토록 자랑하던 며느리가 아파트와 자동차를 모두 팔고 통장까지 가지고 행방불명이 된 것이다. TV에서나 볼 수 있는 일이 생긴 것이다. 나의 말이 맞아서 가족들이 오히려 놀랐던 기억이 난다. 분명 내가 본 며느리의 얼굴은 사기꾼의 모습이었다. 이때 나는 사람이 가진 내면의 향기는 감출 수가 없다는 것을 느끼게 되었다.

배우가 노인의 역할을 맡아 몇 개월 연기를 하고 나면 허리도 굽어지고 주름도 생긴다고 한다. 마찬가지로 사람도 어떤 인생을 사느냐에 따라 그 모습이 달라진다.

레오나르도 다 빈치Leonardo da Vinci는 예수가 돌아가신 지 약 1,500년 후에 교황청의 요청으로 '최후의 만찬'을 그린다. 그런데 예수의 얼굴을 아는 사람이 없었기 때문에 선하고 잘생긴 한 젊은이를 예수의 모델로 그렸다. 그림을 완성하기까지 7년이 걸렸는데 6년 동안 열한 제자의 얼굴은 다 그렸지만 배신자 유다의 얼굴을 그리지 못했다.

고민에 빠진 다빈치는 감옥의 죄수 중에서 가장 악하게 생긴 얼굴을 골라 유다의 모델로 그렸다. 그런데 놀라운 사실은 7년 전 예수

PART 2 이미지 전략

의 얼굴 모델이었던 그 청년이 유다의 모델이 된 것이다. 그 선한 얼굴이 악한 삶으로 인해 악한 얼굴로 변한 것이다. 사는 대로 생기게 된 것이다.

얼굴은 그 사람이 살아온 인생의 풍경화이다. 수십 년 세월의 흔적을 한눈에 알아볼 수 있는 이 세상 최고의 명화인 것이다. 수천 장의 화폭에도 담을 수 없는 한 사람의 인생사를 손바닥만 한 작은 얼굴에 담을 수 있으니 놀라울 뿐이다.

오늘도 우리는 얼굴이라는 작은 화폭에 나만의 작품을 그려가고 있다. 그 작품은 내가 아닌 나를 만나는 많은 사람들에 의해 평가될 것이다. 나의 얼굴은 모든 사람들이 보고 싶고 닮고 싶은 명화일까.

8

첫인상보다
마지막 인상이 더 중요하다

LG그룹의 창업주인 구인회 회장은 "사람이 기쁘게 만나기는 쉽다. 그러나 기쁘게 헤어지기는 어렵다. 만나면 되도록 헤어지지 말아야 하고 할 수 없이 헤어지게 되더라도 따뜻하게 손을 잡고 웃으면서 헤어지도록 하라. 헤어진 뒤 등을 돌리고 사는 것은 졸장부의 짓이다."라고 했다. 첫인상이 있으면 마지막 인상도 있다. 사람의 기억은 아무리 오랫동안 인간관계를 지속하더라도 가장 강력했던 기억과 마지막 순간만을 기억한다.

많은 사람들은 시작은 잘하지만 마무리를 잘하지 못한다. 그래서 마무리를 잘하고 마지막을 아름답게 할 수 있는 사람이 빛이 나는 것이다. 얼마 전 대통령께서도 들어올 때와 나갈 때의 모습이 같은 사람이 진실한 사람이라고 한 말이 가슴에 와 닿는다.

특히 근무하던 직장을 그만두고 다른 곳으로 이직할 때 마지막 마무리를 하고 가는 그 사람의 뒷모습을 보면 모든 것을 알 수 있다. 비록 몸은 떠났지만 나의 대한 평판은 평생을 꼬리표처럼 따라다니다 중요한 순간에 걸림돌이 될 수도 있는 것이다. 지금 이곳을 떠나면 두 번 다시 보지 않고 칼로 무 자르듯 깨끗하게 지우고 버릴 수 있다고 생각하지만 인생이라는 것이 나의 생각과 계산만으로 되지 않는 것이다.

우리는 첫인상이 좋아야 한다는 말은 많이 하지만 마지막 인상이 좋아야 한다는 말은 잘하지 않는다. 첫인상이 좋아야 할 만큼 마지막 인상은 더 좋아야 한다.

입사를 할 때도, 맞선이나 소개팅을 할 때도, 비즈니스 파트너를 만날 때도, 주변의 모든 사람들과의 만남에서도 처음에는 누구나 좋은 첫인상을 위해 최선을 다한다. 하지만 진정 그 사람을 알 수 있는 것은 마지막 모습이다. 오히려 실망스러운 뒷모습을 남기며 떠나는 사람이 많다는 것이다. 마치 다시는 안 만날 것이라는 확신과 함께 말이다.

하지만 사람의 인생은 한 치 앞도 알 수 없는 것이기 때문에 그 사람과 언제 어디에서 어떠한 모습으로 다시 만날지 모른다. 다시 만날 때 갑과 을의 관계가 될 수도 있고, 도움을 주고받아야 할 관계일 수도 있고, 계속 인연을 이어나가야 할 수도 있기에 우리는 알 수 없는 먼 미래를 생각한다면 누구에게나 어디에서나 뒷모습이 아름다운 사람으로 남아야 할 것이다. 그래야 다시 만날 때는 더 좋은 인연으로 다시 만날 수 있는 것이다.

꽃이 필 때는 아름답지만 질 때는 추하다. 하지만 사람은 질 때가 훨씬 아름다워야 한다. 마지막이 아름다워야 하고 떠날 때가 아름다워야 한다. 그래야 인생의 봄이 왔을 때 꽃을 다시 활짝 피울 수 있기 때문이다.

PART 3

인간관계
전략

마음을 얻는 자가
모든 것을 얻는다

1
인테크人tech 시대의
인간관계 전략

재테크財tech를 잘해야 성공하는 시대에서 인테크人tech를 잘해야 성공하는 시대에 살고 있다. "십 리를 갈 때는 신발 끈을 매고, 백 리를 갈 때는 가방을 챙기고, 천 리를 갈 때는 친구를 챙긴다."라는 말이 가슴에 와 닿는다. 머나먼 인생 여정을 떠나려면 함께 가야 할 사람이 중요하다.

인적 네트워크의 '6단계 분리 법칙'을 주장한 하버드 대학의 사회 심리학자인 스탠리 밀그램Stanley Milgram 박사는 전혀 모르는 사람도 중간에 6명만 거치면 서로 연결된다고 했다. 그만큼 좁은 세상에 살고 있고 개개인은 네트워크로 연결되어 있다.

과거에는 일 잘하고 성실한 개미형 인간이 성공했지만 이제는 인간관계에 거미줄을 치듯 네트워크 지수가 높은 거미형 인간이 성공한다. 현대는 SNS나 폭넓은 인간관계로 인해 네트워크가 점점 좁아지고 있다. 네트워크를 좁히고 인간관계를 잘하는 사람이 성공하는 시대이다.

한 사람이 친구를 만들고 관계를 유지하기 위한 인지적 한계는 150명이다. 이를 '던바의 수'라고 한다. 사람을 많이 아는 것이 재산이다. 하지만 숫자를 늘려서 좋은 관계를 유지하는 것도 이처럼 한계가 있기 때문에 아는 사람의 숫자를 늘리는 것보다 한 사람을 알더라도 그 사람과 좋은 관계를 유지하는 것이 성공적인 인간관계 전략이다. 그리고 100명을 아는 것보다 1명의 적을 만들지 않는 것이 중요한 것이다.

미국 피츠버그의 카네기 멜론 대학교에서 276명을 대상으로 실험을 했다. 피실험자들의 콧구멍 속에 감기 바이러스를 넣고 5일 동안 격리한 후 실험한 결과 친구나 친지들이 많은 사람들이 감기에 걸릴 확률이 사회적 유대 관계가 빈약한 사람들이 감기에 걸리는 확률의 4분의 1밖에 안 되는 것으로 나타났다. 대인 관계가 좋은 사람은 감기 바이러스도 이겨낼 수 있는 면역력이 강하다는 사실을 증명한 실험이었다.

오지 탐험가 댄 뷰트너Dan Buettner는 세계 장수 마을을 탐험하며 행복한 노년기를 보내는 사람들의 장수 비결이 '바람직한 인간관계'라고 했다.

사람을 많이 사귀고 교류하는 것은 좋은 기운을 얻고 좋은 운을 가져다준다. 그래서 사람을 싫어하고 고독한 사람은 건강과 운이 안 좋아진다. 인간은 멀리 떨어져 있어도 힘의 파동을 주고받는다. 사람은 각자 에너지가 있고 많은 사람을 안다는 자체가 힘이 되고 보호 받는 에너지를 받기 때문에 무너지지 않는다.

LG그룹 창업주 구인회 회장은 "저는 삶의 성공과 실패를 가르는 것 중 7할이 사람과의 관계 혹은 타인의 힘과 영향력, 평판 때문이라고 생각합니다. 아무리 자신의 재주가 뛰어나다고 해도 결국 무엇인가를 결정하고 완성되게 하는 것은 사회구조상 인생에 중요한 영향을 끼칠 수 있는 결정권자는 타인입니다. 이에 적이 많은 사람들은 어디를 가더라도 그들로부터 벗어날 수 없습니다. 그러니 삶이 고달플 것은 두말할 필요가 없습니다. 아마 성공은 고사하고 험한 꼴이라도 당하지 않으면 다행일 것입니다. 반대로 사방에 친구를 둔 사람은 어디를 가도 큰 고생을 하지 않습니다. 서로 앞다투어 도와주려고 하기 때문입니다. 그래서 '사람이 재산'이라는 말이 있는 것입니다."라고 했다.

사람의 몸에 영양분이 필요하듯 사람의 운명에는 인간관계가 필요한 것이다. 사람을 사귀어서 어떠한 이익을 얻겠다는 것이 아니라 사람을 알고 있다는 것 자체가 이익이 되는 것이다. 주역에서는 운이란 사람을 통해서 오기 때문에 사람을 많이 알아야 운이 쌓이고 좋은 운을 가질 수 있다고 했다. 결국 성공은 사람을 통해서 오는 것이다.

황금 어장은 한류와 난류가 만나는 곳이다

모래는 혼자 있을 때는 힘이 없지만 시멘트, 돌, 물을 혼합했을 때 단단해진다. 사람도 다른 사람과 융합해야 힘을 발휘할 수 있다. 실은 그대로 두면 힘이 없어 가위나 칼이 없어도 쉽게 끊어지지만 수십 겹 꼬아 놓으면 쉽게 끊어지기 어렵다. 또한 가로세로 얽어매어지면 옷감이 된다. 이렇듯 사람도 다양한 사람이 얽히고 섞이면 엄청난 성과를 낼 수 있고 힘이 생긴다.

황금 어장은 한류와 난류가 만나는 곳이다. 마찬가지로 인간 세상도 다양성이 중요하다. 다양한 사람들이 존재하기 때문에 상상 속의 꿈들이 현실이 되고 하루하루 발전하는 세상에서 풍요로움을 누리며 살 수 있는 것이다.

『논어』「자로子路」편에는 '군자화이부동 소인동이불화君子和而不同 小人同而不和'라는 말이 있다. 군자는 화합하되 같지 않고 소인은 같지만 화합하지 못한다는 뜻이다.

좋은 인간관계는 나와 같은 사람만이 아닌 다른 사람도 포용하고 인정했을 때 가능해지는 것이다. 수만 년을 파도에 씻겨온 조약돌도 처음에는 송곳처럼 뾰족하지만 모난 돌끼리 수없이 부딪혀서 매끄러운 조약돌이 되었다. 사람도 서로 다른 사람끼리 부딪히고 어울려야 성숙하고 발전할 수 있는 것이다.

사람들에게 싫어하는 동물들을 물어보면 대부분 뱀, 쥐, 지렁이, 바퀴벌레, 모기, 파리 등을 말한다. 만약 사람들이 싫어하는 동물들을 모두 제거한다면 과연 좋을까? 뱀이 없다면 들쥐들 때문에 피해가 생길 것이다. 쥐가 없어진다면 천적인 여우같은 짐승이 수난을 겪게 될 것이다. 지렁이가 없어진다면 우리가 생각했던 것 이상의 문제가 생긴다.

지렁이는 2억 년 전부터 존재해 왔고 쓰레기를 먹어 치우고 흙을 깨끗이 해주고 분변으로 땅을 기름지게 하기 때문에 나무가 잘 자라게 한다. 지렁이 덕분에 물 저장 능력의 20% 공기 양의 30%가 높아진다. 그래서 우리는 나무가 내뿜는 산소를 마실 수 있는 것이다.

이런 식으로 사람들이 싫어하는 동물과 곤충들도 생태계를 보존하고 사람을 유익하게 하는 역할을 하는 것이다.

진화론자 찰스 다윈Charles Darwin은 "강한 자가 살아남은 것이 아니라 살아남은 자가 강한 것이다."라고 했다. 강한 사람이란 자기를 억누를 수 있는 사람과 적을 벗으로 바꿀 수 있는 사람이다. 인간관계에서 가장 어려운 것은 적을 친구로 만드는 것이고 또한 그렇게 할 수 있는 사람이 진정한 프로인 것이다. 내가 싫어하는 사람일지라도 그들을 인정하고 포용한다면 결국은 나 자신에게 이로움으로 돌아올 것이다.

자연 생태계에서 가장 성공한 곤충은 개미이다. 개미는 남극, 북극, 바다, 만년설이 덮여 있는 산을 제외하고는 지구 어느 곳에서나 살고 있는 생명체이다. 한 학자가 표본조사를 통해 개미의 수치를 연구했는데 10의 16승이라고 한다.

개미가 생존에 성공할 수 있는 비결은 바로 인간처럼 협동할 수 있는 존재이기 때문이다. 열대의 수많은 나무들 중에 개미가 집을 짓고 사는 아카시아 나무는 무려 6천만 년 동안 개미와 공생을 해왔다. 아카시아 나무는 개미에게 집과 동물성 단백질을 제공하고 개미는 반경 5미터 이내에 있는 다른 식물을 모두 제거해 준다. 이렇게 지구상에 오랫동안 살아남는 것은 서로 공생하며 사는 종이라는 사실이다.

'보잘것없는 신기료장수 세 명이 제갈량보다 낫다'는 중국 속담처럼 사람도 여러 사람의 힘이 있어야 성공할 수 있다. 한 울타리를 세우는 데 말뚝이 세 개 필요하듯 영웅도 세 사람의 도움이 필요하다. 한나라를 세운 유방劉邦이 영웅이 될 수 있었던 힘도 세 사람의 도움이 있었기 때문에 가능한 것이었다.

유방은 자신의 성공 비결을 "장막 안에서 작전을 짜서 천 리 밖 싸움을 승리로 이끄는 것은 내가 장량을 따르지 못하고, 백성을 다독이고 나라를 안정시키며 군량을 공급하고 운송로가 끊기지 않게 하는 일이라면 내가 소하를 따르지 못한다. 또한 백만 대군을 이끌고 싸우면 항상 이기고 공격하면 반드시 빼앗는 일에서는 내가 한신만 못하다. 내가 세 사람의 최고의 인재를 기용했기 때문에 천하를 얻은 것이다. 반면 항우項羽는 범증 한 사람도 제대로 쓰지 못했기 때문에 내게 덜미를 잡힌 것이다."라고 말했다.

이 세상의 어떤 영웅도 혼자만의 능력으로 성공한 사람은 아무도 없다. 다른 사람들과 협업하고 좋은 관계를 맺을 수 있는 사람이 그

뜻을 이룰 수 있다.

한국 사람들은 밥공기를 들고 먹는 일본과 중국 사람들을 상스럽다고 말한다. 반면 일본과 중국 사람들은 밥공기를 놓고 고개를 숙이고 밥을 먹는 한국 사람이 우습다고 한다. 우리 쌀은 차져서 놓고 먹을 수 있지만 일본이나 중국 쌀은 밥알이 흩어져 밥공기를 들고 먹는 것이다. 이렇게 누가 맞고 틀린 게 아니라 서로 다르다는 것을 인정할 때 소통하고 좋은 관계를 유지할 수 있다.

한 스님은 검은 고무신은 닦을수록 검어지고 흰 고무신은 닦을수록 희어진다고 말한다. 상대방을 내가 원하는 대로 만들려고 할수록 더 어려워지는 것이 인간관계이다. 내 스타일로 만들려고 하지 말고 인정해야 하는 것이다.

사람은 물과 같을 때 좋은 관계를 유지할 수 있다. 물은 장애물만 없으면 유유히 흐르고 장애물이 있으면 흐르지 않는다. 둥근 관에서는 둥글게 흐르고 네모난 관에서는 네모나게 흐른다. 이처럼 물은 주어진 상황에 따라 자신을 고집하지 않고 그에 맞게 흐른다. 사람도 자신의 주장만 내세우는 것보다는 상대방에게 맞출 줄 아는 유연함과 융통성이 필요하다.

이 세상에는 나와 모든 것이 똑같은 사람은 없다. 100% 내 마음에 드는 사람도 없다. 각자의 지문이 다르듯 세상의 모든 사람은 그렇게 다양하게 존재한다. 하지만 사람은 누구나 이기적이고 타인보다 자신에게 더 관심이 많다. 그리고 누구에게나 존경과 인정을 받고 싶어 한다.

이 세 가지를 기억한다면 인간관계로 인한 실패는 없을 것이다.

인맥 정리가 필요하다

인디언들은 친구를 '나의 슬픔을 자기 등에 지고 가는 사람'이라고 부른다. 벗에는 네 부류가 있다. 첫 번째 부류는 산과 같은 벗이다. 산에 많은 짐승과 새들이 모여들듯이 성장하게 하고 기쁨을 함께 나누는 친구이다. 두 번째 부류는 땅과 같은 벗이다. 땅에서 온갖 곡식이 자라고 귀중한 것들이 묻혀 있는 것처럼 항상 도와주고 베풀어주는 친구이다.

세 번째 부류는 꽃과 같은 벗이다. 형편이 좋을 때는 곁에 있다가 어려워지면 떠나버리는 친구이다. 네 번째 부류는 저울과 같은 벗이다. 도움을 주면 다가오고 주지 않으면 떠나버리는 이익을 따져 사귀는 친구이다.

이렇게 다양한 사람이 있지만 적은 만들지 않되 인격이 부족하고 덕이 모자란 사람과는 사귀지 않는 것이 좋다. 결국은 상처와 배신을 남기고 떠날 사람이기 때문이다.

고대 이스라엘의 지도자 솔로몬Solomon이 "철이 철을 날카롭게 하는 것처럼 친구가 친구를 빛나게 한다."라고 했다. 나를 무너뜨리는 사람보다는 빛나게 하는 사람이 필요하다. 결국 나를 빛나게 하는 것은 친구의 인격과 덕이기 때문에 인격이 부족하고 덕이 모자란 사람은 멀리하는 것이 좋다.

살다 보면 일과 자기 관리에 쫓겨 사람 만날 시간이 부족할 지경이다. 그렇다고 만나자고 하는 사람을 모두 만날 수도 없는 노릇 아닌가. 그래서 요즘 인맥 정리가 필요하다는 말을 많이 한다. 한 성공한 CEO는 성공하기 전에는 자신이 찾아가서 만나야 할 사람이 많았는데 성공하고 나니 만나자는 사람이 너무 많아 힘이 든다고 말한다. 막상 만나 보면 모두 부탁과 도움 요청이라 바쁜 시간에 사람 만나는 것도 힘이 들어 인맥 정리에 들어갔다고 한다.

앞서 네 부류의 사람으로 분류를 해서 정리를 할 필요가 있다. 오히려 좋은 사람과 만나는 시간을 늘리는 것이 현명한 인간관계 전략이다. 좋은 사람은 돈과 명예를 가진 사람이 아니라 좋은 성품과 덕이 있는 사람이다.

사람을 거울로 삼으면 자신의 잘잘못을 알 수 있다

공자孔子는 자신을 포함하여 세 사람이 모이면 두 사람은 스승이라고 했다. 오른쪽에 있는 좋은 사람을 보고 배우니 스승이요, 왼쪽의 나쁜 사람을 보고 교훈으로 삼고 따라 하지 않으니 스승이 된다고 했다. 결국은 좋은 사람만 스승이 되는 것이 아니라 다양한 모든 사람이 스승이 될 수 있는 것이다.

태종은 위징이 세상을 떠나자 그를 애도하며 "사람이 거울에 자신을 비춰보면 의관이 바른지를 알 수 있고 역사를 거울로 삼으면 나라의 흥망성쇠를 알 수 있으며 사람을 거울로 삼으면 자신의 잘잘못을 알 수 있는 법이다."라고 말했다.

사람은 어느 곳을 가든지 상식적으로 이해가 가지 않거나 마음에 들지 않는 사람이 반드시 있기 마련이다. 그래서 어느 한 곳에서 마음에 들지 않은 사람이 있어 다른 곳으로 가면 그곳에도 역시 못마땅한 사람이 있기 마련이다. 만약 자신이 속해 있는 곳에 문제 있는 사람이 없다면 자신이 문제 있는 사람이니 자신을 되돌아보아야 한다는 것이다.

반대로 어디를 가든지 닮고 싶고 본받고 싶은 사람도 쉽게 만날 수 있다. 그래서 주변의 닮고 싶은 사람이든 그렇지 못한 사람이든 모든 사람을 거울로 삼으면 거기에 비추어 자신의 잘잘못을 보고 고칠 수 있고 배울 수 있어 발전할 수 있는 것이다.

강함은 약함이 있어야 존재할 수 있다

아무리 강하고 지위가 높다 해도 자기보다 약한 자의 도움이 필요할 때가 많다. 강함은 약함이 있어야만 존재할 수 있는 것이다. 강한 사람들을 해치는 것은 가장 강한 자가 아니라 가장 약한 자이다.

모친은 칠순의 연세에도 책과 신문을 손에서 놓지를 않으신다. 그러다 좋은 글이라도 읽으시면 나에게 전화하신다. 얼마 전 모친이 해주신 이야기이다.

"새가 나뭇가지에 집을 지어 알을 낳았다. 코끼리가 지나가다가 나뭇가지를 부러뜨려 새집과 알이 모두 부서져 버렸다. 화가 난 새는 친구 딱따구리를 찾아가 코끼리의 눈을 빼 버리라고 부탁했다. 딱따구리는 코끼리의 눈을 빼 버렸다. 그리고 이번에는 친구인 파리를 찾아가 눈을 더럽혀 달라고 부탁했다. 파리 때문에 눈이 아파 고통스러운 코끼리는 냇가를 찾는데 눈이 보이질 않아 애가 탔다. 그때 새는 다시 친구 개구리를 찾아가 울어달라고 했다. 코끼리는 개구리 울음소리를 듣고 냇가인 줄 알고 가다가 결국 낭떠러지에 떨어져 죽었다."라는 이야기를 들려주시며 "이 세상은 힘없는 약자를 무시하면 결국은 강자 때문에 무너지는 것이 아니라 약자에 의해서 무너진단다. 어디에서든 강자보다는 약자를 생각하고 약자에게 더 잘하는 네가 되었으면 좋겠다."라고 말씀하신다.

지난 한 해 갑질 논란 때문에 언론 매체가 시끄러웠다. 최근에도 갑질 논란이 끊이질 않는다. 내가 갑이었을 때 과연 얼마나 을의 입장에서 생각하며 이해하도록 노력하며 살아왔는지 돌아보는 시간이 필요한 것 같다.

우리는 가끔 식당에 가면 종업원을 하대하는 사람과는 비즈니스를 하지 말라는 말을 한다. 사람은 가장 약자에게 하는 언행을 보면 그 사람의 인격을 가늠할 수 있다.

우리는 강자에게 약하고 약자에게 강한 자를 마주할 때면 상대방의 인격을 운운하며 실망감을 감추지를 못한다. 하지만 진정 우리도 사소한 일상에서 나도 모르는 사이 이러한 언행을 보이고 있을지도 모른다. 때론 내가 강자가 될 때도 있고 약자가 될 때도 있으니 내가 약자일 때를 생각해야 한다.

얼마 전 미국에서 한 여성이 지하철에서 신발이 없는 노숙자에게 자신의 신발을 벗어주자 그녀의 양말이 짝짝이인 것을 지켜보던 한 사람이 자신이 가지고 있던 새 양말을 내어주었던 기사가 화제가 되었다. 오랜만에 가슴 따뜻해지는 기사 덕분에 온종일 내 마음마저 훈훈해졌다.

굶주리고 배고픈 시절에도 우리 조상들이 해왔던 감 하나를 따지 않고 남겨두는 까치밥, 밭에서 일하던 농부들이 곁두리를 먹기 전에 음식을 던지는 고수레 풍습, 봄에 벌레들이 알을 까고 나오는 시기에 반 정도만 조여 느슨하게 신었던 짚신인 오합혜五合鞋는 약자를 배려하는 조상들의 따뜻한 마음이 담겨있다.

진정 우리는 약자를 배려한 마음을 얼마나 실천하며 살고 있는가. 배고픈 시절의 조상들보다 풍족한 우리는 약자를 돌보고 위하는 마음은 오히려 배고픈 것 같다.

2
신뢰를 잃으면
모든 것을 잃은 것이다

세상에서 가장 인정받는 사람은 '믿을 만한 사람'이라는 평을 듣는 사람이다. 이러한 평은 하루아침에 만들어지는 이미지가 아니다. 돈 앞에서 정직해야 하고 작은 약속도 소홀하지 않아야 하며 일에 있어서도 책임감 있게 처리할 수 있는 사람들만이 들을 수 있는 최고의 찬사이다. 이러한 사람은 비즈니스 세계에서 최고의 능력자이다. 일 잘하는 사람은 많지만 믿을 만한 사람은 귀하기 때문에 그 가치는 더 높아진다.

유태인들의 삶의 지혜가 담긴 『탈무드』에는 비즈니스에서 신용과 정직을 가장 중요하게 생각해야 한다고 가르치고 있다. 그래서 미국 경제를 주도하고 세계 부의 절반 이상을 소유하고 있는 유태인들의 성공 비결 중 하나가 신용과 정직이다.

현대그룹 정주영 회장도 "사업을 하다 보면 항상 신용과 이익이 부딪치게 됩니다. 신용을 먼저 지킬 것인지 아니면 실리를 추구해서 이익을 선택할 것인지를 고민하게 되는 것입니다. 이를 위해 저는 한 가지 원칙을 만들었습니다. 신용이냐, 이익이냐 둘 중 하나를 선택해야 한다면 무조건 신용을 택하겠다고 말입니다. 이는 말 그대로 당장은 손해를 보면서도 신용을 지키겠다는 의미입니다."라고 했다.

많은 사람들은 신용과 이익 앞에서 이익을 선택하기 때문에 성공의 길에서 점점 멀어지는 것이다. 당장은 보이지 않는 신용보다 보이는 이익이 더 크게 느껴지기 때문이다. 사실 보이는 것보다 보이지 않는 것이 더 크고 중요하다. 눈앞의 이익보다 신용을 선택하면 언젠가는 반드시 몇 배의 이익으로 되돌아온다는 인생의 진리를 깨달아야 한다.

정주영 회장이 처음 시작한 쌀가게를 접었을 때 7천 8백 원이 전부였다. 그 후 자동차 수리공장을 시작했을 때 자금이 부족하였지만 쌀가게를 할 때 쌓아 놓은 신용 덕분에 거래처인 삼창 정미소 오윤근 사장에게 거금 3천 원을 빌릴 수 있었다. 하지만 20여 일 만에 공장에 화재가 나 빚더미에 앉게 되었다. 그래서 3천 원을 빌려준 오윤근 사장에게 다시 찾아가 상황을 솔직하게 말하고 돈을 빌려 달라고 했다.

물론 정주영 회장의 신용 덕분에 또다시 돈 3천 5백 원을 빌릴 수 있었다. 결국 정주영 회장은 자신이 그동안 쌓아온 신용 덕분에 절망을 희망으로 바꿀 수 있었고 성공할 수 있는 기회를 잡을 수 있었던 것이다. 그래서 신용을 강조하고 몸소 실천하는 삶을 살 수 있었다.

정주영 회장의 회고록『이 땅에 태어나서』에서 "나는 우리나라 제일 부자가 아니라 한국 경제와 세계 경제에서 가장 높은 공신력을 가진 사람이다. 돈을 모아서 돈만으로 이만큼 기업을 이루려고 했다면 그것은 절대로 불가능했을 것이다."라고 했다. 평소 "신용이 곧 돈이다. 신용만 있으면 돈은 언제든지 구할 수 있다."라고 강조했다.

신뢰는 세상을 살아가는 데 가장 중요한 덕목이자 성공의 근본이다. 한 번 무너진 신뢰는 다시 일으켜 세울 수 없고 실패 후에도 다시 일어설 수 있는 힘마저 잃게 된다. 또한 성공의 기회마저 놓치게 된다.

신뢰는 마음을 움직이는 가장 강력한 무기이다. 신뢰가 있는 사람은 말에 힘이 있고 타인을 설득할 수 있는 가능성도 높아진다. 위기에 처해 있을 때 타인의 도움을 받을 수 있는 가능성 또한 높아진다. 신뢰를 깨뜨리는 원인 중에 가장 근본적인 것은 이기심과 욕심이다. 항상 모든 일에 있어서 신뢰를 최우선으로 생각하고 행동해야 순간적인 이기심과 욕심을 이겨낼 수가 있다. 신뢰는 하루아침에 만들어지는 것이 아니라 오랜 시간 탑을 쌓아 가듯 조금씩 쌓아가는 것이기 때문에 평소 자기 관리가 필요하다.

어느 약국이 장사가 잘되어서 그 비결을 물으니 첫째, 집에 무슨 약이 있는지 물어보고 있다면 그걸 쓰라고 한다. 둘째, 약을 안 먹어도 되는 사람에게는 주지 않는다. 셋째, 병원에 가야 할 것 같은 환자는 병원으로 보낸다. 넷째, 병원 처방전이 있어야 하는 경우 처방전 없이는 조제하지 않는다고 하였다. 성공 비결은 결국 신용이고 원칙을 지키는 것이었다.

앤드류 카네기Andrew Carnegie가 "위대한 사업은 엄격한 도덕성을 갖추지 않으면 좀처럼 세워지지 않는다."라고 했다.

식당을 개업하더라도 음식의 맛 이전에 모든 고객이 믿고 먹을 수 있는 식당이 되어야 한다. 몇 대를 이어가며 수십 년 성공한 식당의 노하우를 물어보면 한결같이 식재료를 속이지 않고 정성들여 만드는 것이 기본 원칙이었다. 이러한 원칙이 있었기 때문에 오랜 시간 사랑받을 수 있는 것이다. 모든 비즈니스도 마찬가지다. 신뢰를 줄 수 있는 기본 원칙은 어떤 상황에서도 변하지 않아야 한다.

세계의 부호 가운데 워렌 버핏Warren Buffett이 특별히 존경받는 이유는 "원칙에 시효가 있다면 그것은 원칙이 아니다."가 그의 지론이었기 때문이다. 즉 그는 과정과 방법이 합리적이고 도덕적이었기 때문에 모든 사람의 신뢰와 존경을 받을 수 있었다. 그는 "명성을 쌓는 데는 20년이라는 세월이 걸리지만 명성을 무너뜨리는 데는 5분도 걸리지 않는다. 그것을 명심한다면 행동이 달라질 것이다."라고 강조했다. 명성을 무너뜨리는 것은 바로 신뢰를 잃었을 때일 것이다.

신뢰는 작은 약속에서 시작된다. 신경정신과 의사 이시형 박사의 일화이다. 중2 체육대회 때 반 전체가 응원을 열심히 하지 않는다는 이유로 담임선생님께서 다음 날 시험을 보자고 했다. 반 아이들은 의논을 하여 시험지를 모두 백지로 내자고 약속했다.

다음 날 담임선생님은 약속대로 시험을 치렀다. 그런데 몇몇 친구들이 약속을 지키지 않고 시험지 답안을 작성해서 제출한 것이다. 담임선생님은 시험지 답안을 작성한 친구들을 불러내 매를 때렸다. 이유는 친구들끼리 한 약속을 지키지 않았기 때문이다. 이 사건 이후로 이시형 박사는 약속의 소중함을 깨닫게 되었다고 한다.

우리는 일상생활에서 크고 작은 약속을 많이 한다. 어떤 사람들은 그 많은 약속 중에서 이익이 따르거나 도움이 될 만한 사람과의 약속만 기억하고 나머지 약속은 그냥 묻어둔다. 특히 사소한 작은 약속은 그냥 말 대접으로 끝나는 경우도 많다. 그리고 사람의 중요도에 따라서 약속의 중요도도 같은 순위가 된다.

인간관계에서 이러한 신뢰도는 나중에 모든 일의 걸림돌이 될 수 있다. "그 사람 말은 믿을 게 못 되지.", "그 사람이 제대로 약속 지키는 걸 못 봤어.", "그 사람은 진실이 없는 사람이야." 등 이렇게 신뢰도가 치명적으로 낮은 사람들 대부분은 진정 자신의 신뢰도에 대한 사실을 모른다는 것이다. 우리는 커다란 약속보다 작고 사소한 약속을 잘 지키는 사람을 더 신뢰한다. 커다란 약속은 누구나 잘 지키기 때문에 소홀할 수 있는 작은 약속을 잘 지키는 사람이 더 빛이 나고 존경심마저 드는 것이다.

춘추시대 초楚나라의 종자기鐘子期라는 사람은 젊은 나이에 병에 걸려 죽음을 앞두고 있었다. 그는 1년 전 우연히 유백아俞伯牙의 거문고 연주를 듣다가 의를 맺고 헤어지면서 내년 중추절에 다시 만나자고 약속을 했다. 하지만 종자기는 병에 걸려 죽기 전 부모에게 친구 유백아와의 약속을 지킬 수 있도록 자신의 시신을 마안산 강가에 묻어달라고 부탁하고 세상을 떠났다.

시간이 흘러 중추절이 다가와 유백아는 조정에 휴가를 신청하고 산을 넘고 물을 건너 1년 전 종자기와 만났던 약속 장소에 도착했다. 그는 사방을 둘러보고 한참을 기다려도 종자기의 모습이 보이지 않아 종자기의 집으로 향했다. 길을 가다 한 노인을 만나 길을 물었는데 그 노인이 바로 종자기의 아버지였다.

그 노인은 눈물을 흘리며 "강가에서 멀지 않은 곳에 내 아들이 묻혔네. 거기서 자네를 만나기로 했다더군." 유백아는 종자기의 부친을 따라 무덤에 가서 대성통곡을 하고 거문고를 꺼내 슬픈 가락을 연주했다. 그러고는 연주를 마친 뒤 세상에 자신의 음악을 알아주는 이가 없다고 생각해 거문고 줄을 끊어 버리고 다시는 연주하지 않았다. 약속을 목숨보다 소중히 여긴 두 친구의 아름다운 이야기이다.

어느 날 소크라테스가 제자들에게 자신의 팔을 앞으로 나란히 들어 올리고는 흔들면서 "오늘부터 이렇게 매일 300번씩 할 수 있겠는가?"라고 물었다. 그러자 제자들은 그렇게 간단한 것을 못하겠느냐며 크게 웃었다. 그리고 1년 후 소크라테스는 1년 전의 자세를 취하며 "다들 열심히 하고들 있는가?"라고 물었다. 아무도 답하지 못했지만 오직 한 사람만이 스승과의 약속을 지켰다. 바로 그는 위대한 철학자 플라톤Platon이었다. 공자는 "오랜 약속을 평생 지키고 산다면 완성된 사람이다."라고 했다.

단풍은 떨어질 때 가장 아름답게 물이 든다. 사람도 단풍처럼 나이 먹을수록 아름다워져야 한다. 그리고 자신의 직업에서 물러날 때와 죽을 때에 가장 아름다워야 한다. 마지막에 아름다울 수 있는 것은 모든 사람의 존경과 신뢰를 받았을 때 가능한 것이다.

신뢰를 잃으면 모든 것을 잃은 것이다. 성공을 원한다면 먼저 믿을 만한 사람이 되는 것이다. 그다음 자신의 꿈을 향해 열심히 달려라. 그 꿈은 현실이 될 것이다.

3

기대가
관계를 망친다

관계심리학 측면에서 기대가 사람과의 관계를 망친다. '저 사람은 나에게 도움이 될 사람일 거야', '나와 친하니까 ~하겠지', '친구니까 ~하겠지', '내가 잘해 주었으니까 ~하겠지' 등 수 없는 기대 속에서 관계를 갖고 배신과 이별의 아픔을 겪어야 한다. 사람은 누구나 자신도 모르게 그렇게 기대하는 심리가 있다.

먼저 나 자신도 다른 사람이 바라고 원하는 것을 다 들어줄 수 없듯이 상대방도 모두 들어줄 수 없다는 것을 인식해야 한다. 자신이 잘해주고 좋아하는 사람일수록 기대가 더 커진다. 그래서 그 기대에 미치지 못하기 때문에 배신감을 느끼고 결국 등 돌리는 관계로까지 가게 되는 것이다.

2001년 미국의 9.11테러를 일으켰던 아프가니스탄은 전쟁에서 미국의 지원을 받아 소련을 물리쳤다. 미국의 군사 지원을 받아 살아 났던 아프가니스탄이 미국을 테러했으니 정말 아이러니한 세상사이다. 사람과의 관계도 마찬가지이다. 은혜를 베풀었던 사람의 예기치 않은 배신으로 충격을 받는 경우가 종종 있다.

나에게 도움을 준 사람은 항상 나의 편에서 응원하고 도와주지만 나로부터 도움을 받은 사람은 보답을 할 수도 있고 안 할 수도 있으니 기대하지 말고 주의해야 한다.

내가 아는 사업가 A 씨는 자신에게 이익이 될 만한 사람에게는 모든 것을 내어 줄 정도로 잘하지만 이익이 되지 않는 사람에게는 약속도 잘 지키지 않고 전화도 잘 받지 않는다. 인간관계에서 꾀를 부리기 때문에 주변에서는 이미 평판이 좋지 않다.

자신이 부리는 꾀를 상대방은 모를 거라 착각하고 살고 있다. 하지만 그의 계산대로라면 승승장구해야 맞지만 그의 사업은 점점 기울어 가고 있다. 이미 강남의 아파트까지 팔고 다른 곳으로 이사까지 가면서 사업을 일으켜 세우려 하지만 잘 되지 않는다.

그런데 평소 자신이 기대하고 덕을 보려고 했던 사람들에게는 도움을 받지 못해서 결국 평소 무시하고 기대하지 않았던 사람들에게 도움의 손길을 내밀지만 그들 역시 들어줄 리 없는 것이다. 얼마 전 그를 만났는데 신세 한탄하며 자신의 아내가 "당신은 아는 사람은 많은데 왜 도움이 되는 사람이 한 사람도 없는 거예요?"라고 묻더라는 것이다. 나는 그 답을 알고 있지만 말할 수 없었다. 말을 해주어도 알아듣지 못할 뿐만 아니라 이미 때가 늦었기 때문이다. 그는 지금도 주변 사람 탓을 하며 힘들게 사업을 이어가고 있다.

인품이 높지 않은 사람은 항상 이利자 하나를 이겨내지 못한다. 사람의 관계는 '무엇을 얻을까' 생각하면 깨지는 것이다.

사람은 덕을 보려고 다가오는 사람을 금방 알아차린다. 그리고 덕을 보려고 만난 사람에게서는 거의 덕을 보지 못한다. 오히려 생각지도 못한 사람에게 도움을 받는 경우가 많다. 이게 바로 세상의 이치다.

좋은 인간관계를 위해서는 세상의 이익과 덕을 보려는 마음을 버리고 내가 바라고 원하는 만큼 베푸는 것이 더 지혜로운 방법이다. 노자는 『도덕경』에서 "얻고자 한다면 먼저 내놓아야 한다."라고 했다. 먼저 베풀어야 돌아오는 것이다.

선의후리先義後利. 즉 의義를 따르고 나서 이익을 생각해야 한다. 신뢰가 쌓인 후에야 이익이 따르는 것이다.

바람을 마주 보고 맞으면 역풍이지만 뒤로 돌아서서 맞으면 순풍이 된다. 세상이 바뀌고 상대가 바뀌기를 원하지 말고 내가 생각을 바꾸면 세상이 바뀌는 것이다.

4
하트스토밍 시대의
리더십 전략

20세기가 합리성과 이성이 지배한 브레인스토밍Brainstorming의 시대였다면 21세기는 비이성과 감성이 지배하는 하트스토밍Heartstorming의 시대이다.

덴마크의 세계적인 미래학자 롤프 옌센Rolf Jensen은 21세기는 꿈과 감성이 지배하는 '드림 소사이어티Dream Society'라고 했다. 그는 1인당 GDP가 1만 5,000달러 이상을 넘어가면 문화와 가치, 생각이 더 중요해지고 상품 기능의 중요성은 상대적으로 떨어진다고 말한다.

과학이 발달하고 기술이 발전할수록 과학과 기술 발전으로 만들어진 제품을 사용하는 주체인 인간은 본능적으로 인간이 그리워지기 때문이다. 결국 기업의 부는 상품의 기능적인 측면의 발전만으로 이루어지는 것이 아니라 소비자의 감성을 자극함으로써 이룰 수 있는 것이다.

예를 들어 TV 광고를 통해 제품의 기능이나 품질보다는 소비자의 감성을 자극하는 광고로 더 많은 매출을 올린 기업들이 있다. 현대 자동차 소나타의 '자동차에 감성을 더하다' 시리즈는 소비자의 감성을 자극하는 감성 마케팅에 성공했다.

그리고 박카스는 오랜 시간동안 감성 마케팅 광고 전략을 성공적으로 이끌어왔다. TV광고 '대화 회복' 편은 지난해 11월 한국광고총연합회가 주최하는 대한민국 광고 대상에서 심사위원 특별상을 수상했다.

그 외에도 오리온 초코파이의 '정 시리즈', 경동보일러의 '효孝 시리즈' 광고 등이 대표적인 사례들이다. 특히 경동보일러는 "여보, 아버님 댁에 보일러 놓아드려야겠어요."라는 효심을 자극하는 광고로 3년 재고 물량을 모두 판매하는 기록을 세우기도 하였다. 또한 '효도보일러'라는 별칭도 얻게 되었다. 이렇게 감성을 자극하는 광고를 통해 국내 대표보일러의 이미지를 굳히는 계기가 되었다.

앨빈 토플러Alvin Toffler, 리처드 왓슨Richard Watson과 함께 세계 3대 미래학자인 다니엘 핑크Daniel H. Pink는 지식 정보화 사회를 넘어 감성 사회로 진입했음을 역설하고 있다. 감성 사회에서는 '하이터치'와 '하이콘셉트'의 능력이 필요하다.

하이터치는 타인과 공감하는 능력이고 하이콘셉트는 예술적·감성적 아름다움을 창조하는 능력이다. 감성 사회는 물질적 풍요를 경험하면서 물질적인 면에서의 가치보다는 정신적 가치를 추구하는 사회를 말한다. 이러한 하트스토밍 시대의 위대한 리더는 사람의 마음을 움직이고 열정을 깨워주는 감성을 잘 이끌어 나가는 사람이다. 리더는 크게 두 가지 유형이 있다.

상대의 능력을 최대로 끌어올려 팀과 조직의 성과를 높이는 멀티플라이어Multiplier 리더와 같이 있으면 위축감이 들고 에너지를 감소시키는 디미니셔diminisher 리더가 있다. 사람의 감성을 잘 이끌 수 있는 리더가 멀티플라이어이다.

『순자荀子』「애공哀公」 편에 춘추시대 공자의 제자 안연顔淵이 노魯나라 정공定公을 모시고 있을 때의 일화이다. 정공이 마부인 동야필東野畢의 말 부리는 솜씨를 칭찬하자 안연이 동야필이 장차 말을 잃을 것이라 하였다.

정공은 "군자도 남을 비방하는가."라며 안연에 대해 불편한 심기를 드러냈다. 그리고 3일 후 동야필의 말이 도망쳤다는 소식을 듣고 정공이 안연을 불러서 어떻게 말을 잃을 것을 알았는지 물었다. 그러자 안연은 동야필이 말을 잘 다루면서도 궁지까지 내모는 모습을 보고 알았다고 했다.

안연은 "새는 궁하면 쪼려 하고(조궁즉탁鳥窮則啄) 짐승은 궁하면 무엇이든 잡아먹으려 하고(수궁즉확獸窮則攫) 사람은 궁하면 거짓말을 한다(인궁즉사人窮則詐)며 예로부터 아랫사람을 궁색하게 하고 위태롭지 않은 자가 없었다."라고 말했다.

성과에 급급한 리더는 대체로 배려심이 약하다. 사람보다는 일만 생각한다. 성과를 내기 위해서는 사람을 먼저 생각해야 하는데 일이 우선이다 보니 결국 일과 사람 모두를 놓치게 된다. 일보다 사람이 우선이어야 좋은 성과도 낼 수 있고 사람의 마음도 살 수 있는데 이 단순한 진리를 놓치는 리더가 의외로 많다.

사마광司馬光의 『자치통감資治通鑑』에서 어느 병사가 다리를 다쳐 고름이 가득했다. 그러자 병사의 장군은 병사의 고름을 입으로 빨아냈다. 이 말을 들은 병사의 어머니가 대성통곡을 한 것이다. 장군의 이런 모습에 감동한 아들이 전쟁터에 나가 목숨을 바쳐 싸울 것이기에 어머니는 아들이 목숨을 잃을 것을 생각하여 눈물을 흘렸던 것이다.

결국 그 병사는 전쟁터에서 그 장군을 위해서 목숨을 걸고 싸우다가 전사했다. 인간을 만드는 것은 이성이지만 인간을 이끄는 것은 감성이다. 우리의 생각과 판단의 90% 이상은 감성에 의해 좌우된다. 감성이 이성을 지배하는 것이다.

여러 연구 결과에 따르면 성공의 85%는 대인 기술과 다른 사람이 자신을 좋아하도록 만드는 능력에 의해 좌우된다고 한다. 카네기공과대학(현 카네기멜론대학)은 경영이나 고용의 성공과 관련한 연구에서 대인 기술 능력과 성격적 요소가 85%를 차지했고 지능의 기여도는 15%에 지나지 않는다는 사실을 밝혀냈다.

높은 IQ가 성공을 보장하지 않는다. 성공은 IQ보다 감성 지능인 EQ가 더 중요하다. IQ는 자신의 지식과 기술을 다루는 능력이고 EQ는 자신과 타인의 정서를 다루는 능력이다. 취직을 시켜주는 것은 IQ이고 승진을 시켜주는 것은 EQ이다.

『EQ 감성 지능』의 저자 다니엘 골먼Daniel Goleman은 지속적으로 높은 성과를 내는 리더들은 감성 지능이 높다고 했다. 이러한 일류 리더들은 지능이나 지적 능력, 기술적 능력보다는 감성 지능이 뛰어난 사람이라고 말한다.

그는 "감성 지능은 첫 번째 자신의 감성을 인식하는 것, 두 번째 자신의 감성을 관리하는 것, 세 번째 스스로 동기를 부여하는 것, 네 번째 타인의 감성을 인식하는 것, 다섯 번째 대인 관계를 잘 해결하는 것이다."라고 했다. 다른 사람의 감정 상태, 정서적 고충, 욕구를 파악하고 배려할 수 있는 감성 지능은 리더십의 중요한 요소이다.

상대를 내 맘대로 움직이고 싶다면 감동을 주어야 한다. 감동感動의 뜻은 느낄 감感, 움직일 동動이다. 사람은 느껴야 움직인다. 그렇기 때문에 리더십에서 감성 지능이 중요한 것이다. 리더는 사람의 감성을 자극할 수 있어야 리더십을 발휘할 수 있다.

『손자병법』에서 "전쟁에서 사람 마음을 공략하는 것이 상책이요 성을 공격하는 것은 하책이다."라고 했다. 자신을 이끌려면 머리를 쓰고 다른 사람을 이끌려면 가슴을 써야 한다.

감성 지능이 높은 리더는 공감 능력이 뛰어나고 다른 사람의 말에 경청할 줄 아는 사람이다. 공감 능력이 없는 사람은 인생에서 끊임없이 잘못된 선택을 한다. 결국 실패의 길을 걸을 수밖에 없다.

나폴레옹이 유럽을 점령하고 곳곳에 보초병을 세웠을 때의 일이다. 어느 날 밤 나폴레옹이 보초막을 살피러 나갔는데 한 사병이 피곤한 기색으로 쭈그리고 앉아서 잠을 자고 있었다.

나폴레옹은 보초병을 깨우지 않고 대신 보초를 섰다. 한참 후 깨어난 보초병은 장군을 보고 깜짝 놀라며 용서를 구했다. 나폴레옹은 "얼마나 피곤한가? 내가 대신 보초를 설 테니 잠깐 쉬지." 감격한 보초병은 평생 나폴레옹을 위해서 충성했다고 한다.

과연 감성 지능이 부족한 리더라면 이러한 배려를 할 수 있었을까? 오히려 정신 상태를 운운하며 엄벌을 내리지 않았을까 하는 생각이 든다. 이렇게 상대의 입장에서 생각한다면 배려와 관용을 베풀 수 있다. 이것이 바로 마음을 움직일 수 있는 최고의 리더십인 것이다.

'용장勇將은 지장智將만 못하고, 지장智將은 덕장德將만 못하고, 덕장德將은 복장福將만 못하다'고 했다. 리더는 덕德이 있어야 한다.

법정法頂 스님은 『무소유』에서 "모진 비바람에도 끄떡 않던 아름드리나무들을, 꿋꿋하게 고집스럽기만 하던 그 소나무들을 꺾이게 하는 것은 가지 끝에 사뿐사뿐 내려 쌓이는 그 가볍고 하얀 눈임을, 바닷가의 조약돌을 그토록 둥글고 예쁘게 만드는 것은 무쇠로 된 정이 아니라 부드럽게 쓰다듬는 물결임을 알아야 한다."라고 했다.

60년 전 막 병원을 차린 가천대학교 이길여 총장이 환자를 진찰할 때는 다른 의사들과 다른 점이 있다. 우리는 청진기의 체스트 피스를 생각하면 차갑다는 생각에 몸이 움츠러든다. 이러한 환자의 마음을 생각해 환자에게 청진기를 대기 전 자기 가슴에 품어서 덥혀진 따뜻한 청진기로 환자를 진찰했다.

이렇게 환자를 배려하고 사랑으로 대한 따뜻한 마음이 큰 병원이 되고 대학교가 되고 연구소와 수많은 사회봉사 단체로 변화하고 발전해 갔다. 따뜻한 배려와 사랑은 상상 그 이상의 기적과 성과를 선물로 안겨준다.

얼음을 녹일 수 있는 것은 뜨거운 물이다. 뜨거운 물은 배려, 사랑, 베풂, 공감, 이해, 나눔이다. 이러한 뜨거운 물을 부어줄 수 있는 마음이 필요한 시대이다. 힘들고 지친 이 세대에 얼어붙은 마음을 녹여 줄 따뜻한 리더가 필요하다.

5
자신을 정확히 알고
타인을 정확하게 판단하라

나 자신을 아는 사람이 가장 현명한 사람이다

아름다움이란 '알다'가 어원이다. 나를 아는 것에서 아름다움은 시작된다. 하지만 자신을 아는 일이 가장 어렵고 다른 사람에게 충고하는 일이 가장 쉽다. 스스로를 아는 것이야말로 세상에서 가장 얻기 어려운 지혜이다. 겸손은 다른 사람들 앞에서 자신을 깎아내리는 것이 아니라 자신을 정확히 아는 것이다.

사람들은 일반적으로 자신을 평균보다 나은 사람이라 생각하고 좋은 일을 자기 공으로 돌리는 경향이 있다. 자신을 중산층으로 여기는 사람이 실제보다 항상 많은 것도 자신을 평균 이상으로 평가하면서 자긍심을 유지하려는 심리가 있기 때문이다. 이를 자기 고양 오류Self-Serving Bias라고 한다. 그러므로 자신을 정확히 알기 어려운 것이다.

그리스 철학의 아버지 소크라테스는 인격은 훌륭했지만 청소년에게 위해를 끼치고 신을 모독했다는 이유로 사형을 당했다. 언젠가 소크라테스의 친구인 크세노폰Xenophon이 아폴로를 섬기는 신전인 델포이 신전에 가 신에게 "세상에 소크라테스보다 더 지혜로운 사람이 있습니까?"라고 물었다. 그러자 신전의 여사제는 "없습니다."라고 대답했다.

그는 소크라테스에게 이 이야기를 전해주었다. 하지만 소크라테스는 그 이유를 알 수 없었다. 그래서 답을 찾기 위해 명사들을 찾아가 가르침을 구했다.

소크라테스는 명사들을 만난 후 한 가지 방면에서는 뛰어났지만 다른 방면에서는 자신의 한계를 인식하지 못한 명사들에게 크게 실망했다. 고심한 끝에 "만약 내가 가장 지혜롭다면 신 앞에서 나와 다른 현인들 모두 무지한데 나는 자신이 무지하다는 사실을 인정했지만 다른 현인들은 이를 인정하지 않기 때문이다."라고 결론을 내렸다.

소크라테스는 자신의 지혜가 진정 아무런 가치가 없다는 사실을 아는 사람이 가장 지혜로운 자라는 사실을 깨달았다. 그래서 소크라테스의 명언 "너 자신을 알라."가 탄생하게 되었다.

철학자 파스칼Blaise Pascal은 "인간의 위대함은 자기 자신의 보잘것

없음을 깨닫는 점에 있다.”라고 했다. 나를 알아야 반성도 하고 계획도 세울 수 있다. 모르면서 아는 줄 착각할 때 문제가 생긴다. 무지가 모든 문제의 근원이다.

‘나’의 세 가지 의미가 있다. 첫째, 다른 사람이 평가하는 나. 둘째, 자기 스스로 평가하는 나. 셋째, 자신이 장차 되기를 바라는 나이다. 대부분 자신이 다른 사람 눈에 어떻게 보이는지 잘 모르기 때문에 다른 사람을 키우려면 먼저 자신부터 알아야 한다.

성철性徹 스님이 사람에게는 세 가지 병이 있는데 돈병, 이름병, 색병이라고 했다. 그중에서 가장 무서운 것이 이름병인데 돈병이나 색병은 주위 사람들이 싫은 표현을 하지만 이름병은 웬만해선 박수 쳐주고 환호해 주기 때문에 고칠 수 없는 고질병이 되는 것이다. 그래서 이름병에 걸리면 자만에 빠져 자신을 정확하게 볼 수 없게 된다.

어느 날 두꺼비가 지네가 지나가는 것을 보고 “어떻게 너는 그 많은 발로 헷갈리지도 않고 그렇게 잘 기어 다니니?”라고 물었다. 그러자 지네는 “아주 쉬워. 자, 봐라. 이 다리 먼저. 그다음 이 다리…….” 그러다 지네는 몇 걸음 못 가서 꼼짝 못 하고 멈춰 서 버렸다. 막상 의식하며 가려다 보니 헷갈려서 갈 수가 없었다.

그동안 자신도 모른 채 행하여 온 모든 행동과 말들을 생각해 보라. 바로 그것이 나의 모습이고 나의 삶이다. 현재의 내 모습과 타인에게 보이고 싶은 모습이 서로 다르다면 좋은 이미지를 심어주기 힘들다. 그러므로 나 자신을 정확히 알아야 자신이 되기 바라는 멋진 나를 만들어 갈 수 있는 것이다.

보물도 엉뚱한 곳에 놓으면 쓰레기가 되고 만다. 세상을 잘 사는 비결은 자신의 위치를 정확히 찾는 것이다. 그래야만 자신의 장기를 십분 발휘할 수 있다. 자신의 장점을 살리면 가치가 오르는 반면 단점을 드러내면 가치가 하락하게 된다. 그러므로 자신을 정확하게 알아야 성공 전략도 세울 수 있고 성공의 확률도 높아질 수 있는 것이다. 과연 나는 어떤 사람인가.

사람 보는 안목은 승자의 필수 조건이다

『탈무드』에 사람을 평가하는 세 가지 기준이 있다고 한다. 첫째는 코오소오(술잔)이다. 평소 말없이 착하게만 보였던 사람도 술이 들어가면 평소와 전혀 다른 모습 때문에 주변 사람들의 놀라움을 자아내는 경우가 있다. 사실 술을 먹여보면 그 사람의 감춰두었던 모습이 드러난다. 둘째는 카아소오(노여움)이다. 분노 앞에서 그 사람의 사람됨이 드러난다. 셋째는 키이소오(돈주머니)이다. 돈 앞에서 그 사람의 모든 진실이 드러난다. 결국 처음 보는 첫인상이나 선입견으로 판단하는 것보다는 충분한 시간을 가지고 판단해야 정확하게 사람을 볼 수 있는 것이다.

중국 고전 『여씨춘추呂氏春秋』의 '팔관육험법八觀六驗法'에는 사람을 살피고 시험하여 평가하는 법을 제시한다. 「8가지 살펴야 할 것」은 1. 잘나갈 때 어떤 사람을 존중하는가 2. 높은 자리에 있을 때 어떤 사람을 쓰는가 3. 부유할 때 어떤 사람을 돌보는가 4. 남의 말을 들을 때 어떤 행동을 취하는가 5. 한가할 때 무엇을 즐기는가 6. 친해진 뒤에 무슨 말을 털어놓는가 7. 좌절했을 때 지조가 꺾이는가 8. 가난할 때 무엇을 하지 않는가이다.

「6험驗」이라는 사람 평가법은 희노애락고구喜怒哀樂苦懼의 여섯 가지 감정에 어떻게 반응하는가를 보고 상대방의 사람됨을 평가할 수 있다고 했다.

"상대방을 기쁘고 즐겁게 만든 다음 상대방의 습관이나 버릇을 관찰하고, 화나게 만든 다음 참을성이나 절도를 측정하며, 두려움을 느끼거나 겁을 내게 하여 용기를 읽어라. 그리고 슬프고 괴롭게 만든 다음 상대의 도량度量을 살피고, 상대방에게 고통과 쓰라림을 주고 상대방의 의지력과 인내력을 시험해보면 상대방의 사람됨을 쉽게 알 수 있다."

마틴 루터 킹 주니어Martin LutherKing Jr.도 "사람을 평가할 수 있는 시기는 그가 안락하고 편안한 곳에 서 있을 때가 아니라 도전과 다툼이 있는 곳에 서 있을 때이다."라고 했다.

한비자韓非子는 황당한 말을 하거나 반대쪽 주장을 펴 상대를 떠보라고 말한다. 위선과 위악의 가면을 쓴 사람들 사이에서 인재를 판별하기란 이처럼 어려운 것이다.

장마를 지나 봐야 집의 가치를 알 수 있다. 집을 살 때도 좋은 날

씨보다는 궂은 날씨에 가봐야 정확히 판단할 수 있다. 장마는 우리가 잘 모르는 집의 취약점을 알 수 있듯이 사람은 어려운 시기를 같이 겪어 봐야 사람의 가치를 알 수 있는 것이다.

당나라 시인 백거이白居易는 "사람을 어떻게 가릴 수 있겠는가? 아침에는 진짜인 것 같더니 저녁에는 가짜인 것을, 반딧불이가 빛을 낸다지만 불은 아니며, 연꽃에 이슬이 맺혀 있어도 구슬은 아니지 않는가? 옥玉과 석石은 사흘만 불에 넣어 보면 알 수 있지만 인재는 7년은 족히 기다려야 가릴 수 있다."라고 했다.

장미 한 송이도 자신이 지닌 향기를 다 표현하는 데 열두 시간이 소요된다. 마찬가지로 사람도 다 파악하는 데 짧은 시간으로는 알 수 없는 것이다. 그러므로 사람을 정확히 보기 위해서는 선입견을 버려야 한다. 선입견을 버리고 새로운 관점을 가지기 위해서는 '제로 베이스 사고Zero based thinking'가 필요하다. 제로 베이스 사고는 과거의 경험이나 습관에서 벗어나 처음부터 다시 생각하는 것이다.

과거 만났던 사람 중에 친절하고 매너 있는 사람에게 사기를 당한 적이 있는 사람이라면 그 후로는 자신에게 친절하고 매너 있는 사람을 만나면 예전의 사람을 떠올리며 '사기를 당하지 않으려면 조심해야 되겠다'고 쉽게 판단할 수 있다.

겪어 보지도 않고 과거의 기억만으로 그 사람을 판단해 버리는 것이 심리학에서 '에피소드 기억'이다. 이러한 것 때문에 정확히 상대를 보지 못하는 것이다. 우리는 개인적인 선입견과 에피소드 기억으로 처음 보는 상대의 인상 대부분을 결정짓는다. 특히 외모, 학력, 출신지에 대한 고정관념 때문에 인간관계의 걸림돌이 된다. 이러한 선입견을 가지고 사람을 판단하는 경우가 많지만 정작 본인은 그러한 사실에 대해 거의 자각하지 못한다.

명대 유학자 여곤呂坤의 『신음어』에는 "눈이 흐려져서 눈앞이 어른거릴 때는 무엇을 보아도 잘못 보게 되고 귀에 병이 있어 귀울림이 있을 때는 무엇을 듣더라도 잘못 듣게 된다. 마음속에 어떤 사물에 대한 선입견이 있을 때는 무엇을 처리하든지 잘못 생각을 하게 된다. 이러한 까닭에 마음이라는 것을 비워두는 것이 중요하다."라고 했다.

선입견의 90% 정도는 무의식적이고 직관적으로 작동하는 것이다. 말콤 글래드웰Malcolm Gladwell의 『블링크』에서 직관은 선입견을 구성하는 것 중에 중요한 부분으로 작용하며 생각 없이 생각하는 것이 직관이라고 했다. 많은 사람들은 자신의 직관이 대부분 옳다고 믿는 경향이 있다. 그래서 자신의 직관에 의해 사람을 판단하고 사물을 보기 때문에 실망하고 후회하게 되는 일이 생기는 것이다.

인간은 1,000개의 페르소나를 지니고 있어서 상황에 따라 적절한 페르소나를 쓰고 관계를 이루어간다. 페르소나Persona는 원래 연극배우가 쓰는 탈을 가리키는 말이었으나 점차 인간 개인이 인생을 살아가면서 알게 모르게 쓰게 되는 가면을 지칭하는 말로 바뀌었다.

사람은 누구나 외면적으로 보이기를 원하는 자기만의 모습이 있다. 페르소나는 바로 그런 사회적 자아인 셈이다. 인간의 이러한 속성을 간파하고 자신이 상황에 맞는 적절한 페르소나를 정확히 아는 것이 성공의 노하우이다. 반면 타인의 페르소나 뒤에 감춰진 모습을 정확히 파악하는 안목도 필요하다. 자칫 타인의 페르소나에 속아 사람을 잘못 판단하는 우를 범할 수 있으므로 이성적인 판단이 필요하다고 할 수 있다.

세상에는 세 종류의 사람이 있다. 첫 번째 부류는 모든 사람에게서 온화하고 흠잡을 데 없을 만큼 좋은 사람이라고 칭찬이 자자한 사람이다. 두 번째 부류는 모든 사람으로부터 못된 사람이라는 악평을 듣는 사람이다. 세 번째 부류는 칭찬도 듣고 욕도 듣는 사람이다.

두 번째 사람은 모든 사람이 포기한 사람이니 조심하면 된다. 그런데 첫 번째 부류의 사람들이 위험하다. 자신의 주장보다는 항상 타인의 주장을 따르고 자신의 욕구를 철저히 제거하기 때문에 결국은 자신보다 약한 자에게 분노를 폭발시킬 것이다. 그러므로 모든 사람에게 칭찬만 듣는 사람을 조심해야 한다. 결국 가장 이상적인 사람은 세 번째 부류의 사람들인 것이다. 정신적으로 건강한 사람들이다. 자신의 주장도 내세우며 때로는 배려도 할 수 있는 그런 사람이 좋은 관계를 가질 수 있는 사람들인 것이다.

『손자병법』의 「모공」 편에 "지피지기 백전불태 부지피이지기 일승일부 부지피부지기 매전필패知彼知己 百戰不殆 不知彼而知己 一勝一負 不知彼

不知己 每戰必敗"라고 했다.

"적을 알고 나를 알면 백 번 싸워도 위태로울 것이 없으나 나를 알고 적을 모르면 승과 패를 각각 주고받을 것이며 적을 모르는 상황에서 나조차도 모르면 싸움에서 반드시 패배한다."라는 뜻이다. 자신을 정확히 알고 타인을 정확하게 판단할 줄 아는 사람이 비즈니스 세계의 승자가 될 것이다.

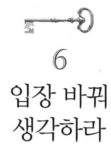

6

입장 바꿔
생각하라

일본의 한 TV프로그램에 방영되어 화제가 되었던 심리테스트가 있다. 먼저 자신의 이마에 알파벳 'E'자를 써본다. 그런데 'E'자를 자신이 읽는 방향으로 쓴 사람과 다른 사람이 읽을 수 있도록 좌우를 거꾸로 쓴 두 부류의 사람으로 나뉜다.

전자를 '사적 자기의식'이 높은 사람이고 후자를 '공적 자기의식'이 높은 사람이라고 한다. '사적 자기의식'이 높은 사람은 자기 위주로 생각하는 경향이 높고 '공적 자기의식'이 높은 사람은 다른 사람 입장에서 생각하는 경향이 높은 사람이다. 좋은 인간관계를 위해서는 자기 위주의 생각보다 다른 사람 입장에서도 생각하는 습관이 필요하다.

그레고리 펙의 주연 영화로 만들어진 소설 『앵무새 죽이기』에서

"그 사람의 신발을 신고 이리저리 돌아다녀보기 전까지는 그 사람을 결코 알 수 없다."라는 문구가 있다. 인디언의 속담에도 "다른 사람의 모카신을 신고 걸어 봐야 그 사람을 안다."라고 했다. 그래서 상대방을 이해하려면 적극 공감하고 입장 바꿔 생각하는 연습이 필요한 것이다. 이것이 바로 역지사지易地思之이다.

특히 다른 사람의 말을 듣는 청자聽者의 입장에서도 화자話者의 입장이 되어 경청을 하면 공감적 경청을 할 수 있다. 단순히 말의 내용을 듣고 이해하는 수준을 넘어 상대방의 마음을 이해하고 공감할 수 있어 좋은 관계 형성에 필요한 과정이다.

어떤 사람의 행동Behavior은 태도Attitude와 상황Context, 발전되어 온 요인Development으로 결정된다. 이것이 인간 행동의 ABCD이론이다. 태도는 그 사람의 성격이나 가치관 등을 말하고 상황은 그 행동을 하게 된 배경을 말한다.

그런데 어떠한 행동의 결과로 인해 문제가 발생했을 때 대부분의 사람들은 자신의 경우에는 상황 탓을 하고 다른 사람의 경우에는 그 사람의 태도를 탓한다. 반대로 좋은 결과에 대한 것은 이러한 이중 잣대가 거꾸로 적용되는 것이다.

이렇게 이중 잣대를 가지는 이유는 기본적으로 사람은 자기중심적인 존재이기 때문이다. 그리고 또 다른 이유는 문제 되는 행동을 했을 경우 자신의 경우는 그 행동을 하게 된 상황을 잘 알기 때문이지만 다른 사람은 그 상황을 잘 모르기 때문에 그 사람의 태도 탓으로 결론짓는 것이다.

예를 들어 교통법규를 위반한 경우 자신은 다급한 상황 때문에 어쩔 수 없었다고 말하고 다른 사람이 위반했을 때에는 그 사람의 도덕성에 문제가 있다고 판단하는 경우이다. 그렇기 때문에 사람은 상대의 입장에서 생각하는 역지사지가 필요한 것이다. 사람은 모두 자기중심적이기 때문이다.

입장 바꿔 생각한다는 것은 먼저 상대를 이해하는 마음이 있어야 한다. 상대를 이해한다는 것은 자신을 낮추어야 보이는 것이다. 이해한다는 뜻의 영단어 'understand'를 보면 'under(밑에)stand(서다)'이다. 즉 상대방을 이해한다는 것은 상대방보다 아래에 서서 상대를 높인다는 뜻이다. 결국 상대방을 높이는 것은 공감하고 경청해 입장 바꿔 생각하는 것이다.

창의적이고 혁신적인 제품들도 고객의 입장에서 생각하고 이해했기 때문에 최고의 제품들을 만들 수 있었다. 아이의 사진을 찍어 주다가 "아빠 사진을 찍으면 왜 바로 볼 수 없는 거예요?"라는 아이의 질문에 아빠는 즉석카메라 '폴라로이드'를 탄생시켰고, 위험하고 청소가 불편한 날개 달린 선풍기의 불편함을 읽은 다이슨은 날개 없는 선풍기 '에어 멀티플라이어'를 만들었다. 어른 의자에 앉아 식사가 불편한 아이들의 입장에서 생각한 스토케는 '트립트랩'을 만들었다. 이는 기업의 입장이 아닌 고객의 입장이 되어 생각했기 때문에 최고의 제품을 만들 수 있는 것이다.

다른 사람들이 좋아하는 음식을 잘 만드는 식당이 장사가 잘되고 남의 마음을 읽어 어떻게 하면 웃을지를 잘 아는 개그맨이 성공하고 고객이 좋아할 만한 제품을 만들어 파는 기업이 발전하는 것이다. 그러므로 인간관계에서도 상대방의 마음을 잘 읽고 공감해 주며 입장 바꿔 생각할 줄 아는 사람을 모든 사람이 좋아하는 것이다.

메시지를 전달할 때도 마찬가지이다. 사람들은 자신이 좋아하고 관심이 있는 것만 선택해서 들으려고 한다. 자신의 생각과 반대되는 메시지보다 자신의 생각과 일치하는 메시지에 관심을 갖고 받아들인다. 이를 심리학에서는 '선별적 노출 현상'이라고 한다.

그래서 대화를 하거나 메시지를 전달할 때에도 나의 입장이 아닌 상대방의 입장에서 전달해야 소통할 수 있고 설득할 수 있는 것이다. 유치원 교사는 유치원생의 눈높이에서 말해야 하고 노인과 관련된 일을 하는 사람은 노인의 눈높이에서 생각하고 말해야 하는 것이다.

사람은 언어에서도 나를 중심으로 세상을 바라보는 습관이 있다. 여기저기, 이곳저곳, 남북관계, 한중일. 이런 식으로 나를 중심으로 물리적 거리나 심리적 거리가 가까운 것부터 먼저 말하는 습관이다. 그래서 메시지도 나의 관점과 나의 입장에서 전달하면 실패할 확률이 높다. 그러므로 프레젠테이션을 할 때도 반드시 3P를 분석해야 한다. 3P는 People(청중), Place(장소), Purpose(목적)이다. 특히 청중 분석(연령, 직업, 학력, 성별, 직위, 주제 관련 전문성 유무 등)은 성공적인 프레젠테이션을 위한 중요한 요소이다. 이렇게 청중의 관점에서 준비한 프레젠테이션은 설득률이 훨씬 높아진다.

무릎을 꿇고 비석을 다듬는 석공이 있었다. 석공은 많은 땀을 흘리며 비석을 깎고 다듬었다. 그리고 나중에 그 비석에 명문을 각인했다. 그 과정을 한 정치인이 바라보고 있었다. 그는 작업을 마무리 짓던 석공에게 다가가 "나도 돌같이 단단한 사람들의 마음을 당신처럼 유연하게 다듬는 기술이 있었으면 좋겠소. 그리고 돌에 명문이 새겨지듯 사람들의 마음과 기억에 나 자신이 새겨졌으면 좋겠소."라고 말했다. 그러자 석공이 "선생님도 저처럼 무릎 꿇고 일한다면 가능한 일입니다."라고 대답했다.

상대방의 눈높이에 맞춘다는 것은 입장 바꿔 생각하기가 없으면 불가능한 것이다. 지금 이 순간 누군가와 갈등과 오해가 있다면 상대방의 눈높이에서 입장 바꿔 생각해보면 어떨까.

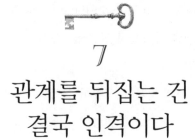

7

관계를 뒤집는 건
결국 인격이다

제나라 사람이 시장에서 금덩이를 훔치다가 잡혀왔다. 사또가 물었다. "이 어리석은 놈아, 어쩌자고 그 많은 사람 앞에서 금덩이를 훔쳤느냐?" 그러자 도둑은 "사또님, 사람은 하나도 보이지 않고 오직 금덩이만 보였거든요."라고 말했다.

두 번째 이야기는 두 형제가 길을 가다 금덩이를 주웠다. 형제는 사이좋게 금덩이를 나눈 다음 나룻배에 올랐다. 배가 강 가운데에 이르자 아우가 갑자기 금덩이를 물속에 던져버렸다. 놀란 형이 소리치자 아우는 "형님 금덩이를 보자 '형님이 없었더라면 나 혼자 금덩이를 다 차지했을 텐데'라는 생각이 떠나질 않아서 버린 것입니다." 라고 말했다.

옛말에 '군자는 물질을 지배하고 소인은 물질에 지배당한다'고 했다. 우리는 물질 만능 주의에 살면서도 물질보다 사람이 중요해야 하는데 작은 이익에 눈이 멀어 사람보다 이익을 먼저 챙긴 적은 없는지 생각해 봐야 한다. 이렇게 사람보다 물질이 중요한 사람은 이익 앞에서는 사람이 보이지 않는다는 것이다.

『논어』「헌문憲問」 편에는 견리사의見利思義, 즉 '눈앞에 이익을 보거든 먼저 그것을 취함이 의리에 합당한지를 생각하라'고 했다. 매사 자신의 이익만 추구하면 결국 사람도 잃고 돈도 잃게 된다. 정당한 이익이라면 모를까 나의 이익과 욕심으로 인해 다른 사람이 손해를 보거나 피해를 입지는 않는지 반드시 먼저 따져보고 자신의 이익을 생각해야 한다. 그러면 결국은 사람을 통해서라도 더 큰 이익으로 돌아올 수 있는 것이다.

'탐료세미적자익貪了世味的滋益 필초성분적손必招性分的損', 세속의 이익을 지나치게 탐하면 반드시 인성의 손실을 초래한다는 뜻이다. 지나친 욕심은 자신의 부족한 인격을 드러내는 것이다. 주변에서 돈과 관련해서 인간관계가 악연으로 끝나는 경우를 심심치 않게 볼 수 있다. 사람의 인격은 물질 앞에서 가늠할 수 있다. 특히 돈거래를 하거나 많은 부를 가졌을 때 그 사람의 행동을 보면 알 수 있다.

돈을 많이 가질수록 교만해지고 실망스러운 모습으로 변해가는 사람을 주변에서 쉽게 볼 수 있다. 사람들은 돈이 생기니 변했다고 생각하지만 변한 것이 아니라 그 사람의 진심을 그때서야 발견한 것이다. 돈 앞에서 정직하고 가질수록 겸손하고 베푸는 사람은 평생 함께할 수 있는 사람이다.

가지면 가질수록 겸손해지기 어려운 이유는 크든 작든 이뤄낸 성취가 자신의 힘으로 이루었다고 생각하기 때문이다. 그리고 그 성취가 영원할 것이라고 착각하기 때문에 더 교만해지는 것이다. 『채근담』에 "하늘이 개인을 부유하게 하는 것은 그것으로 많은 사람의 가난을 구제하려는 것인데 사람들은 오히려 자기 재산을 믿고 남의 가난함을 멸시한다. 참으로 천벌을 받아 마땅한 자들이다."고 했다.

칸트Kant의 묘비에는 "생각하면 생각할수록 점점 더 놀라움과 두려움에 휩싸이게 하는 것은 밤하늘에 빛나는 별과 내 마음속의 양심이다."라고 쓰여 있다.

모든 일에 있어서 먼저 가슴에 손을 얹고 양심이 허락하는지 물어야 한다. 맹자孟子가 사람에게는 모두 양심이란 것이 있는데 수양을 통해 양심이 발전하고 인격이 성숙한 사람이 있는 반면 양심을 살피지 않아 맹아 상태의 양심을 가진 사람이 있다는 것이다.

사람은 자신의 욕망과 타인의 욕망이 양립할 수 없을 때 도리에 어긋나는 일을 하는데 이때 양심이 허락하는지 물어야 한다. 자신의 욕심을 채우기 위해 양심을 저버리는 행동을 해서는 안 되는 것이다. 양심이 맹아 상태가 되면 '후안무치厚顏無恥', 즉 얼굴이 두꺼워 수치스러운 줄 모르는 것이다. 양심이 있는 사람은 부끄러운 줄 알기 때문에 함부로 양심에 어긋나는 행동을 하지 않는 것이다.

우리는 끊임없이 생각을 선택하고 드러냄으로써 자신의 인격을
표현한다. 깃발이 북쪽으로 펄럭이면 바람이 남쪽으로 불어오고 있
다는 사실을 알 수 있듯이 사람의 언행을 보면 그 사람의 인격을 알
수 있는 것이다. 인격은 어떤 모습으로 태어났느냐의 문제가 아니라
어떤 사람이 되려고 하는지 선택하는 문제이다.

인격은 내 인생의 갈림길에서 최종 결정을 해줄 수 있는 성공의
핵심이다. 성공할 수 있는 모든 좋은 조건을 가진 수많은 사람들이
부족한 인격 때문에 마지막 계단을 밟지 못하고 날개 없이 추락하고
있다.

하지만 진정 자신의 부족한 인격을 알아차리지 못하고 오늘도 그
들은 끊임없이 헛된 노력에 좌절하고 절망하고 있다. 그래서 사람의
인격이 중요한 것이다. 위기의 순간에 중요한 것이 인격이기 때문이
다. 인간관계를 뒤집는 것도 결국은 인격의 문제이다.

사람의 인격은 보이지 않지만 사소한 언행을 통해서도 누구나 느
낄 수 있고 판단할 수 있다. 그리고 가장 중요한 순간에 가장 강력한
힘을 발휘할 수 있는 내적 이미지이다.

성공하고 싶다면 먼저 내적 이미지의 완성이 우선되어야 한다. 그
래야 모든 일이 순조로워진다. 그중에서도 좋은 인격을 완성하는 것
이 핵심이다.

사람 인격의 높고 낮음을 보면 사업의 높고 낮음을 알 수 있고, 덕
의 얕고 깊음을 보면 복의 길고 짧음을 알 수 있다. 좋은 인격은 내
인생을 마지막까지 빛나게 해 줄 최고의 성공 전략이다.

8

적절한 거리를
찾아라

어느 추운 겨울밤, 깊은 산골에 사는 한 쌍의 호저는 고슴도치처럼 날카롭고 뾰족한 털을 가지고 있어서 가까이 다가서면 서로 찌르고 그렇다고 멀리 떨어지면 추위를 견디기 어려웠다. 서로 다가갔다 다시 떨어지다를 반복하다 드디어 너무 가까워 찔리지도 너무 떨어져 춥지도 않은 가장 이상적인 거리를 발견하게 된다.

독일 철학자 쇼펜하우어Arthur Schopenhauer의 『수상록』에 나오는 우화 '호저 이야기'이다. 쇼펜하우어는 "사람과 사람 사이 그것은 호저들의 안타까운 모순 속에 숨어있다."라고 말했다. 이 우화는 정신분석의 창시자 프로이트Sigmund Freud가 1921년 '집단심리학과 자아의 분석'에서 소개하였고 1970년 미국 벨라크의 『호저의 딜레마』를 통해서 세상에 알려지게 되었다.

우리의 인간관계도 적절한 거리를 찾아야 한다. 너무 가까운 관계도 상처 줄 기회가 많아지고 너무 멀리 떨어져 있으면 정을 나눌 시간이 부족해 금방 멀어질 수 있어 다치지도 정이 부족하지도 않을 거리를 찾아야 한다. 전신줄 위에 함께 앉아 있는 새들도 혼자 날아갈 때에 날개를 펼 만큼의 거리를 두고 떨어져 있다.

『채근담』에 "따뜻한 불에 가까운 것이 비록 따뜻하기는 하지만 따뜻한 후에 추위는 더욱 크게 느껴진다. 사탕수수가 달다고 느낄 수는 있지만 사탕수수 아닌 다른 것은 더 쓰게 느끼게 한다."라고 했다. 친한 사이일수록 상처가 더 아프고 서운함이 더 크게 느껴지는 것이다.

사람은 아무리 친하고 서로 좋은 사람일지라도 신이 아닌 이상 완벽할 수는 없다. 그리고 아무리 최선을 다해 잘하더라도 상대방을 충분히 만족시켜줄 수는 없다.

더 많이 사랑하는 연인일수록 더 아끼는 사람일수록 더 좋아하는 사람일수록 더 깊은 상처를 남기고 헤어질 가능성이 높다. 상대방에 대한 기대가 크기 때문이다.

누군가 나를 너무 좋아할 때는 조심해야 한다. 이런 사람은 상대가 자신의 기대에 미치지 못하면 바로 증오심으로 바뀌어 버린다. 왜냐하면 자기가 좋아하는 만큼 상대도 그렇게 해주길 바라는데 상대가 자신의 기대만큼 못해주면 좋아하는 마음이 분노로 바뀌는 것이다. 그래서 좋아하고 소중한 사람일수록 적절한 거리가 필요하다.

한 방송사에서 방영하고 있는 고민을 해결해 주는 프로에 한 아버지가 딸에 대한 고민으로 방송에 출연하였다. 고민은 아직 20대 미혼인 딸이 매일 밤 프라이드치킨을 한 마리씩 먹고 자서 몸무게가 30kg이나 늘었다며 고민이 이만저만이 아니었다.

딸의 답변은 치킨이 너무 좋아서 단 하루라도 먹지 않으면 안 된다는 것이다. 이렇게 음식도 너무 좋아한다고 많이 먹으면 부작용이 있듯이 사람도 너무 좋아한다고 자주 만나면 부작용이 발생하는 것이다. 좋아하는 음식도 적당히 먹어야 하듯이 좋아하는 사람도 적절한 만남과 거리가 필요하다.

우리는 친한 사람일수록 다른 사람에 비해 언행에 신경을 덜 쓰는 경향이 있다. 거기에 자주 만나다 보면 상처와 실망감의 연속이다. 그러다 보면 결국 돌이킬 수 없는 관계가 될 수 있다. 지금 내가 가장 좋아하는 사람, 가장 친한 사람은 누구인가. 적절한 거리를 찾아라. 평생 변함없는 좋은 인연으로 함께 할 것이다.

9
내가 먼저
좋은 사람이 되어야 한다

　모든 사람들은 좋은 사람과의 만남을 원하고 기대한다. 좋은 사람을 만나기란 쉽지 않은 일이다. 그런데 좋은 사람을 만나는 비결은 내가 먼저 좋은 사람이 되는 것이다. 사람과 사람 사이에는 파동이 흐르고 결국 주파수가 맞는 사람끼리 만나게 되어 있다. 그래서 내가 먼저 긍정적인 에너지, 좋은 주파수를 보내야 주변에 좋은 사람이 모이는 것이다.

　나쁜 감정이 좋은 감정보다 전파가 15배 더 빠르다. 그래서 나를 좋아하는 사람을 알아차리는 속도보다 나를 싫어하는 사람을 알아차리는 속도가 훨씬 빠른 것이다. 이렇듯 사람의 감정도 파동이 흘러 그대로 전달되기 때문에 내가 먼저 좋은 사람이 되어 좋은 주파수를 보내야 한다.

남에게 대접받고 싶은 대로 먼저 남을 대접해야 한다. 타인이 나를 소중히 여기기를 바란다면 내가 먼저 타인을 소중하게 여겨야 한다. 세상이 이렇게 변하면 좋겠다고 생각하는 대로 자신부터 변화해야 한다.

톨스토이는 "남과 사이가 좋지 못하거나 그 사람이 당신과 있는 것을 싫어하거나 당신이 옳은 데도 그 사람이 동조하지 않으면 그 사람이 책망받을 것이 아니라 정작 책망받아야 할 사람은 바로 당신이다. 왜냐하면 당신이 그 사람에게 마음과 정성을 다하지 않았기 때문이다."라고 했다.

말콤 글래드웰Malcolm Gladwell의 『블링크』에서 미국에서 일어나는 의료사고 소송을 분석했다. 분석 결과 실력이 부족해 실수를 많이 해도 소송을 당하지 않는 의사가 있는 반면 실력은 뛰어난데 소송에 시달리는 의사가 있었다. 결국은 환자에게 소송을 당하는 의사는 실력이 부족해 실수가 많은 의사가 아니라 실력이 뛰어나더라도 환자를 무시하고 대접하지 않는 의사가 소송을 많이 당한 것이다. 오히려 실력이 부족하고 실수를 하더라도 환자를 존중해 주고 대접해 주는 의사는 소송을 잘 당하지 않은 것이다.

사람은 누구나 자신을 이해해 주고 공감해 주는 사람을 신뢰하고 좋아한다. 공자는 타인을 공경하고 생명을 경외할 수 있는 사람만이 '인仁'에 부합하는 인간이 될 수 있다고 보았다. 인仁의 이상은 바로 진정한 인간이 되는 것이다. 그래서 공자와 제자들은 공경과 경외를 기준으로 삼아 인간의 기본 생활 방식을 만들어냈다.

영화 「광해 왕이 된 남자」에서 도부장(왕의 경호원)이 가짜 광해를 위해 대신 죽는 장면은 가장 인상 깊은 장면 중 하나이다. 가짜 광해를 죽이라는 명령을 거부한 도부장이 죽기를 각오하고 뒤쫓아 오던 자객들에게 "너희들에게는 가짜 왕일지 몰라도 나에게는 이분이 진짜 왕이시다. 이분을 해하려면 먼저 나를 죽여야 한다."라고 말한다.

이후 칼싸움 끝에 가까스로 자객을 베고 자신도 끝내 절명하며 가짜 광해의 왼쪽 발 앞에 무릎 꿇고 발을 두 손으로 만지며 자신의 충절을 다하던 장면이 가슴 절절하다. 그런 도부장의 절명에 안타까워하며 자신의 감정을 주체하지 못해 하염없이 눈물을 흘리던 가짜 광해가 끝내 오른손으로 도부장의 어깨를 두드리며 그를 신하로서 인정해 주겠다던 모습은 천만 관객의 가슴에 남을 명장면이다.

도부장이 가짜 광해를 위해 목숨을 바칠 수 있었던 이유도 바로 그의 따뜻함이었다. 자신이 가짜 광해라는 것을 의심해 목에 칼을 겨누었던 도부장에게 "이 칼은 나를 위해서만 뽑아야 하느니라. 네가 살아야 내가 산다. 앞으로 이 칼은 나의 목숨을 지키는 일에만 쓰도록 하여라."라고 말한다. 비록 자신을 해치려고 한 도부장이었지만 가짜 광해는 "팥죽은 맛있더냐. 살아있어야 이 맛도 알 수 있느니라."라며 따뜻한 마음을 전한다. 이렇게 자신을 부하가 아닌 인간적으로 대해 주었던 가짜 광해를 위해 결국 목숨까지 바치게 된 것이다. 사람의 따뜻한 마음은 목숨까지도 바칠 수 있을 만큼 마음을 움직이는 힘이 있다.

일본의 잉어잡이 우에무라 마사오 씨는 큐슈의 치고쿠 강에서 독자적인 잉어 낚시법으로 잉어를 손으로 잡는 인물이다. 카이코 타케시의 에세이와 히노아사헤이의 소설에도 나오며 그 고장에서 유명한 전설적인 인물이기도 하다.

1999년 타계했지만 그의 손자가 3대째 기술을 이어받아 후쿠오카현 쿠루메시에서 '코이노탄혼텐'이란 민물고기 요리 전문점을 운영하고 있다.

12월의 추운 겨울에 잉어를 잡아야 했기 때문에 잉어잡이를 하기 하루 전 지방이 많은 요리를 먹고 다음 날 강변에 모닥불을 피우고 몸을 데워 열이 오르면 치고쿠 강으로 들어가 눕는다. 그러면 차가운 물속에서 온기를 느낀 잉어들이 자연스레 몰려오면 그때 잉어를 손으로 품어서 잡는 방법이다. 이러한 방법으로 하루에 100마리를 잡은 적도 있을 정도이다.

사람도 온기가 느껴지는 사람에게 몰려가는 법이다. 그 온기는 덕이 있고 인정이 넘치는 따뜻한 사람에게서 느껴지는 기운이다. 좋은 사람을 만나고 싶다면 내가 먼저 따뜻한 사람이 되어야 한다.

10

복은 베푸는 자에게
깃드는 법이다

A라는 유명한 맛집이 있다. 워낙 장사가 잘되어서 줄을 서서 기다렸다 먹는 것은 이 식당에서는 일상이 되었다. 그런데 어느 날 한 기자가 장사 잘되는 비법이 궁금해 점심때가 지난 한가한 시간에 식사를 하러 갔다.

마침 식당에는 손님들은 거의 나가고 직원들 식사 시간이었다. 그때 식당의 사장 자녀들이 방문한 것이다. 사장은 더운 여름이라 다른 식당에서 시원한 콩국수를 자신과 가족들 것만 주문하고 직원들은 제외시켰다. 옆 테이블에서 식사를 하고 있는 직원들은 기분 좋을 리 없을 것이다. 더운 여름에 수고가 많다고 직원들까지 챙기면 더 힘이 나서 열심히 일할 텐데 사장은 그 중요한 사실을 몰랐던 것이다.

기자는 이 맛집이 오래 가지 못할 거라 생각하고 이후에도 관심을 가지고 지켜보았다. 그 후 기자의 예상대로 유명한 맛집은 폐업을 하였다. 이유는 사장이 직원들을 일하는 기계로 생각하고 사람 대접을 제대로 해주지 않았기 때문이었다. 직원들은 사장이 대접해 준대로 일한 것이다. 직원들에게 조금만 더 따뜻하게 대하고 존중해 주었다면 그녀는 지금도 맛집 사장님으로 승승장구하고 있었을 텐데 말이다.

덕이 있는 사람에게는 사람들이 모여들고 하는 일마다 복이 깃든다. 복은 사람을 통해서 온다. 베풀지 않은 자에게는 오는 복도 되돌아 나간다. 지금 하는 일이 잘되길 바란다면 지금 이 순간 나와 함께 있는 사람에게 최선을 다해야 한다.

TV프로그램 「독한인생 서민갑부」에 출연한 담양에서 돼지갈비 집을 운영하는 김갑례 씨는 지역의 갑부로 통한다. 하지만 그녀 역시 처음부터 장사가 잘되지는 않았다. 생활고로 힘들던 시절 그녀는 작은 음식점을 운영했다.

어느 날 한 손님이 식사를 하고 나가려 하자 신발이 없어진 것을 알게 되었다. 다른 손님이 신고 가버린 것이다. 그녀는 부리나케 가까운 신발 가게에서 손님의 신발을 사다 주고 미안하다는 말과 함께 보냈다.

그리고 며칠 후 신발을 잃어버린 손님에게 마음에 드는 신발을 사신으라며 돈과 함께 편지를 보냈다. 지난번에는 자신이 급하게 사서 준 신발이라 마음에 들지 않을 거라는 생각에서다. 장사가 잘되지 않아 어렵게 식당을 유지하고 있던 때인데도 말이다. 편지를 받은 손님은 그녀의 진실되고 따뜻한 마음에 감동을 받아 곧바로 인터넷에 사연을 올렸다.

단숨에 수만 건의 조회 기록을 세우며 사연을 읽고 감동한 네티즌들의 입소문으로 힘겹게 유지하던 식당은 전국에서 손님들이 모여들기 시작하였다.

얼마 지나지 않아 그녀의 식당은 담양에 가면 꼭 들러야 할 맛집으로 입소문이 난 것이다. 결국 그녀는 지금 20여 명의 직원을 둔 어엿한 사장님이 되었고 40억 원의 자산가가 되었다.

그녀는 지금도 자신의 돼지갈비 비법을 배우러 찾아오는 이들에게 아낌없이 자신의 비법을 전수한다. 그녀의 비법을 전수받은 이들만 전국에 100여 명 이상이고 그 중 성공한 사람도 30여 명이 넘었다.

다른 사람들은 자신의 비법을 철저히 비밀로 지키지만 그녀는 자신의 비법마저도 아낌없이 내놓는다. 나만 잘사는 세상보다 모두가 잘살기를 바라는 마음에서라며 겸손하게 말한다.

그녀의 성공 비결은 음식의 맛도 아니고 식당의 크기도 아니었다. 단지 한 사람의 손님에게 베풀었던 따뜻한 마음과 정성이었다. 그리고 자신의 모든 것을 베풀고 나니 결국 자신의 일에 복이 들어온 것이다. 그렇다. 복은 베푸는 자에게 깃드는 법이다.

같은 프로그램에 출연했던 서울의 한 대학교 앞에서 꽃집을 운영하는 성주환 씨는 복지 시설 등 어려운 곳에 꽃을 기부하기도 하고 장학금으로 1억 원을 기탁하는 등 남에게 베푸는 일이라면 앞장서는 그이다.

평소에도 지나가는 사람은 누구나 가져가라며 장미꽃을 길거리에 내놓는다. 꽃으로라도 사람들이 행복해지기를 바라는 마음에서다. 어버이날 같은 경우에 하루 7천여 만 원의 매출을 올리고 평소에도 잠잘 시간도 식사 시간도 부족할 만큼 전국에서 주문이 쇄도한다.

학창 시절 돈이 없어 책 한 권 제대로 사지 못하고 먹을 게 없어 고구마 한 개를 온 식구가 한 끼 식사로 나눠 먹어 본 그이기에 어려운 이웃을 그냥 지나치지 못한다. 그의 따뜻한 베풂이 고객을 몰려오게 만든 이유가 된 것이다. 복은 받는 것이고 덕은 베푸는 것이다. 복을 받으려면 베풀어야 한다.

베푸는 것은 다른 사람을 위한 선행이지만 결국 나 자신을 위한 선행이 된다. 다른 누군가의 길을 밝혀 주기 위해 등불을 켜면 결국 자신의 길도 밝히는 것이다. 사람들은 베풀면 마이너스가 된다고 생각하지만 실제는 곱셈이 되어서 돌아온다. 이것이 인생 방정식이다.

남극에서 서식하는 황제펭귄은 서로 가까이 다가서서 추위를 견딘다. 가장자리에 서서 매서운 바람을 맞는 펭귄은 일정한 시간이 지나면 바람이 가장 적은 안쪽으로 자리를 옮긴다. 그러면 또 안쪽의 다른 펭귄이 가장자리로 자리를 옮긴다. 서로 안쪽 자리를 차지하겠다고 싸우거나 밀치지도 않는다. 서로서로 배려하며 사이좋게 남극의 추위를 견디어 낸다.

『격언련벽格言聯璧』에 "걸음마다 앞서고자 하는 사람에게는 반드시 그를 밀치는 사람이 있고 사사건건 이기고자 하는 사람에게는 반드시 그를 좌절시키는 사람이 있다."라고 했다.

나 혼자 잘살겠다고 애쓰는 사람은 결코 잘살 수가 없다. 서로 돕고 상대방을 먼저 배려하는 마음이 있을 때 모두 잘살 수 있는 것이다. 태국 제2의 도시 치앙마이 사람들은 언제나 모르는 사람들을 위해 음식과 꽃, 마음으로 기도하고 공양을 바친다. 만약 볶음밥 가게 옆에 다른 볶음밥 가게가 문을 열면 볶음밥 가게 사람들이 찾아가 장사 잘되는 비법을 알려 주고 아낌없이 도와준다. 이러한 아름다운 전통 때문에 치앙마이가 지금까지 번성할 수 있는 것이다.

베푸는 마음을 가지면 뇌 속에서 세로토닌serotonin, 노에피네프린norepinephrine, 베타 엔도르핀Beta Endorphin 등 10가지 이상의 몸에 좋은 호르몬이 분비되어 몸이 건강해진다. 죽을병에 걸린 사람이 베풀고 나서 건강이 회복되는 경우가 이러한 몸에 좋은 호르몬이 분비되기 때문인 것이다.

1863년 미국 최대 석유 회사를 운영했던 록펠러John D. Rockefeller는 33세에 백만장자가 되었고 43세에 미국의 최대 부자가 되었으며 53세에 세계 최대 갑부가 되었다. 그리고 55세에 불치병으로 1년밖에 살지 못한다는 사형선고를 받았다.

마지막 검진을 위해 휠체어를 타고 병원 문을 들어서는데 병원 로비에 걸린 액자의 글이 눈에 들어왔다. "주는 자가 받는 자보다 복이 있다." 그는 이 글을 읽고 평생 가난한 이웃을 돌보지 못한 자신을 깨달았다.

그 순간 병원 한쪽에서 시끄러운 소리가 들려왔다. 병원 측은 병원비가 없으면 입원이 안 된다고 거절하고 어린 소녀의 어머니는 딸을 입원시켜 달라고 애원하는 모습이었다. 록펠러는 비서를 시켜 아무도 모르게 병원비를 지불해 주었고 얼마 후 소녀가 회복되는 모습을 조용히 지켜보았다.

그는 자서전에서 "저는 살면서 이렇게 행복한 삶이 있는지 몰랐습니다."라고 그 순간의 기쁨을 고백했다. 그리고 그의 불치병도 씻은 듯 사라졌다. 그 후 그는 나눔의 삶을 살다가 98세에 행복한 삶을 마감한다. 록펠러가 기부한 재산 가치는 빌 게이츠 재산의 세 배에 해당한다고 한다. 록펠러 역시 베풀고 나서 건강이 회복된 것이다.

마슬로우Abraham Maslow 박사도 인간이 가장 행복을 느낄 때는 권력이나 명예를 얻었을 때가 아니라 봉사, 사랑, 선행을 통해서 자신의 존재 의미를 구현할 때라는 것이다. '장미를 선물한 사람의 손에는 향기가 남는다'는 속담처럼 남을 돕는 것이 곧 자신을 돕는 것이다.

어떤 사람이 하는 일마다 풀리지 않아 부처님을 찾아가 하소연했다. "부처님, 저는 하는 일마다 제대로 되는 일이 없으니 무슨 까닭입니까?", "그것은 네가 남에게 베풀지 않았기 때문이니라.", "저는

PART 3 인간관계 전략

아무것도 가진 게 없는 빈털터리입니다. 남에게 줄 것이 있어야 주지 도대체 뭘 준단 말입니까?", "그렇지 않느니라. 아무 재물이 없더라도 베풀 수 있는 일곱 가지는 누구나 다 있는 것이다.

첫째는 화안시和顔施이다. 얼굴에 화색을 띠고 부드럽고 정다운 얼굴로 남을 대하는 것을 말한다. 둘째는 언시言施이며 말로써 얼마든지 베풀 수 있으니 사랑의 말, 칭찬의 말, 위로의 말, 격려의 말, 양보의 말, 부드러운 말이다.

셋째는 심시心施로 마음의 문을 열고 따뜻한 마음을 주는 것이다. 자기의 이익보다 상대의 이익을 내 마음보다 상대의 마음을 먼저 생각하는 마음이다. 넷째는 안시眼施이며 호의를 담아서 부드럽고 편안한 눈빛으로 남을 보는 것을 이른다.

다섯째는 신시身施로 몸으로 남을 돕는 것을 말한다. 여섯째는 좌시座施이며 다른 사람에게 나의 자리를 내주어 양보하는 것이다. 일곱째는 찰시察施이다. 굳이 묻지 않고 상대의 속을 헤아려 알아서 도와주는 것을 말한다. 네가 이 일곱 가지를 몸소 행하여 습관이 붙으면 너에게 행운이 따르리라."

이것이 잡보장경雜寶藏經이라는 불경에 나오는 '무재칠시無財七施'이다. 우리는 물질이 아닌 언행만으로도 누구나 많은 것을 베풀 수 있는 것이다. 베풂이 가진 자만이 행할 수 있는 선행이 아니라 누구나 마음만 먹으면 행할 수 있는 선행이라는 사실을 기억해야 할 것이다.

맹자孟子의 사단四端인 남을 측은히 여기는 측은지심惻隱之心, 세상살이를 하며 부끄러워할 줄 아는 수오지심羞惡之心, 사양할 줄 알고 늘 겸손한 태도를 갖는 사양지심辭讓之心, 옳고 그름을 잘 분별할 줄 아는 시비지심是非之心이 필요한 시대이다. 이 시대 품격 있는 삶을 꿈꾸는 우리가 채워 가야 할 마음이다.

1985년 11월 14일 오후 5시경 전제용 선장이 이끄는 참치 원양 어선 광명 87호는 SOS를 외치는 조그만 난파선을 발견한다. 그들은 베트남 보트 피플이었다. 보트 피플Boat People이란 월남전의 패망으로 공산화가 된 베트남에서 보트로 탈출한 난민을 일컫는 말로 인접국의 입국 거부와 강제 송환 등 당시 국제적으로 문제가 되었던 사람들이다.

전 선장은 해가 수평선으로 기울고 있고 파고는 3~4미터나 되는 좋지 않은 날씨에 300~400미터 떨어진 곳에 보트 피플을 발견한 것이다. 보트 피플은 구멍 난 작은 나룻배에 의지한 채 망망대해를 표류 중이었다. 그들 곁에 무려 25척의 선박이 지나갔지만 어느 한 척도 그들에게 구원의 손길을 내밀지 않았다. 이미 보트 피플의 존재는 널리 알려진 사실이었고 출항 시부터 회사의 방침은 관여치 말라는 것이었다.

전 선장은 그들을 본 후 회사의 지침과 양심 사이에서 깊은 고민에 빠졌다. 점점 멀어지는 보트 피플을 보며 죽음으로 향해 가는 그들의 외침에 바로 뱃머리를 돌렸다. 10여 명 정도로 생각했는데 올라온 보트 피플은 96명이나 되었다. 그들은 사흘을 굶은 데다 부상자와 임산부까지 있었다.

전 선장은 구조 소식을 회사에 알리고 부산항까지 가는 동안 열흘을 이들과 함께 버텼다. 회사에서는 '무인도로 보내라' 등 강압적인 지시가 내려왔지만 모든 책임을 각오하고 끝까지 그들을 지켰다. 전 선장과 선원들은 자신들의 침실을 내어 주며 치료하고 보살펴 주었다.

선원 25명의 열흘 식량과 생수로 120여 명이 열흘을 버텼지만 식량이 떨어지자 전 선장은 "우리가 잡은 참치가 많으니 안심하세요."라며 그들을 안심시키고 위로했다.

드디어 부산항에 도착한 보트 피플은 난민소에서 1년 반을 지냈으며 전 선장과 격리되었고 면회 금지 명령이 내려졌다. 그 뒤 부산 난민 수용소에서 1년을 대기하던 난민들은 미국이나 프랑스 호주 등 제3국에 정착해 살게 되었다.

하지만 전 선장은 부산항에 도착한 즉시 해고 통보를 받았으며 난민 구출을 이유로 당국에 불려가 강도 높은 조사까지 받았던 것이다. 그 후 여러 선박 회사에 이력서를 넣었으나 한 군데도 연락을 못받았던 그는 고향인 통영에서 멍게 양식업을 하며 생계를 유지하고 있다.

전제용 선장은 "보트 피플을 구조할 때 저는 저의 미래와 경력까지 희생해야 한다는 것을 알고 있었습니다. 그러나 지금까지 저는 96명의 생명을 살린 저의 선택을 한 번도 후회한 적이 없습니다."라고 말했다.

전 선장은 UN의 노벨 평화상이라 불리는 '난센상Nansen Award' 후보에 올랐다. 그를 추천한 사람은 한국인이 아닌 그가 구해 준 보트 피플을 포함한 외국인들이었다. 난센상은 국제적인 난민 구호 및 원조에 기여한 개인이나 단체에게 주는 유엔 최고의 상으로 미국 프랭클린 루즈벨트 대통령 영부인 엘리너 루즈벨트Anna Eleanor Roosevelt, 스페인 국왕 후안 카를로스Juan Carlos, 테너 루치아노 파바로티Luciano Pavarotti 등이 받은 영예로운 상이다.

한국인으로서는 최초로 전제용 선장이 최종 후보에 오른 것이다. 수상자로 선정되지는 못했지만 자신의 모든 것을 버리고 타인의 생명을 구한 그가 바로 진정한 품격을 갖춘 사람이며 이 시대의 영웅으로 영원히 잊히지 않을 것이다.

다람쥐는 양식을 비축하기 위해 도토리를 주우면 하나는 먹고 하나는 땅 속에 묻어 둔다. 그런데 건망증이 심한 다람쥐는 도토리를 어디에다 묻어 두었는지를 기억하지 못한다. 그래서 다람쥐가 묻어 두었던 도토리가 싹을 틔워 숲을 푸르게 한다.

우리도 다람쥐처럼 누군가에게 베풀었던 모든 것을 그냥 잊어버리자. 그러면 훗날 그 따뜻함이 나에게 뜻밖의 행운으로 돌아올 수도 있으니까 말이다. 그리고 돌아오지 않더라도 내가 베풀었던 무엇으로 행복해하는 누군가를 생각하며 행복해하자. 그게 바로 잘 사는 인생이다.

인생
전략 | 남을 다스리기 전에
나를 다스려라

1
인생 성공의 핵심은
시간 경영이다

미래학자 앨빈 토플러Alvin Toffler는 시간, 지식, 공간이 미래의 부를 결정짓는 기반이 되고 다른 사람보다 느린 속도, 과거의 진부한 지식, 공간 활용의 부족을 극복해내는 자가 미래의 부를 차지할 수 있다고 했다. 이 세 가지 중에서 가장 중요한 것은 바로 시간이다.

우리는 왜 사는가가 아니라 어떻게 살 것인가를 생각해야 한다. 그것이 바로 시간 경영이다.

인생 성공은 자기 경영에 있고 자기 경영의 핵심은 시간 경영에 있다. 좋은 습관을 길들이고 성공을 위한 목표를 세우는 것도 결국은 시간을 잘 경영해야 성공할 수 있는 것이다.

한 방송사의「독한 인생 서민 갑부」라는 프로그램은 자신의 삶을 실패에서 성공으로 바꾼 사람들의 이야기를 다룬다. 어느 누구도 게

으르거나 시간을 허비하는 사람은 없었다. 결국 실패를 딛고 성공할 수 있는 비결도 시간 경영이었다.

사람은 적당함의 함정에 빠지기 쉽다. 적당히 게으르고 싶고 적당히 편하고 싶어 결국은 '적당히'의 틈 사이로 시간은 서서히 빠져나간다. 빠져나간 시간과 함께 성공의 가능성도 점점 사라진다.

빌 게이츠Bill Gates가 "1980년대는 질의 시대, 1990년대는 리엔지니어링의 시대, 2000년대는 속도의 시대가 될 것이다."라고 예견한 대로 되어가고 있다. 그는 "큰 것이 작은 것을 잡아먹는 것이 아니라 빠른 것이 느린 것을 잡아먹는다."라고 했다.

세상은 속도의 전쟁이고 시간과의 전쟁이다. 우리는 신호등에서 기다리는 시간, 엘리베이터 앞에서 기다리는 시간, 주문한 커피를 기다리는 짧은 시간에도 인생을 결정할 수 있는 생각과 행동을 할 수 있다. 우리는 순간의 생각과 행동으로 수많은 변화의 기회를 만들어 낼 수 있으므로 짧은 시간도 쉽게 생각해서는 안 될 것이다.

미국의 20대 대통령 제임스 가필드James A. Garfield가 "10분이 내 인생을 바꿨다."라는 유명한 어록을 남겼다. 그는 대학 시절 모든 과목이 수석이었지만 수학만 2등이었다.

그래서 라이벌 친구의 비결을 알아내기 위해 온종일 기숙사의 친구 방 앞에서 지켜보다 이유를 밝혀냈다. 그 이유는 자신보다 10분 늦게 자는 것이었다. 제임스 가필드 대통령은 다음 날부터 라이벌 친구보다 10분 더 늦게 자서 이길 수 있었다.

사람에게 누구나 평등하게 주어지는 것이 시간이다. 시간은 인생을 구성하는 중요한 구성 재료이다. 똑같이 출발한 두 사람이 세월이 흐른 뒤 시간을 어떻게 사용하느냐에 따라 성공과 실패의 거리가 정해진다. 하지만 그 거리는 좀처럼 가까워질 수 없으므로 후회하기 전에 시간을 잘 활용해야 한다.

오래전 '지금 흘리는 땀방울이 10년 후 나의 명함이 됩니다'라는 광고 카피가 지금까지 기억 속에 남아 있다. 그 시절 꿈을 향해 열심히 달리던 청년들에게 도전과 희망의 메시지로 다가온 가장 기억에 남는 광고 중에 하나이다. 현재 시간 관리를 어떻게 하느냐에 따라 10년 후 나의 삶이 결정되는 것이다.

시간 관리 전문가 하이럼 W. 스미스Hyrum W. Smith는 저서 『성공하는 시간 관리와 인생 관리를 위한 10가지 자연법칙』에서 다양한 직업과 부류의 사람들이 가장 많이 꼽는 시간을 낭비하는 시간 도둑 5가지를 순위로 정했다.

1위는 방해에 의한 중단, 2위 뒤로 미루기, 3위 우선순위의 변경, 4위 엉성한 계획, 5위 대답 기다리기의 순이었다.

중요한 무언가를 계획하고 실행하는 과정 동안 생각지도 못했던 방해 요소들이 등장한다. 때로는 그냥 포기하고 싶거나 하고 싶지 않은 마음이 들 정도로 그 방해들도 만만치 않다. 그 일들이 중요하고 힘든 일일수록 방해의 강도는 심해진다.

하지만 그 많은 방해 요소들을 잠재우고 계획된 일들을 이루고 나면 성취감과 함께 제법 단단해진 나를 발견하게 된다. 시간을 잘 관리하기 위해서는 시간을 방해하는 요소들을 잠재울 수 있는 의지와 인내가 필요하다.

링컨Abraham Lincoln대통령이 "장작을 패는 데 쓸 수 있는 시간이 8시간이라면 나는 그중 6시간을 도끼날을 세우는 데 쓸 것이다."라고 말했다. 시간을 어떻게 계획하고 활용하느냐는 성공의 열쇠이다. 계획에 실패하면 실패를 계획한 것이나 다름없다.

미국의 작가인 제임스 보트킨James W. Botkin이 성공한 사람들의 시간 사용 패턴을 분석하는 과정에서 15 대 4의 법칙을 찾아냈다. 무엇을 시작하기 전에 15분 동안 무엇을 할 것인지 생각하면 나중에 4시간을 절약할 수 있다는 법칙이다.

그러므로 하루를 시작하기 전 제일 먼저 해야 할 일은 오늘 할 일들을 머릿속으로 생각하는 것이다. 중요도와 우선순위에 따라 하루를 계획해서 일을 처리하면 훨씬 효율적으로 시간을 활용할 수 있다.

우리는 시간을 잘 활용하지 못하면 좋지 못한 습관의 힘에 지배된다. 시간 관리는 습관에 따라 달라진다. 미국의 미래 예측 전문지 『퓨처리스트』에서 성공한 학자들에게 '성공하기 위해서는 청춘에 무엇을 해야 하는가 그리고 어떤 사람들이 성공 했는가'라는 설문 조사를 했다. 그 결과 첫 번째 비결은 좋은 습관을 가져야 한다고 답했다.

실패하는 사람은 실패하는 습관을 가지고 있으며 성공하는 사람은 성공하는 습관을 가지고 있다. 결국 성공의 비결은 습관에서 비롯된다.

습관Habit이라는 단어는 원래 의복과 옷감을 의미했다. 즉 인격이 입고 있는 의복이다. 옷도 자신의 몸에 딱 맞아야 꾸준히 입을 수 있듯이 습관도 자신에게 딱 들어맞기 때문에 계속 반복되는 것이다.

습관은 처음 시작될 때는 보이지 않는 얇은 실과 같지만 반복할 때마다 두꺼워져 결국 자신의 모든 생각과 행동을 묶는 거대한 밧줄이 되어 꼼짝할 수 없게 만든다.

사람이 하는 행동의 95%는 습관적인 것이다. 심리학과 성공학 분야의 가장 중요한 발견 중의 하나가 느끼고 생각하고 행동하고 성취하는 모든 것의 95%가 습관의 결과라는 사실이다.

우리는 습관의 주인이지만 습관의 종이 되기도 한다. 인간의 천성은 서로 비슷하지만 습관에 의해서 완전하게 달라진다.

심리학에서는 습관으로 자리 잡기 위해서는 21일간의 연습이 필요하다고 한다. 보통 성인들은 뇌에 새로운 습관을 만들려면 14일에서 21일 정도가 필요하기 때문이다. 무슨 일이든 21일 동안만 꾸준히 하면 습관이 된다. 그러므로 좋지 못한 습관을 바꾸고 싶다면 일단 21일 동안 좋은 습관을 꾸준히 실행하다 보면 점차 바뀔 수 있는 것이다.

미국에서 한 소년이 길을 가다 5달러를 주웠다. 소년은 너무 기쁜 나머지 그 뒤부터는 땅만 보고 다녔다. 그러다 땅에서 주운 것들을 모으는 취미가 습관이 되었다. 그래서 평생 주워 모은 것이 동전 25,100개, 단추 29,519개, 시계 1,050개, 볼펜 1,100개, 머리핀 54,172개 등이었다.

인도와 태국에 가면 작은 기둥에 가는 쇠사슬에 묶여 있는 1,000킬로그램이 넘는 코끼리들을 쉽게 볼 수 있다. 사육사들은 어린 코끼리를 키울 때 쇠사슬로 묶어 아무리 힘을 써도 벗어날 수 없게 만들어서 사육을 한다. 그러면 그 코끼리가 1,000킬로그램의 거구가 되었을 때도 영원히 쇠사슬을 끊어버릴 수 없다고 인식하기 때문에 쇠사슬을 끊어버릴 생각조차 하지 못한다. 그래서 사육사들은 코끼리가 쇠사슬을 벗어날 것이라는 걱정을 하지 않는다.

우리도 자신이 습관이라는 쇠사슬에 묶여 있다는 것조차도 느끼지 못한다. 그래서 습관의 쇠사슬에서 벗어날 수 있음에도 불구하고 벗어나려는 시도조차 하지 않는 것이 문제인 것이다.

좋지 않은 습관에서 벗어나려는 시도를 하지 않으면 현재의 상태에서 벗어날 수 없다. 한 번 길들여진 습관은 쉽게 바꾸기 어렵기 때문에 무엇보다도 좋지 못한 습관에서 벗어나려는 자신의 강한 의지가 필요하다.

사람들은 돈을 시간보다 더 소중히 여긴다. 시간을 놓치면 돈으로도 살 수 없지만 놓친 돈은 시간을 투자하면 벌 수 있는 것이다. 사람들은 돈을 잃어버리거나 사기를 당하면 인생을 포기하는 사람도 있고 목숨을 포기하는 사람도 있다.

그러나 시간을 도둑맞으면(불필요한 시간이나 의미 없이 보내는 시간) 인생이나 목숨을 포기하지 않는다. 많은 사람은 스스로 자책도 하지 않는다. 시간을 헛되이 보내도 당장 잃는 것이 없다고 느끼기 때문이다. 하지만 몇 년 후 헛되이 보낸 시간의 결과는 한 치의 오차도 없이 나의 인생으로 돌아올 것이다. 인생의 가장 중요한 때는 바로 지금이다. 지금 난 어떻게 살고 있는가.

모든 순간이 꽃봉오리인 것을 －정현종－

나는 가끔 후회한다
그때 그 일이
노다지였을지도 모르는데…
그때 그 사람이
그때 그 물건이
노다지였을지도 모르는데…

더 열심히 파고들고
더 열심히 말을 걸고
더 열심히 귀 기울이고
더 열심히 사랑할 걸…

반벙어리처럼

귀머거리처럼

보내지는 않았는가

우두커니처럼…

더 열심히 그 순간을 사랑할 것을…

모든 순간이 다 꽃봉오리인 것을

내 열심에 따라 피어날 꽃봉오리인 것을!

2

빈 가방은
똑바로 설 수 없다

이순신 장군은 전쟁 중에도 『손자병법』, 『오자병법』 등 많은 책을 읽었고 『난중일기』까지 썼다. 나폴레옹도 이집트 원정 때 1,000여 권의 책을 가지고 전장에 가기도 했다. 나폴레옹은 "위대한 행동은 우연과 행운이 만들어 낸 작품이 아니라 철저한 전략과 천재성에서 나오는 것이다."라고 했다.

인생의 성공도 철저한 전략과 지혜에서 비롯되는 것이다. 그래서 독서와 수많은 인생 경험이 필요하다. 만 권의 책을 읽고 만 리 길을 다녀야만 세상을 바라볼 수 있는 눈이 생긴다는 옛말이 있다. 눈과 귀와 발로 배운 지식이야말로 참 지식이다.

사람은 30세 이전에 들었던 음악을 듣고 30세 이전에 먹었던 음식을 주로 먹고 좋아한다. 그래서 특히 30세 이전에 많은 경험이 필요하다.

인생을 잘 살기 위해서는 지혜로운 사람이 되어야 한다. 지혜는 하루아침에 얻을 수 있는 것이 아니기 때문에 끊임없는 노력과 경험이 필요하다. 다양한 경험을 쌓아놓아야 인생의 위기와 기회 앞에서 보다 지혜롭고 현명한 판단을 할 수 있는 눈을 가질 수 있다.

지혜란 지식과 사고의 결합으로 한 단계 숙성된 것이다. 지식과 경험이 많을수록 지혜의 창고가 쌓여가는 것이다. 참된 지식은 기억에 의해서가 아니라 사색에 의해서 얻어지는 것이다.

그래서 책도 생각하며 읽어야 지혜의 재료가 되는 것이다. 독서와 함께 사색이 필요하다. 우리에게 가장 필요한 책은 자신으로 하여금 가장 많이 생각하게 하는 책이다.

공자는 "배우기만 하고 깊은 생각이 없다면 깨닫지 못하고, 배우지 않고 멋대로 생각에 잠기면 위태롭게 된다."라고 했다.

인생은 수없는 선택의 연속이다. 그 선택에 따라 인생은 하늘과 땅의 차이만큼 벌어질 수 있다. 그래서 우리는 선택 앞에서 수많은 고민과 갈등을 한다. 지혜롭고 현명한 판단에 있어 독서는 인생의 나침반이다. 그저 지식 습득이 아닌 다른 사람의 간접 경험을 통해 인생을 경험하고 느끼고 생각하게 하는 연습을 하는 것이다. 더불어 지식과 지혜를 키울 수 있는 최고의 자산을 만들어 가는 것이다.

『뉴욕 타임즈』는 '성공한 CEO들의 비결은 다름 아닌 서재에 있다'는 기사를 실은 적이 있다. 주변에서도 존경받고 성공한 사람들의 공통적인 특징을 살펴보면 모두 독서를 게을리하지 않는다는 사실이다.

남의 경험과 고생한 것을 가지고 쉽게 자기 발전을 이룰 수 있는 것이 바로 책이다. 인생의 많은 변화를 위해서는 먼저 많은 것을 받아들여야 하기 때문에 독서를 해야 한다. 책을 읽는 습관은 인생의 모든 불행으로부터 스스로를 지킬 피난처를 만드는 것이다.

서울의 한 금융 회사에는 사무실 내에 만여 권의 책이 비치되어 있어 근무 중이나 아무 때나 독서를 할 수 있다. 또한 독서 동아리를 만들어 독서 토론도 한다. 독서가 업무 향상에 도움이 된다는 것을 알기 때문이다.

다산 정약용은 유배 생활 20년 동안 복사뼈가 세 번이나 구멍이 날 정도로 학문에 힘써 이를 두고 '과골삼천踝骨三穿'이라 했다. 그가 집필한 책은 무려 500여 권이나 되었다.

빌 게이츠Bill Gates는 어려서부터 아버지 서재에서 책 읽기를 좋아했다. 일곱 살 때 『세계대백과사전』이 가장 즐겨보던 책이었다. 성장 후에도 많은 책을 읽고 휴가 때에도 항상 책을 가지고 떠날 만큼 지식과 정보 습득을 게을리하지 않았다. 이러한 평생 학습은 빌 게이츠가 큰 성공을 거둔 비법이 된 것이다.

어린 시절 어린이들의 우상이었던 뽀빠이 이상용 씨는 70세가 넘은 나이에도 각종 강연과 사회 활동으로 바쁜 삶을 살고 있다. 그는 하루 2권의 독서량을 자랑하며 아이디어 노트만 150권이라고 한다. 그가 지금까지 성공을 유지할 수 있는 비결이 독서인 것이다.

중국 알리바바 그룹의 마윈馬雲 회장은 "책을 많이 읽는다고 해서 성공하는 것은 아니다. 다만 성공한 후에 독서를 게을리한다면 이것은 큰 문제가 된다."라고 말한다. 독서는 성공을 위해서도 그리고 그 성공을 유지하기 위해서도 필요한 자기계발이다.

나는 한 대기업 임원의 한 달 독서량이 20권이라는 말을 듣고 바쁜 일정 속에서도 가능할지 의문이었다. 그래서 나도 20권을 목표로 세우고 시도를 해보았다. 쉽지 않았지만 가능한 일이었다. 하지만 시간 경영과 본인의 의지가 필요했다. 매일 바쁜 일정 속에서도 변함없이 자기계발을 꾸준히 한다는 것은 강한 신념 없이는 불가능한 것이다.

폴 하비Paul Harvey가 "눈을 감은 사람은 손이 미치는 곳까지가 그의 세계요, 무지한 사람은 그가 아는 것까지가 그의 세계요, 위대한 사람은 그의 비전이 미치는 곳까지가 그의 세계다."라고 했다.

사람은 아는 만큼 보인다. 한 사람의 세계는 그가 가지고 있는 정보의 크기 만큼이다. 그래서 보인 만큼만 생각하고 행동한다. 그 행동의 결과가 바로 성과이다. 정보가 부족하면 그 사람이 생각하고 행동할 수 있는 세계가 작을 수밖에 없다. 우물 안의 개구리가 되어서는 성공의 가능성은 작아진다.

그래서 우리는 독서를 통해 많은 것을 느끼고 새로운 지식을 쌓고 다양한 간접 경험들을 함으로써 시야를 조금씩 넓혀 갈 수 있는 것이다. 그 넓은 시야로 세상의 흐름을 보고 내 인생의 전체를 볼 수 있다면 결코 시대에 뒤떨어지는 인생을 살지 않을 것이다.

중국 춘추시대 초나라 때 한 검객이 양쯔강을 건너기 위해 배에 탔다. 그런데 실수로 칼을 강물에 빠뜨리고 말았다. 칼은 강물 속으로 가라앉아 버렸다. 배 안에 모든 사람들이 안타까워하고 있을 때 그는 자신의 허리춤에 차고 있던 단검을 뽑아 뱃전에 표시해 두었다.

사람들이 그의 행동에 어리둥절해 그 이유를 묻자 그는 "내가 아끼던 칼이 여기서 떨어졌으니 표시를 해두어야 나중에 찾을 것 아니오."라며 느긋해했다.

이윽고 배가 강기슭에 도착하자 그는 물에 들어가 표시해둔 뱃전에서 칼을 찾기 시작했다. 하지만 칼을 찾을 리 만무했다. 사람들은 손가락질하며 비웃었지만 그는 물속을 헤매며 칼을 찾느라 여념이 없었다. 이 이야기는 여씨 춘추에서 유래한 고사성어 각주구검刻舟求劍이다.

우리는 세상의 변화 속도에 따라가기 위해서는 끊임없는 지식과 정보를 습득하고 자기계발이 뒷받침되어야 한다. 과거의 지식과 고정관념을 버리고 새로운 정보와 지식으로 무장되었을 때 초스피드한 세상의 발전 속도에 따라갈 수가 있다.

『논어』에 '농사를 지어도 굶주릴 수 있지만 배우고 익히면 저절로 녹을 얻을 수 있게 된다'고 했다. 재물로 지식을 살 수는 없어도 지식으로 재물을 얻을 수는 있다. 재물을 지킬 수 있는 것도 지식과 지혜가 필요하다.

대부분의 사람은 많은 재물을 얻고 나면 그 재물을 끝까지 지킬 수 있을 거란 생각 때문에 자만에 빠지게 된다. 그리고 부족한 지식과 지혜 때문에 하루아침에 재산을 잃을 수도 있다. 인생의 경험과 지혜가 부족할 때는 재물을 끝까지 지킬 수 있을 가능성도 작아진다.

팽이는 끊임없이 회전할 때 똑바로 설 수 있다. 마찬가지로 우리도 끊임없는 자기계발 없이는 똑바로 설 수 없다는 것을 기억해야 한다.

『아웃라이어』의 저자 말콤 글래드웰Malcolm Gladwell은 위대한 아웃라이어가 되기 위해서는 1만 시간과 싸울 수 있어야 한다고 말한다. 1만 시간은 하루 3시간씩 10년 동안 집중할 수 있는 시간이다. 10년 동안 꾸준히 자기계발을 할 수 있는 사람이라면 어떠한 상황과 어떠한 일에서도 반드시 성과를 낼 수 있을 것이다.

한 신문에 '입사 동기끼리 10년 후 연봉이 3배 차이가 났다'는 기사가 난 적이 있다. 그것은 자기계발에 대한 투자의 결과일 것이다. 하루 3시간이 당장은 드러나지 않지만 10년 후에는 그 간격을 좁힐 수 없을 만큼 차이가 큰 것이다.

투자 자문가 로버트 앨런Robert G. Allen의 『수입 원천의 다각화』에서 소개한 이야기이다.

한 공장 주인이 매우 중요한 장비인 기계가 멈춰 수리공을 불렀다. 수리공은 기계를 샅샅이 살펴보며 문제점을 찾기 시작했다.

몇 분 후 수리공은 망치를 빼어들어 기계를 두어 번 내리쳤다. 그런 다음 뒤로 물러나 기계를 예의 주시했다. 기계는 즉각 가동하기 시작했다. 수리공은 공장주에게 "수리비는 500달러입니다."라고 말했다. 그러자 화가 난 공장주는 한 일도 없이 엄청난 수리비를 요구한다며 수리비 내역 명세서를 요구했다. 수리공은 '망치를 두드린 수고비: 1달러, 어디를 두드릴지 아는 데 소요된 지식 사용료: 499달러, 총 500달러'가 적힌 명세서를 전달했다.

인생도 어떻게 살아야 할지를 아는 것이 중요하다. 무엇을 하느냐보다 어떻게 살아야 하는지를 아는 사람이 성공할 수 있기 때문이다.

공자는 학문을 하는 것은 산을 만드는 것과 같다고 했다. 어떤 산은 작은 동네 앞산이 되지만 어떤 산은 누구나 우러러 보는 태산이 된다. 태산은 한 줌의 흙도 마다하지 않고 받아들였기 때문에 태산이 되는 것이다.

우리의 인생도 마찬가지이다. 이 세상에서 가장 현명한 사람은 모든 사람에게서 배우는 사람이다. 세 살짜리한테서도 배울 게 있다는 조상들의 말처럼 나보다 어리고 부족한 사람에게서도 많은 것을 배우고 깨달을 수 있다. 항상 모든 사람에게서 배우는 자세가 나를 더 발전시킬 수 있는 인생의 지혜인 것이다.

중국 본토에서 패주하고 대만에 온 장제스의 군대가 처음으로 꼭지만 틀면 물이 쏟아지는 수도 장치를 보고 놀라 수도꼭지를 사다가 벽에 박고 틀었다. 하지만 물 한 방울 나오지 않자 장사꾼에게 속았다고 생각해 수도꼭지를 산 가게에 가서 총질을 한 사건이 벌어졌다.

수도관과 수원지가 연결되지 않은 수도꼭지가 물이 나올 리 없지 않겠는가. 성공도 마찬가지이다. 지식과 지혜가 연결되지 않은 인생은 성공이라는 성과를 얻을 수 없을 것이다.

3
모든 100은
1부터 시작이다

송나라의 한 농부가 논에다 벼를 심고 언제 벼 이삭이 달릴까 안달이 나서 날마다 논에 나가 벼를 살펴봐도 벼가 자라는 것 같지 않았다. 그러던 어느 날 농부는 논에 들어가 벼 포기를 하나하나 조금씩 뽑아 올렸다.

조장助長을 하고 돌아온 농부는 가족들에게 자랑삼아 말했다. 놀란 가족들이 다음 날 날이 밝자마자 논에 가 보니 밤사이 벼들이 모두 축 쳐져 시들어 있었다.

세상의 모든 일은 순리가 있다. 한 알의 과일, 한 송이의 꽃도 금방 열리지 않듯 이 세상 어떠한 일도 갑자기 이루어지는 것은 없다. 그러므로 인생의 열매도 노력하지 않고 조급하게 기다리는 것은 잘못된 것이다. 순리대로 기다려야 한다. 모든 일은 1부터 시작이기 때문이다.

먼 곳을 가려면 반드시 가까운 곳에서부터 시작해야 하고 높은 곳을 오르려면 반드시 낮은 곳에서부터 시작해야 한다.

오래전 지인들과 강원도로 스키 여행을 떠났다. 초보인 나는 스키 강습을 받고 나서 타야 하는데 도착하니 스키 강습이 막 끝나서 몇 시간을 기다려야 했다. 그때 지인들은 나에게 운동신경이 있으니 그냥 타도 된다며 10분 이내의 간단한 강습으로 초보 과정은 끝났다.

나 역시 빨리 리프트를 타고 멋지게 슬로프를 내려오고 싶은 욕심에 바로 리프트에 올랐다. 그런데 리프트에서 내리는 순간 나의 모든 환상은 깨져버렸다. 초급자 슬로프였지만 나는 넘어지기를 반복하였고 넘어지는 법과 일어나는 법을 배우고 익혀야 했는데 그 중요한 과정을 생략했으니 스키를 타러 온 것이 아니라 넘어지고 다치기 위해 온 사람이 되어 버린 것이다.

그렇게 새하얀 눈 위에서 전쟁을 치러야 했다. 그래서 그때 모든 일은 1부터 시작해야 한다는 진리를 깨닫는 계기가 되었다.

『탈무드』에도 '바다를 단번에 만들려 해서는 안 된다. 우선 냇물부터 만들어야 한다'고 했다.

큰일은 결코 단번에 이루어지는 것이 아니라 아주 작고 사소한 일들이 차곡차곡 쌓여 이루어지는 것이다. 인생도 아주 사소한 것이 모여 이루어지고 큰일도 아주 작은 것부터 시작해야 성공하는 것이다.

사람의 심리는 한 번에 원하는 것을 얻고 싶은 마음 때문에 주변의 유혹에 쉽게 넘어간다. 한 번에 쉽게 얻는 것은 반드시 그에 상응하는 대가를 치르게 된다. 한 번에 큰돈을 벌고 싶어 크게 사업을 시작하면 실패할 확률이 높다. 빠른 시간에 성공하고자 하는 사람도 그 뜻을 이루기가 어렵다. 자기 스스로 느끼고 부딪혀가며 하나하나 깨달아 한 단계 한 단계 밟아서 정상까지 가는 사람만이 목적을 이룰 수 있다. 그래서 사소한 작은 것부터 차근차근 최선을 다했을 때 정상에 우뚝 설 수 있는 것이다.

어느 날 후배가 강남에 스킨케어 숍을 오픈한다고 놀러오라는 것이다. 나는 걱정부터 앞섰다. 그래서 후배에게 물었다. 네가 직접 스킨케어를 고객들에게 해줄 수 있느냐고 물었더니 "전 아무것도 몰라요."라고 말한다. 직원들이 잘하니 자신은 잘 못해도 된다는 식인 것이다.

나는 네가 할 줄 알아야 직원들도 시킬 수 있고 문제점이 무엇인지도 찾을 수 있으니 당장 오픈하지 말고 단 1년이라도 다른 곳에서 배우고 경험을 쌓은 다음 오픈하라고 했다. 지금 시작하면 실패할 확률이 높다고 조언했다. 하지만 후배는 많은 비용을 들여 인테리어를 하고 투자를 제법한 모양이었다. 모든 준비가 끝나서 오픈을 안할 수도 없는 상황이었다.

후배는 투자를 많이 했으니 당연히 많은 돈을 벌 수 있을 거라는 착각 속에서 자신의 계획대로 오픈을 했다. 그리고 한동안 연락이 끊겨 2년이라는 시간이 흘러 후배를 만났다.

제일 먼저 한 말은 나의 말이 맞다며 한숨 섞인 하소연을 했다. 제일 기본적인 것부터 배워서 경험을 쌓은 다음에 오픈할 것을 아무 것도 모른 상태에서 급하게 욕심대로 시작했더니 실패했다며 지난 시간을 후회하였다. 물론 많은 금전적 손실과 더불어 직원으로부터 사기까지 당한 것이다. 아무것도 모르는 사장이 우스운 것이다. 후 배는 이제야 모든 일은 1부터 시작이라는 진리를 깨달은 것이다.

성공이 어려운 이유는 작은 것부터 하나하나 노력해야 하고 많은 시간이 필요하기 때문이다. 그래서 그 긴 시간을 인내하지 못하는 사람은 중간에 포기하거나 한 방에 무엇이든 얻으려는 허황된 꿈 때 문에 결국은 낙오자가 될 수밖에 없는 것이다.

잭 웰치Jack Welch가 "별 볼 일 없는 일이라고 해서 노력할 만한 가 치가 없는 사소한 일 따위는 없다. 마찬가지로 최선을 다해도 이룰 수 없을 만큼 커다란 일도 없다."라고 했다. 성공을 꿈꾼다면 남들이 신경 쓰지 않는 아주 작고 사소한 일부터 시작해야 이룰 수 있다.

가장 빨리 성공하는 방법은 1부터 시작하는 것이다. 그리고 그 성 공은 사시사철 푸르른 상록수처럼 변함없이 나와 함께할 것이다.

4
성공과 실패는
언제나 디테일에서 비롯된다

드라마 「미생」의 열풍이 뜨거웠었다. 그 성공의 원인을 분석하면 김원석 PD의 디테일의 힘이었다. 드라마 촬영 장소로 자주 등장하는 사무실은 마치 실제 직장인들이 쓰는 사무실을 그대로 옮겨놓은 듯 현장감이 넘치는 세팅이 눈길을 끈다.

컴퓨터 모니터 안의 문서나 책상에 꽂혀 있는 서류 파일들은 실제 등장인물들의 담당 업무에 맞게 세세히 준비한다. 촬영 때마다 컴퓨터나 서류의 내용이 바뀌고 그 내용 또한 실제 업무에 사용되는 내용들로 글자 한 자까지 모두 철저히 준비가 되어야 촬영에 들어간다고 한다. 사실 화면에는 서류 내용이 거의 잡히지 않는 데도 보이지 않는 곳까지 철저히 준비한다.

이렇게 실제 직장인들의 사무실을 그대로 옮겨 놓은 듯한 곳에서 연기하는 배우들은 몰입도나 연기력이 더 살아날 수밖에 없는 것이다.

김원석 PD의 드라마가 성공할 수밖에 없는 이유는 화면에 보이지 않는 서류의 글자 하나까지도 세세하게 준비하고 체크하는 바로 디테일의 힘이었다.

왕중추汪中求는 『디테일의 힘』에서 "디테일의 방정식은 100-1=0이다. 100가지 중 1가지의 실수로 모든 것이 무너질 수 있다. 1%의 실수가 100%의 실패를 부를 수 있다."라고 말한다.

그래서 고객 만족을 실현하는 서비스 업계에서는 작고 사소한 것을 어느 정도 중요하게 다루느냐에 따라 성패가 나뉘게 된다. 마찬가지로 기업들도 제품의 디테일에 어느 정도 신경을 쓰느냐에 따라 성공 여부가 달려있다.

내가 즐겨 사용하는 화장품 회사는 화장품을 구입하면 날짜를 기입할 수 있는 예쁜 스티커를 담아준다. 천연 방부제이다 보니 개봉하면 6개월 이내에 사용을 해야 하는데 보통 여러 종류의 화장품 개봉 날짜를 정확히 기억하지 못한다. 기억에 의존하다 보면 기한이 지난 화장품을 사용하는 경우도 있다. 그러한 고객들의 불편함을 아는 회사가 스티커 하나로 고객의 불편함과 피부 관리에 정성을 다한 것이다. 바로 디테일에 신경을 쓴 결과이다.

얼마 전에는 해외 출장으로 1회용 화장품 1주일분을 요청했더니 2주일분을 보내주었다. 같이 간 일행과 함께 사용하라는 작은 배려인 것이다. 그래서 나는 그러한 작고 사소한 것도 소홀하지 않는 이 화장품 회사의 오랜 시간 충성 고객이다.

반대의 경우도 있다. 얼마 전 구입한 올리브유는 기름을 사용하고 나면 병 주변에 기름이 흘러 있어 사용이 불편하였다. 기름 흘림 방지가 되지 않는 뚜껑인 것이다. 마음속으로 '도대체 사용을 제대로 해보고 판매를 한 건가'라며 나도 모르게 불만이 나왔다. 당연히 다음번에는 구입하지 않을 거라는 각오와 함께 말이다. 이 올리브유 회사는 디테일을 무시한 결과이다. 디테일의 방정식에 적용하면 뚜껑 한 가지의 불만으로 만족도 0점인 것이다.

옛 성현들은 "눈은 큰 곳을 바라보되 손은 작은 곳에 두라."라고 했다. 목표가 클수록 디테일에 신경을 써야 한다. 천 리 둑도 개미구멍에 무너지고 깃털 같은 눈송이도 쌓이면 지붕을 가라앉히듯 우리의 삶은 하찮고 작은 것이 커다란 것을 일궈내기도 하고 무너뜨리기도 한다.

경영의 신인 마쓰시타 고노스케Matsushita Konosuke는 "큰일과 작은 일 모두 내가 직접 하지만 크지도 작지도 않은 일은 다른 사람에게 맡긴다."라고 했다.

보통 많은 사람들은 복잡하고 힘든 일일수록 사소하고 작은 일들을 마구잡이로 가지치기하다가 결국 커다란 실패를 맛보게 된다. 불행은 사소한 것을 무시했을 때 찾아오고 행복은 사소한 것을 소중하게 했을 때 찾아오는 법이다.

등자鐙字는 사람이 말에 오를 때 딛는 발판이다. 옛날에는 말 왼쪽에만 있었는데 누군가 오른쪽에도 등자를 하나 더 달아 등자의 의미가 달라졌다. 말을 올라타기 위한 도구에서 말 위에서도 등자를 딛고 활을 쏘고 칼을 휘두르며 달릴 수 있는 시대가 열린 것이다.

말을 탄 기사가 천명의 보병을 이길 수 있는 무서운 신무기가 된 것이다. 세상을 바꾸는 것은 우리가 사소하게 여기는 작은 것이다.

야구에서 타자들은 스윙 속도를 높이기 위해 자신에게 맞는 방망이를 선택해야 한다. 이승엽 선수는 900g에서 30g을 추가한 후 오히려 성적이 떨어졌다. 그래서 결국 30g을 줄여 다시 900g으로 방망이를 바꾼 후 예전 성적으로 돌아올 수 있었다. 30g은 100원짜리 동전 6개의 작은 차이이지만 타자의 1년 성적을 좌우한다.

사람은 산에 걸려 넘어지는 것이 아니라 작은 돌부리에 걸려 넘어지는 것이다. 그래서 사소한 것에 공을 들이고 노력하는 사람이 더욱 빛이 날 수밖에 없고 결국 승자는 그들의 것이다.

세계적인 세일즈의 대가 제프리 지토머Jeffrey Gitomer는 "경쟁자를 제치고 최고의 세일즈맨이 되려면 전화 음성 메시지부터 차별화하라."라고 했다. 성공하고 싶다면 내가 하고 있는 일 중에서 가장 작은 일부터 최선을 다해야 한다.

외국계 회사에서 임원의 자리까지 오른 김남희 씨의 성공 비결은 정성스러운 복사 실력이었다. 부산에 있는 대학을 졸업하고 상경해 제일 먼저 맡은 일이 복사였다. 그녀는 복사할 때 앞판 뚜껑을 모두 걸레로 깨끗이 닦고 종이도 정확하게 제 위치에 놓고 정성껏 복사

했다.

언제부터인가 사람들은 복사 서류만 보고도 김남희 씨가 한 것인 줄 알게 된 것이다. 결국 회사 사장의 귀에까지 들어갔고 "이렇게 정성스럽고 책임 있게 일 처리하는 직원이라면 무엇을 맡겨도 잘할 것이다."라며 인사과에 배치됐다. 그렇게 사소한 작은 일에 최선을 다하는 그녀는 HP, IBM, 모토롤라 등 외국계 회사에서 임원의 자리까지 오를 수 있었다.

작은 일을 소홀히 하는 사람은 결코 큰일을 할 수 없으며 작은 일에 성실한 사람이 큰일에도 성실한 법이다.

대만 100년 역사상 지명도가 가장 높은 인물이며 가장 존경받는 기업가이며 청소년들의 우상인 포모사 그룹을 세운 왕용칭汪永靑 회장의 성공 비결도 디테일의 힘이었다.

왕용칭은 어려서 집안 형편이 어려워 학교도 제대로 다니지 못하고 16세에 고향을 떠나 자이라는 곳에서 쌀가게를 열었다. 30여 개의 쌀가게가 있어 경쟁이 치열했던 그 작은 도시에서 돈이 없었던 그는 외진 골목 한 귀퉁이에 작은 점포를 세내어 장사를 시작했다.

하지만 워낙 인적이 드물고 주변에 쌀가게가 많아 문을 연 지 몇 달이 지나도 손님이 없었다. 그래서 직접 찾아다니며 쌀을 팔아봤지만 소용이 없자 고민에 빠졌다. 사람들이 밥을 짓기 전 항상 쌀을 일어 돌을 골라내는 수고로움을 생각해 내서 두 동생을 불러 쌀에 섞인 이물질들을 모두 골라낸 후 판매하기 시작했다. 왕용칭의 생각이 맞아떨어져 입소문이 나기 시작해 손님들이 점점 늘기 시작하였다.

그는 여기에 그치지 않고 무거운 쌀을 사서 들고 가는 손님들을 배려해 직접 집으로 배달해주기 시작했다. 그리고 그는 처음 오는 손님의 집에 쌀을 배달해 줄 때마다 그 집 쌀독의 크기는 어느 정도인지 식구는 몇 명인지 등을 세세히 기록하고 이 기록을 토대로 쌀이 떨어질 때가 되면 직접 쌀을 배달해 주기까지 했다.

그리고 집에 배달을 가서 주인이 쌀독에 부어달라고 하면 남아 있는 쌀을 모두 퍼내고 나서 쌀독을 깨끗이 닦고 새 쌀을 부은 후 그전에 남아 있던 쌀을 그 위에 가만히 부어 놓고 왔다. 이렇게 세심한 왕용칭의 노력에 감동한 손님들은 다른 손님들을 소개시켜 주고 입소문이 나서 1년 후에는 정미소를 차릴 수 있었다.

왕용칭은 작은 쌀가게에서 이룬 성공을 발판으로 자신이 차린 회사를 대만 경제에 큰 힘이 되는 대기업으로 성장시킬 수 있었다. 그의 성공의 힘은 바로 사소한 작은 것을 소홀히 하지 않은 디테일의 힘이었다.

『한비자韓非子』의 「외저설우外儲說右」에는 구맹주산狗猛酒酸이라는 말이 있다. 개가 사나우면 술이 시어진다는 뜻이다.

중국 춘추전국시대 송宋나라에 술 빚는 솜씨가 좋은 장씨莊氏라는 사람이 살았다. 그는 주막을 차려 자신이 직접 빚은 맛 좋은 술을 팔았다. 인심도 좋고 술맛도 좋은 장씨의 주막은 장사가 잘되지 않았다. 그는 장사가 잘되지 않은 이유에 대해 생각해 보았다. 그러나 아무리 생각해도 이해가 되지 않아서 그 마을의 현자 양천에게 자초지종을 이야기하고 이유를 물었다. 그러자 양천은 혹시 키우고 있는 개가 사납냐고 물었다.

장씨는 자신의 개가 사나운 것을 알고 개와 술장사가 무슨 상관이 있는지 다시 물었다. 양천은 "보통 어른이 애들을 시켜 술을 받아오게 하는데 개가 사나우면 애들이 무서워서 다른 집으로 가지 않겠나. 또한 사람들도 사나운 개가 있으니 당연히 다른 집으로 가니 술맛이 아무리 좋아도 팔리지 않으니 술 맛이 점점 시큼해져서 좋은 맛이 없어지는 것이지."라고 하였다.

장사가 안되는 이유가 생각지도 못한 개라고 생각하면 현재 우리가 성공 못 한 이유도 자신이 생각지도 못한 곳에 있을 수 있으니 철저한 점검이 필요하다. 디테일한 안목을 가졌을 때 그 원인도 찾아낼 수 있을 것이다.

실력을 인정받은 한 마라톤 선수가 좋은 성적을 기대하며 경기에 출전했다. 출발선에 서서 '탕' 소리와 함께 출발하였다. 그는 선두 그룹을 유지하며 달리고 있었다.

모래밭에 다다르자 선수들의 운동화에 모래가 들어가기 시작했다. 선수들은 저마다 운동화를 벗고 모래를 털어내기 바빴다. 하지만 그는 시간을 지체하면 뒤처질까 봐 모래도 대충 털어내고 달리기 시작했다. 그런데 얼마 후 발에 통증이 오기 시작했다. 그래도 시간을 지체하면 뒤처질까 봐 계속 달리다 통증이 심해 트랙 한 바퀴를 남겨두고 멈춰서고 말았다.

운동화를 벗고 털어내자 모래알들이 떨어졌다. 발바닥은 작은 모래알들이 박혀 피범벅이 되어있었다. 결국 그는 한 바퀴를 남겨두고 포기할 수밖에 없었다. 절뚝거리며 걸어 나가는 사이 자신보다 뒤처졌던 선수들이 결승점을 향해 달려가는 모습을 그저 말없이 바라볼 수밖에 없었다. 마라톤 선수를 멈추게 한 것이 작은 모래알들이었듯이 우리 인생을 멈추게 하는 것도 바로 사소한 작은 것들일 것이다.

5

최고의 도자기는
1250도 이상의 온도에서 나온다

인간의 두뇌에는 약 1,400억 개의 세포가 있다. 하지만 보통 사람이 죽을 때까지 사용하는 세포의 수는 약 3% 정도라고 한다. 나머지 97%는 부족한 열정 때문에 능력과 재능을 발휘해 보지도 못하니 참 안타까운 일이다. 그래서 열정 없이는 우리가 어떠한 재능과 능력이 있는지조차도 알 수 없는 것이다. 성공을 위해서 열정이 필요한 이유이다. 사람과 사람 사이의 이 작은 차이가 성공과 실패라는 엄청난 격차를 만들어낸다.

네 손가락의 피아니스트 이희아 씨는 열정과 노력으로 자신의 재능과 능력을 보여주었다. 처음 그녀의 연주를 들었을 때 네 손가락으로 연주했다는 사실을 믿을 수 없을 만큼 훌륭한 연주였다. 나 역시 어린 시절부터 피아노를 배우고 좋아했기에 네 손가락으로 피아노를 연주한다는 것이 얼마나 힘들고 불가능한 일인지 짐작할 수 있다.

나의 어린 시절 바다르체프스카의 '소녀의 기도' 한 곡을 멋지게 연주하기 위해 나는 수없는 연습과 노력을 해야 했었다. 그러기에 이희아 씨의 그 멋진 연주가 그저 재능만이 아닌 그녀의 뜨거운 열정과 노력의 결과라는 사실을 누구보다 잘 알고 있다. 만약 그녀의 열정이 없었다면 오늘의 성공은 없었을 것이다.

마이크로소프트의 CEO 빌 게이츠Bill Gates는 "100%의 열정과 100%의 노력을 기울여야만 '제대로' 일할 수 있다. 99%가 아니라 100%를 해내라. 99%와 100%의 차이는 겨우 1%. 별 차이가 없다고 함부로 넘겨짚지 마라. 1%에 불과한 작은 차이에는 일을 대하는 업무 스타일이 고스란히 담겨 있다. 1%의 차이로 당신의 인생은 전혀 다르게 바뀔 수 있다."라고 했다.

슬랩스틱 코미디의 일인자인 김병만 씨는 개그콘서트 '달인'을 통해 많은 사랑을 받았다. 그가 지금까지 사랑받고 일인자의 자리까지 올 수 있었던 것은 100%의 열정과 노력의 결과라는 사실은 누구도 부정할 수 없다. 온몸을 내던지며 열정을 불사르던 그는 정글의 법칙이라는 방송을 통해서도 그의 존재를 보여주었다. 그는 너무 힘든 시절을 지내며 열정만이 살아남는 법이라는 사실을 잘 알기 때문이다. 그가 출연한 방송을 접할 때면 나의 열정마저 샘솟는 것 같아 나에겐 열정의 아이콘이다.

아리스토텔레스Aristoteles가 인간은 이성, 욕구, 열정, 습관, 강요,

기회, 본능의 7가지에 의해 행동한다고 했다. 그중에서 성공할 수 있는 가장 중요한 요소는 열정이다. 열정은 행동하게 하는 힘이 있고 도전하게 만드는 힘이 있다.

비행기의 종류나 비행 거리에 따라 다르지만 비행기는 활주로를 달려 이륙할 때 연료의 절반 이상을 소모한다. 우리도 꿈을 향해 막 달리기 시작할 때 가장 많은 열정이 필요한 것이다.

냄비 안의 물이 냄비를 벗어날 수 있는 방법은 뜨거운 불에 펄펄 끓여 수증기가 되는 것이다. 우리 자신도 현재의 상태에서 벗어날 수 있는 유일한 방법은 열정을 가지고 도전하는 것이다.

정주영 회장이 인천에서 막노동을 할 때 빈대 때문에 밤잠을 설치는 일이 빈번했다. 빈대가 너무 많아 밥상 위에서 자기도 했지만 여전히 빈대를 피하지는 못했다. 견디다 못해 큰 그릇 4개에 물을 담아 밥상 다리에 담근 후 자기도 했다.

하지만 며칠이 지나자 빈대가 밥상 위에 또 나타났다. 정주영 회장이 빈대 때문에 잠을 이룰 수 없어 어떻게 빈대가 물을 건너 밥상 위로 올라올 수 있는지 살피다가 깜짝 놀라게 된다. 빈대들은 벽을 타고 천장으로 올라간 후 정주영 회장을 향해 떨어져서 자신의 목표를 달성하는 것이었다. 이러한 빈대의 열정을 보고 저런 미물도 끝까지 포기하지 않고 살기 위해 애쓰는데 사람도 포기하지 않으면 못 할 것이 없겠다는 것을 깨닫고 열정적인 삶을 살게 된 계기가 되었다.

독일의 위대한 철학자 헤겔Georg Wilhelm Friedrich Hegel은 "우리는 세계의 어떤 것들도 열정 없이 이루어진 것은 없다고 단언할 수 있다."라고 했다.

어느 날 헤겔이 연구에 몰두하고 있을 때 하인이 집에 불이 났다고 다급하게 소식을 전했다.

그러자 그는 집안일은 아내가 할 일이라며 계속 연구에 몰두했던 웃지 못할 이야기도 전해진다.

데일 카네기Dale Carnegie가 "평생 아무것도 성취하지 못하는 사람은 크게 두 가지 경우로 나뉜다. 하나는 다른 사람이 억지로 등 떠밀지 않는 한 스스로 일할 줄 모르는 사람이고 나머지 하나는 남에게 등 떠밀려 일하되 제대로 해내지 못하는 사람이다."라고 했다.

다른 사람이 원하는 일이 아닌 내가 하고 싶고 원하는 일을 해야 열정을 발휘할 수 있다. 남에게 등 떠밀려 하는 일은 좋은 성과를 내기도 어렵다. 그래서 직업을 선택할 때에도 내가 하고 싶은 일을 해야 열정을 발휘할 수도 있고 성공 가능성도 높아지는 것이다.

레오나르도 다 빈치Leonardo da Vinci는 냉동실도 방부제도 없던 시절 시체 한 구당 일주일 이상씩 30구 넘게 썩어가는 냄새를 참아가며 해부를 통해 인체에 대해 연구하였다.

이러한 그의 열정이 있었기에 훌륭한 작품들을 완성할 수 있었고 오늘날 우리는 그를 훌륭한 예술가로 기억할 수 있는 것이다.

『손자병법』에서는 열정을 높은 산 위에서 굴러 떨어지는 바윗덩어리에 비유했다. 높은 산에서 굴러 떨어지는 바위는 어떠한 것도 막을 수 없는 엄청난 힘이 있다. 『진서』에 나오는 파죽지세破竹之勢도 열정에 비유할 수 있다. 대나무는 처음 두세 마디만 쪼개면 그다음부터는 칼날을 닿기만 해도 저절로 쪼개지는 기세가 마치 열정과 같다. 이러한 기세가 바로 불가능을 가능으로 바꿀 수 있는 힘이 되는 것이다.

영화 「글래디에이터」의 배우 러셀 크로우Russell Crowe는 대본을 보고 온몸이 떨리지 않으면 영화를 찍지 않는다고 한다. 이러한 열정이 있었기 때문에 훌륭한 작품들이 탄생할 수 있었던 것이다.

사람은 이렇게 자신이 무한한 열정을 품고 있는 일에는 대부분 성공한다. 또한 자신의 내면이 불타오르기 전에는 다른 사람들의 가슴에 불을 지를 수 없으므로 열정 없는 리더는 조직의 열정을 일깨울 수 없다. 그래서 리더의 열정에 따라 조직의 열정이 달라지는 것이다.

세계적인 경영학자 피터 드러커Peter Drucker는 열여덟 살에 처음으로 오페라를 관람하고 삶에 대한 열정과 에너지를 느꼈다. 그리고 작곡자가 여든 살의 고령에도 열정이 넘치는 오페라를 작곡했다는 사실에 충격과 감동을 받았다. 피터 드러커의 열정을 일깨워 준 작곡자는 주세페 베르디Giuseppe Verdi였다.

피터 드러커가 93세가 되던 어느 날 한 기자가 질문했다. "지금까지 쓴 책 중에서 저에게 단 한 권만 추천해 준다면 어떤 책입니까?"라고 하자 그는 "다음에 출간될 책입니다."라고 말했다. 열정도 이렇게 다른 사람에게 전염시킬 수 있는 강한 전파력이 있다.

위험을 감수하고 멀리 가보는 사람만이 자신이 얼마나 멀리 갈 수 있는지를 알 수 있다. 그러므로 열정이 있을 때만이 위험을 감수하고 도전할 수 있는 용기가 생기는 것이다.

인도의 비하르주 가홀로우르라는 마을에 가장 비천한 신분인 수드라 계급이었던 다스트라 만지라는 사람이 있었다. 그는 아내가 산에서 굴러떨어져 머리를 다쳤을 때 치료할 병원과 약이 없어 세상을 떠나보내야 했다.

병원을 가기 위해서는 그가 사는 마을 바로 뒤에 있는 칼 바위산을 넘어야 했다. 그런데 칼바위산은 산세가 험하여 사람이 다니지 못하여 88킬로미터를 돌아가야 병원에 갈 수 있었다. 그러나 후송할 방법이 없어 병원으로 옮길 수조차 없었던 것이다. 또한 우기가 되면 마을 앞 아로푸르강이 흘러 강 건너 비즈르간즈까지 반경 31킬로미터까지 강물로 가득 찼다.

아내의 장례를 치른 만지는 망치 한 자루와 정 하나를 들고 칼 바위산을 깨부수기 시작했다. 사람들은 그를 미친 짓이라 생각해 아무도 도와주지 않았다. 그는 틈틈이 남의 일을 거들어 밥을 얻어 먹어가며 칼 바위산을 깨부수었다. 주변에서 말려도 듣지 않은 만지를 사람들은 미친 사람 취급했다.

1960년에 깨부수기 시작하여 1982년에 칼 바위산을 관통하는 길을 뚫었다. 22년 만에 기적을 이루었다. 총 길이 915미터, 평균 너비

2.3미터에 깊이는 최고 9미터까지 이르는 길을 낸 것이다. 마을 사람들은 88킬로미터를 돌아가야 했던 길을 만지 덕분에 1킬로미터로 쉽게 다닐 수 있게 되었다. 뒤늦게 만지의 사연을 들은 정부가 상금과 훈장을 주겠다고 했지만 만지는 거절했다. 이렇게 열정은 불가능도 가능하게 만드는 기적의 힘이 있다.

세렝게티Serengeti에서는 매일 죽음과 삶의 경계를 넘나드는 달리기가 펼쳐진다. 사자는 잡으려고 달리고 가젤은 살기 위해 달린다. 그런데 사자, 치타, 표범 같은 동물은 체온이 급상승하면 목숨이 위태롭기 때문에 500m이상 전력 질주할 수 없다.

그래서 사자는 가젤을 쫓을 때 500m 안에서 승부를 내야 한다. 반면 가젤은 일단 500m만 잘 뛰면 살 수 있다. 그런데 사자와 가젤 중 생존율은 가젤이 더 높다. 아프리카 세렝게티에서 사자의 생존율이 10~20%, 가젤은 30~40%이다.

그리고 사자가 쫓고 가젤이 도망가는 상황에서 가젤이 이길 확률은 80%나 된다. 사자는 10번의 추격 끝에 2번만 가젤을 잡을 수 있다는 뜻이다.

가젤의 80% 생존율의 비밀은 무엇일까? 그것은 무엇을 걸고 달리느냐의 차이이다. 사자는 실패하면 한 끼의 식사를 놓치는 것으로 끝나지만 가젤은 실패하면 목숨을 잃기 때문이다.

사자는 한 끼의 식사를 위해 달리지만 가젤은 목숨을 걸고 달리기 때문에 80%의 승률이 있는 것이다. 우리도 목숨 걸고 도전할 만한 열정과 용기가 있다면 성공 확률은 그만큼 높아지는 것이다.

질그릇을 만드는 데 필요한 가마의 온도는 800도이다. 그러나 최고의 도자기를 만드는 최적의 온도는 1,250도 이상에서 만들어진다. 이러한 높은 온도에서 구워진 도자기는 흙 속의 유리질들이 녹아 밖으로 흘러나와 흙의 밀도가 높아져 단단해진다. 그래서 최고의 도자기가 될 수 있는 것이다. 사람도 마찬가지이다. 성공을 위해서는 뜨거운 열정이 필요하다.

그 열정이 내 안의 모든 재능과 능력을 밖으로 흘러넘치게 해 최고의 나로 만들어줄 것이며 성공의 결실을 가져다줄 것이다.

6

생각하는 대로 살지 않으면
사는 대로 생각한다

오늘의 생각이 내일의 나를 만든다

철학자 파스칼Blaise Pascal은 "인간은 우주보다도 위대하다. 그 이유
는 생각하기 때문이다."라고 했다. 심리학자들에 의하면 인간은 보
통 하루 8만 가지에서 10만 가지나 되는 생각을 한다고 한다. 그런
데 그러한 생각들 중에 80% 이상이 어제 했던 생각의 틀에서 벗어
나지 못하고 반복한다는 것이다. 이러한 반복이 나의 인생을 지배한
다. 생각의 수준이 삶의 수준을 결정한다.

우리의 인생은 자신이 생각한 대로 되는 것이다. 세계적인 베스트
셀러 작가 파울로 코엘료Paulo Coelho는 "무언가를 간절히 원하면 온 우
주가 그것이 이루어지도록 도와준다."라고 말한다. 또한 머릿속으로

자신이 바라는 것을 생생하게 그리면 온몸의 세포가 모두 그 목적을 달성하는 방향으로 조절된다고 한다.

양자 물리학에서 이 세상은 파동이며 우리 주변에 있는 모든 것은 에너지 파동이기 때문에 말이나 생각을 하게 되면 에너지 파동을 일으켜 현실이 되게 한다는 것이다. 사람의 간절한 생각은 에너지의 파동이 되어 하늘과 온 우주를 움직일 정도로 강력한 힘이 될 수 있다는 것이다. 앙드레말로Andre-Georges Malraux가 "오랫동안 꿈을 그리는 자는 마침내 그 꿈을 닮아간다."라고 한 말이 떠오른다.

우리는 매일 무슨 생각을 하고 사는지 한번 점검해 봐야 한다. 현재의 나의 생각들을 살펴보면 미래를 알 수 있다. 무수히 많은 생각들 속에서 선택하고 결정하며 행동하기 때문이다.

내 자신이 어떤 사람인지 알고 싶다면 하루 종일 가장 많이 생각하는 것이 무엇인지 살펴보면 알 수 있다. 어제의 생각이 오늘의 나를 만들고 오늘의 생각이 내일의 나를 만든다.

자전거를 처음 배울 적 누군가 뒤에서 잡아주면 넘어지지 않고 잘 달릴 수 있다. 그러다가 잡아주던 사람이 몰래 손을 놓아도 잘 달리다가 혼자 달린다는 것을 아는 순간 넘어진다. 그래서 사람은 생각이 중요하다. 똑같은 상황이지만 나의 생각에 따라서 행동이 달라지는 것이다.

현대그룹 정주영 회장은 "무슨 일이든 할 수 있다고 생각하는 사람이 해내는 법이다. 의심하면 의심하는 만큼밖에 할 수 없고 할 수 없다고 생각하면 할 수 없는 것이다. 무슨 일이든 간에 '된다'는 확신 90%와 '반드시 되게 할 수 있다'는 자신감 10%만 있으면 무슨 일이든 다 된다. 나는 '안 된다'는 식의 생각을 단 1%도 해 본 적이 없다."라고 했다.

이러한 생각이 맨손으로 시작해 거대한 기업으로 키울 수 있는 원동력이 된 것이다. 나의 생각이 지금 나의 인생을 끌고 가고 있다. 나는 지금 어떤 생각을 하며 달리고 있는가.

태양을 향해 던지는 창이 가장 높이 올라간다

동물학자들은 짐승 가운데 사자의 눈이 인간의 눈을 가장 많이 닮았다고 말한다. 초식동물은 발밑에 있는 풀만 보고 다니기 때문에 시야가 아주 좁다. 호랑이는 숲 속에 살고 있기 때문에 먼 곳을 볼 수가 없지만 사자는 들판에 살면서 먼 지평을 바라보고 살기 때문에 시야가 넓다. 인간은 두 발로 서서 먼 곳을 바라보고 살기 때문에 시야가 넓다.

인간은 바로 이 순간이 아니라 먼 미래를 바라보고 꿈을 꾸며 살기 때문에 발전할 수 있는 것이다. 바로 비전이 있기 때문에 인간인 것이다. 바로 코앞만 생각하며 살면 발전할 수 없다. 멀리 보고 크게 생각하며 살아야 한다.

어느 누구도 자신의 삶을 받아들일 것인지 받아들이지 않을 것인지 선택할 수는 없다. 그것은 인간의 능력으로 선택할 수 있는 문제가 아니기 때문에 당연히 살아야만 한다.

우리가 선택할 수 있는 유일한 것은 '어떻게 살아가야 하는가'이다. 그것이 바로 꿈이고 목표다. 인생은 속도가 아니라 방향이기 때문이다.

독일의 유명한 작가 에리히 캐스트너Erich Kastner는 이솝우화 『여우와 신 포도』 이야기를 현대판으로 각색했다. 포도 따먹기를 포기했던 이솝우화 속 여우와 달리 에리히 캐스트너 이야기 속 여우는 높은 가지에 매달려 있는 신 포도를 천신만고의 노력 끝에 따먹게 된다.

먹고 보니 신 포도였지만 여우는 자존심 때문에 그리고 다른 여우들의 칭찬과 환호 속에서 뽐내고 싶어 시다는 말을 하지 않고 계속 신 포도를 따먹었다. 다른 여우들이 부러워하고 칭찬하니 애써 맛있는 표정을 지으며 계속 먹다가 결국 위궤양에 걸려 죽었다는 이야기이다.

우리는 여우처럼 나의 의지와 생각이 아닌 다른 사람의 이목이 중요해서 내가 원하는 삶이 아닌 다른 사람에게 보여주기 위한 타인지향적인 삶을 살고 있는 것은 아닌지 생각해 봐야 한다. 진정 내가 살아야 할 삶은 누구보다 내 자신이 가장 잘 아는 것이다.

영국의 경제학자 존 메이너드 케인즈John Maynard Keynes는 주식시장에서 투자자들은 자신이 생각했을 때 실력 있고 전망이 밝은 회사를 선택하는 것이 아니라 다른 투자자들이 많이 몰릴 것 같은 회사의 주식을 사려고 한다는 것이다.

옷을 살 때도 나에게 어울리는 옷보다 유행하는 옷이나 드라마 속 연예인이 입은 옷이면 따라서 산다. 영화를 보더라도 내가 보고 싶은 영화보다는 남들이 많이 본 영화를 선택하고 책을 사더라도 내가 보고 싶은 책을 고르기보다 잘 팔리는 책을 고르는 것이다. 이렇게 우리는 나 자신도 모르게 타인 지향적인 삶을 살고 있다.

미국의 시사 잡지 『타임』에서 성공의 척도에 관한 조사를 한 결과 20세기에 성공한 사람의 기준은 '남들이 부러워하는 나'였다. 그런데 21세기에는 성공한 사람의 기준이 '내 맘에 드는 나'로 바뀌었다. 성공의 척도가 타인의 시각에서 자신의 시각으로 변한 것이다. 우리의 인생도 내가 원하고 바라는 꿈을 향해 오늘도 변함없이 걸어가야 한다.

미얀마와 태국 국경지대에 사는 소수민족인 카렌족은 여인들이 목에 링을 걸고 다니며 링의 수와 종류로 사회적 지위를 나타낸다. 여자아이들은 5~6세가 되면 굵은 녹쇠 링을 목에 감는데 나이가 들면서 개수도 늘어나게 된다. 성인이 되면 링의 개수가 20개 이상이 되고 목의 길이가 20~30cm까지 늘어난다.

비단 잉어의 한 종류인 코이koi라는 물고기는 어항에서는 5~8cm까지 자라고 연못 속에서 15~25cm까지 자란다. 그리고 강물에서는 90~120cm까지 자란다. 이렇게 주어진 환경에 따라 생각과 가치의 크기가 달라질 수 있다는 것을 '코이의 법칙'이라고 한다.

인간은 결국 자기 그릇에 걸맞은 인생을 살 수밖에 없다. 우리도 어떤 크기의 꿈을 꾸느냐에 따라 인생이 달라진다. 중국 속담에 "재상의 뱃속에서는 배도 저을 수 있다."라는 말이 있다. 내가 품은 포부의 크기가 성공의 크기를 결정한다. 태양을 향해 던지는 창이 가장 높이 올라간다.

스페인의 철학가이자 작가인 발타자르 그라시안Baltasar Gracian은 "꿈을 품어라. 꿈이 없는 사람은 아무런 생명력도 없는 인형과 같다."라고 했다.

한 CEO는 돈보다 꿈 이야기를 하는 사람을 직원으로 뽑는다고 한다. 돈이 목표인 사람보다 꿈이 목표인 사람이 자신의 일에 최선을 다할 것이기 때문이다.

하버드대학에서 목표가 사람의 인생에 끼치는 영향에 대해 IQ와 학력, 자라온 환경 등이 서로 비슷한 사람들을 25년간 연구하였다.

그들 중 3%의 사람은 목표가 명확하였고 장기적인 목표를 가지고 있었다. 나머지 27%는 목표가 없었고, 60%는 목표가 희미하였으며 10%는 단기적 목표가 있는 사람이었다.

연구 결과 사회의 주도적인 위치에서 최고의 인사가 된 사람은 목표가 명확한 3%의 사람들이었다. 그리고 단기적인 목표를 가졌던 10%의 사람들은 대부분 중상위층에 속해있었다. 그리고 목표가 희미한 60%는 대부분 사회의 중하위층에 머물러 있었다. 목표가 없었던 27%의 사람들은 최하위 수준의 생활을 하고 있었다.

성공한 사람들에게는 목표가 있고 평범한 사람들에게는 소망이 있을 뿐이다. 지금 주어진 환경을 탓하지 말고 나에게 꿈과 목표가 있는지부터 생각해봐야 한다.

황동명 CEO의『나는 최고의 일본 무역상이다』에서 "사업과 장사의 차이는 사업의 규모, 연 매출, 직원 수가 아니라 '미래에 대한 명확한 계획과 목표'가 있느냐 없느냐이다."라고 했다.

일본 소프트뱅크의 손정의孫正義 회장은 열아홉 살 때 '인생 50년 계획'을 세웠다. 그의 인생 50년 계획은 '20대에 이름을 알리고 30대에는 사업 자금을 모으고 40대에 큰 승부를 걸고 50대에 사업 모델을 완성시켜서 60대에 다음 세대에 물려주겠다'는 내용이다.

그리고 그 계획을 하나하나 실현했다. 소프트뱅크의 시작이었던 컴퓨터 도매업체 '유니슨월드'는 1981년 손정의가 대학교를 졸업하고 세운 것으로 초기 근무 직원은 2명에 불과했다.

당시 손정의가 두 명의 직원을 앞에 두고 밀감 궤짝 위에서 선언한다. "이 회사를 10년 안에 연 매출 500억 엔 기업으로 키우겠다."라고 장담하자 직원들은 사직서를 냈다고 한다.

구멍가게 사장이 하는 말을 그저 허풍으로 받아들인 것이다. 그러나 그의 호언은 현실이 됐다. 손 회장은 지난 2012년 일본 경제 주간지『닛케이 비즈니스』가 선정한 '일본에서 가장 영향력 있는 100인' 중 '혁신가' 분야에 꼽혔으며 지난해 포브스에서 조사한 세계 억만장자 순위에서 일본 2위, 전 세계 45위를 기록하기도 했다.

그는 "내가 가진 것이라고는 꿈과 무한한 자신감뿐이다. 그리고 거기서 모든 것이 시작됐다."라고 말한다. 그가 이룬 성과는 큰 꿈과 목표가 있었기 때문에 가능한 것이었다.

일본의 살아 있는 경영의 신으로 불리는 이나모리 가즈오Kazuo Inamori 교세라 명예회장은 목표의 위력을 증명한 사람이다. 그는 1972년 '월 매출 10억 엔을 달성하면 전 직원이 다 함께 하와이 여행을 간다'는 목표를 세웠다. 1971년 월 매출액이 5~6억 엔 정도였기 때문에 그의 목표는 엄청난 것이었다.

그 당시엔 일본의 평범한 직장인에게 하와이 여행은 꿈과 같은 일이었다. 하지만 전 직원들은 '하와이를 가자'는 캐치프레이즈를 걸고 목표를 향해 열심히 일했다. 그러자 1년도 채 안 되어 월 매출 10억 엔을 달성한 것이었다. 약속대로 전 직원 1,300명이 전세기를 타고 하와이로 여행을 떠나게 되었다. 꿈과 목표는 이렇게 불가능해 보이는 일도 가능하게 바꿀 수 있는 힘이 있다.

목표를 향해 달리기 위해서는 도전과 변화 앞에서 주저해서는 안 된다. 사람들은 특별한 이득이 주어지지 않는 한 현재 상황을 바꾸려 하지 않으려는 경향이 있다. 얻는 이득이 훨씬 크다는 생각이 들지 않는 한 현재를 유지하려 한다는 것이다. 이를 현상 유지 편향 Status Quo Bias이라 한다. 변화를 회피하고 두려워하면서 벌어지는 현상이다.

변화에 대한 불확실성 때문에 과거 방식이 무조건 옳고 안전하다고 믿는 경향이다. 그래서 사람은 도전이나 변화 앞에서 주저하게 된다. 하지만 이러한 두려움을 이기고 도전했을 때 꿈은 이루어지는 것이다. 지금 우리가 직면하고 있는 대부분의 장벽은 물리적 장벽이 아니라 심리적 장벽이다. 우리의 마음속의 장벽을 허물었을 때 꿈을 이룰 수 있다.

우리는 흔히 인생을 살면서 누구나 꿈을 이룰 수 있는 세 번의 기회는 온다는 말을 자주 한다. 하지만 목표를 향해 도전하는 자만이 기회를 잡을 수 있다.

이탈리아의 북부 도시 토리노의 박물관에는 괴상한 형상을 한 조각상이 하나 있다. 어깨와 발뒤꿈치에는 날개가 달렸고 앞머리는 긴 곱슬머리이며 뒤통수는 대머리이다. 양손엔 저울과 칼을 들고 있으며 한쪽 발뒤꿈치를 들고 있다. 이 동상은 그리스 신화에 등장하는 제우스의 아들인 카이로스Kairos '기회의 신'이다.

이 조각상에는 이렇게 적혀 있다. "내 앞머리가 무성한 이유는 사람들이 나를 쉽게 붙잡을 수 있도록 하기 위해서이다. 뒷머리가 대머리인 이유는 내가 지나가면 다시 붙잡지 못하도록 하기 위한 것이다. 어깨와 발뒤꿈치에 날개가 달린 이유는 최대한 빨리 사라지기 위해서이고 손에 들고 있는 저울과 칼은 나를 만났을 때 신중한 판단과 신속한 의사 결정을 하라는 뜻이다. 내 이름은 카이로스, 바로 기회이다."

꿈과 목표가 없는 사람은 기회가 오기만을 기다리다 바로 앞에 오는 기회조차도 알아차리지 못하고 놓치게 된다. 꿈을 향해 끊임없이 도전했을 때 성공의 기회도 잡을 수 있다.

알리바바 그룹의 마윈馬雲 회장은 "사람은 물을 마시지 않고 열흘을 이겨낼 수 있고 음식을 먹지 않고 일주일을 견딜 수 있고 숨을 쉬지 않고 2분을 버틸 수 있습니다. 그러나 꿈이 없다면 1분도 살 수 없습니다. 가난보다 무서운 것은 꿈이 없는 삶입니다. 꿈은 미래의 희망이기 때문입니다. 꿈이 있다면 누가 비웃거나 비난을 해도 신경 쓰지 않습니다. 자신이 가야 할 길을 자신이 지금 하고 있는 일의 본질을 잘 알아야 합니다. 자신이 무엇을 하고 있는지조차 모르는 삶보다 끔찍한 것은 없습니다. 꿈에게 기회를 주세요. 꿈에게 기회를 주지 않는다면 꿈도 당신에게 기회를 주지 않을 것입니다."라고 했다. 기회는 바로 꿈이 있는 자의 것이기 때문이다.

행동하는 것이 완벽을 추구하는 것보다 낫다

미국의 한 대기업 회장은 후계자를 정하기 위해 두 아들을 불러 "앞에 말 두 필이 있다. 검은 말은 큰아들의 것이고 흰 말은 둘째 아들의 것이다. 저기 보이는 결승점에 먼저 도착한 말의 주인이 후계자가 될 것이다."라고 말했다. 이 말을 들은 큰아들은 어떡하면 이길 것인가를 궁리했지만 둘째 아들은 곧바로 말 등에 올라타 결승점에 도착했다. 결국 둘째 아들이 후계자가 되었다.

꿈과 목표와 신념을 실천하는 일, 즉 성공을 이루는 유일한 방법은 행동하는 것이다. 물을 바라보는 것만으로는 바다를 건널 수 없다.

삼성의 창업주 이병철 회장의 좌우명은 "행하는 자 이루고 가는 자 닿는다."이다. 머리 좋은 것이 마음 좋은 것만 못하고 마음 좋은 것이 손 좋은 것만 못하고 손 좋은 것이 발 좋은 것만 못하는 것이다. 아무리 큰 꿈과 목표가 있다 할지라도 실천이 없다면 성공은 머나먼 이야기가 될 것이다.

중국 명明나라의 유학자 왕양명王陽明은 알면서도 실행하지 않는 것은 진정으로 안다고 할 수 없다며 지행합일知行合一을 주장했다.

우리는 누구나 꿈을 이루기 위해 목표를 세우고 실천하려 노력한다. 하지만 목표에 맞는 실천이 따라주지 않으면 하루하루 인생을 좀먹고 있는 것이다. 꿈은 어느새 저 멀리 사라져 버린다. 생각하는 것은 쉽지만 행동하는 것은 어려운 일이다. 생각하는 대로 행동하는 것은 더욱 어려운 일이다. 그래서 많은 사람들이 생각으로는 수많은 성과를 낼 수 있을 것 같지만 행동이 따르지 못해 성공하지 못하는 것이다.

생각해 보면 쉬울 거라 생각했는데 막상 실행해 보면 생각보다 어려운 일들이 많다. 그리고 남들이 하는 것을 보면 모두 쉬워 보이지만 막상 내가 직접 해보면 어려운 경우가 많다.

승자의 조건은 생각하는 대로 행동하는 사람이다. 생각하는 대로 살지 않으면 사는 대로 생각한다. 파블로 피카소Pablo Ruiz Picasso는 "안 하고 죽어도 될 일만 내일로 미루라."라고 했다. 생각하고 계획하면 미루지 말고 바로 실행해야 한다.

새해가 되면 누구나 새해의 계획들을 거창하게 이야기한다. 하지만 연말이 되어 한 해를 돌이켜보면 새해에 세웠던 계획들을 모두 실천하는 사람은 많지 않다. 많은 계획들이 작심삼일로 끝나는 경우가 많은 것이다.

생각이 모자란 사람보다는 실천을 못 하는 사람이 많다. 누구나 생각은 무한히 할 수 있다. 그러나 실천이 부족하기 때문에 꿈을 이루기 어려운 것이다. 행동하는 것이 완벽을 추구하는 것보다 낫다. 꿈을 이루고 싶다면 지금 바로 행동하라.

7

실패로부터 아무것도
배우지 못한 것이 가장 큰 잘못이다

실패하고 좌절했을 때 비로소 나를 본다

미식축구 코치였던 폴 베어 브라이언트Paul Bear Bryant는 "실수를 저질렀을 때 그것을 만회하려면 세 가지 일을 해야 한다. 첫 번째는 실수를 인정하는 것이고 두 번째는 실수로부터 배우는 것이고 세 번째는 실수를 반복하지 않는 것이다."라고 했다.

실패도 마찬가지다. 실패가 문제가 아니라 실패에 대처하는 태도가 진짜 문제이다. 먼저 실패를 인정하고 실패의 원인을 자신에게서 찾는 것이다.

자신의 잘못을 인정하는 것만큼이나 어려운 것은 없다. 하지만 잘못을 인정하는 것은 이미 절반이 시정된 것이다. 실패를 자신의 탓으로 인정했을 때 실패로부터 배울 수도 있고 또 그 실패를 반복하지도 않는다.

　사람들은 대부분 잘되면 내 탓이고 잘못되면 남의 탓이라고 생각하는 경향이 있다. 사람은 주변 상황을 자신에게는 유리한 쪽으로 해석하고 상대방에게는 불리한 쪽으로 생각해 심리적으로 안정을 얻으려는 본능이 있다. 심리학자들은 이런 심리 메커니즘을 '자기 위주 편향Self-Serving Bias'이라고 한다.

　이러한 심리 때문에 보통 실패를 하고 난 후 실패의 원인을 나보다 다른 사람이나 상황 탓으로 돌리는 경우가 많다. 그렇게 되면 실패를 통한 성공의 기회를 찾기 어려울 수 있다.

　사람들이 실패 앞에서 하는 가장 큰 잘못은 자신의 잘못을 하나도 깨닫지 못하는 것이다. 사람은 누구나 잘못을 하지만 어리석은 사람만이 잘못을 고치지 않고 고집한다. 자신의 발전 기회를 놓치는 것이다. 자신은 엄하게 꾸짖고 남의 잘못을 크게 들추지 않은 사람은 어떠한 실패 앞에서도 다시 일어설 수 있는 힘이 있다.

　또한 많은 사람들이 문제가 생겼을 때 자신보다는 다른 데에서 원인을 찾으려는 심리를 다원인결과로 설명할 수 있다. 다원인결과는 하나의 결과가 있기까지 여러 가지 원인이 있어야 한다는 뜻이다.

　예를 들어 어느 날 아침 출근 시간에 늦었다고 생각해 보자. 우선 생각할 수 있는 건 나의 게으름이나 실수로 지각을 했다고 할 수 있다. 하지만 전날 출근을 위해 일찍 잠자리에 들려고 했지만 저녁에 갑자기 친구가 술 한 잔 하자며 나오라고 해 어쩔 수없이 나간 것이 원인일 수 있다. 아침에 힘겹게 일어나 허겁지겁 출근하는데 도로에 사고가 나 꼼짝없이 그 자리에 30분 정차하다 보니 출근이 더 늦어졌다. 그런데 궁금해졌다. 사고는 왜 났을까? 사고 당사자들에게 물어보면 또 여러 가지 이유가 쏟아져 나올 것이다. 결국 나의 지각의 원인을 찾다 보니 그 원인이 끝없이 나오는 것이다.

그래서 실패의 원인을 다른 곳에서 찾다 보면 나에 대한 문제점을 정확히 볼 수 없기 때문에 나에게서 찾는 것으로 끝나야 성장할 수 있다.

어리석은 사람은 현명한 사람에게서 아무것도 배우지 못하지만 현명한 사람은 어리석은 사람에게서 많은 것을 배운다. 마찬가지로 실패를 통해 자신을 반성하고 배우는 자세가 필요하다. 성공하려고 하기보다 성장하도록 노력해야 한다. 그래야 자신의 꿈을 이룰 수 있다.

인생에서 어떠한 시간도 헛되지 않다. 설사 직업을 잃고 실업자로 보낸 시간이든 고난과 실패의 시간이든 그것을 어떻게 받아들여 훗날 소중한 체험으로 살리느냐가 중요하다.

우리는 자신 인생의 스토리텔러이다. 삶에 어떠한 자세로 대처하느냐에 따라 성공의 스토리를 만들 수도 있고 그렇지 않을 수도 있다.

몇 년 전, 한 대학교 캠퍼스에서 심하게 넘어졌다. 그때 한 남학생이 많이 다치지 않았느냐며 나를 일으켜 세워주었다. 그 순간 일으켜준 남학생에게 고맙다는 말도 못 하고 다친 나의 무릎과 손을 들여다보느라 정신이 없었다. 그러고 나서 고개를 들어보니 이미 남학생은 뒷모습만 남긴 채 사라져갔다.

우리는 다치거나 넘어지면 다친 곳을 본다. 손가락이 다치면 손가락을 보고 무릎이 다치면 무릎을 보게 된다. 실패하고 좌절했을 때 비로소 나를 본다.

우리는 실패를 통해 무엇이 부족한지, 나의 능력은 어느 정도인지, 잘못 판단한 이유가 무엇인지 등 나를 돌아보는 시간을 갖게 된다. 그래서 실패 후에 더 성장하고 발전할 수 있는 것이다. 조각가가 멋진 작품을 만들기 위해 수없이 다듬는 시간이 필요하듯 우리의 인생도 크고 작은 실패들을 통해 나를 다듬어가는 시간들이 필요하다.

고무공처럼 바닥을 치고 튀어 올라라

사람은 실패와 좌절을 통해 더 많이 사색하고 고민하게 된다. 이러한 시간은 의식과 사고가 깊어지고 더 나은 삶의 방향과 목적을 정할 수 있게 된다. 실패는 여러 가지 생각을 떠올리게 하는 귀중한 힌트이자 마음을 북돋우는 박차이다. 인생이 원하는 대로 풀리면 발전할 수 없다.

옛사람들은 대나무의 마디를 일컬어 '포절지무심抱節之無心'이라 하여 대나무는 속은 비어 있어도 허식이 없고 단단한 마디에 의해 절도를 지킨다고 했다. 대나무의 마디가 바람이 불어도 쓰러지지 않고 곧게 설 수 있게 하는 지지대 역할을 하듯 사색의 시간은 실패와 좌절 앞에서도 포기하지 않고 더욱 성장할 수 있게 하는 힘이 되는 것이다.

해리포터 작가 조앤 캐슬린 롤링Joanne Kathleen Rowling은 "실패를 통해 나는 진정한 자신과 대면했고 진정 원하는 것을 찾았으며 집중할 수 있었다. 또한 갖은 실패로 밑바닥까지 떨어지면서 인생을 새로 세울 수 있는 가장 단단한 기반을 얻게 됐다."라고 했다.

우리는 역경에 부딪쳐서 고난을 극복했을 때 자신의 참된 능력을 알게 된다. 거의 모든 일에 있어서 교훈보다 경험이 더 유익하다. 스스로 부딪쳐서 느끼고 반성해야 성장할 수 있는 것이다.

알리바바 그룹의 마윈馬雲회장이 2013년 5월 10일 타오바오닷컴을 은퇴하면서 "인생은 경험이고 성공은 당신이 얼마나 많은 어려움을 극복했느냐지 어떤 결과를 얻었느냐가 아니다. 나는 80살이 되었을 때 손자에게 내가 살면서 얼마나 많은 것을 얻었느냐가 아닌 얼마나 많은 경험을 했는지 들려주고 싶다."라고 했다.

안 좋은 추억은 있어도 안 좋은 경험은 없다. 인간은 경험을 통해서 조금씩 성장해 나가는 것이다. 실패는 인생의 좋은 경험이고 노하우를 남기지만 포기는 후회만 남긴다.

성공은 실패의 맛을 알 때 최고의 기쁨을 맛볼 수 있는 것이다. 추위에 떨어본 사람이 태양의 소중함을 알듯이 인생의 힘겨움을 통과한 사람만이 삶의 존귀함을 안다.

인생이 바닥까지 떨어지고 가장 비참할 때 좌절하지 않고 바닥을 차고 올라오는 데 성공한다면 세상의 모든 사람을 품어 줄 수 있는 역량을 기른 것이다.

우리의 인생은 행복한 날보다 힘들고 괴롭고 어려움에 지친 날들이 더 많다. 그래서 실패와 좌절 앞에서 바닥을 딛고 튀어 올라오는 힘이 필요하다.

이러한 힘을 심리적 회복 탄력성心理的 回復彈力性, Psychological resilience이라고 한다. 회복 탄력성이란 위기나 역경을 극복하고 행복이나 긍정적인 상태로 돌아가는 인지능력이다. 즉 역경을 이겨내는 긍정적인 힘을 의미하며 또한 인생의 바닥에서 바닥을 치고 올라올 수 있는 힘, 밑바닥까지 떨어져도 꿋꿋하게 튀어 오르는 능력을 의미한다. 물체마다 탄성이 다르듯이 사람에 따라 탄성이 다르다.

역경으로 인해 밑바닥까지 떨어졌다가도 강한 회복 탄력성으로 튀어 오르는 사람들은 원래 있었던 위치보다 더 높은 곳까지 올라간다. 떨어지면 산산조각이 나는 유리공이 아닌 떨어지면 더 높이 솟아오르는 고무공이 되었을 때 성공에 더 가까이 갈 수 있는 것이다.

우리는 어떠한 좌절과 역경에 대해 어떻게 의미를 부여하느냐에 따라 성공과 실패의 선택에 놓이게 된다. 성공은 실패를 하지 않은 것이 아니라 어떻게 시련과 역경을 극복했는가를 말한다. 세상일을 긍정적으로 받아들이는 습관을 들이면 회복 탄력성은 많이 향상될 수 있다.

성공은 실패에도 불구하고 이루는 것이 아니라 실패 덕분에 성공할 수 있는 것이다. 바로 바닥을 친 고무공이 더 높이 튀어 오르듯 실패를 통해서 더 높이 올라갈 수 있는 것이다.

실패 없는 인생은 칼날 없는 칼과 같다

숯, 흑연, 다이아몬드는 모두 탄소로 만들어졌다. 화학적으로는 똑같지만 모두 다른 결과물이 된 것은 고온과 고압이다. 탄소 결정체가 고온과 고압의 과정을 오랫동안 거치게 되면 다이아몬드가 탄생하는 것이다. 이렇게 고온과 고압을 견디어낸 다이아몬드는 어떠한 물질보다 단단해진다. 인조 다이아몬드도 흑연을 섭씨 2천 도 이상에서 10만 기압의 압력을 가해 만들어진다. 우리의 인생도 실패를 통해 더 단단해지고 가치 있는 사람으로 거듭나는 것이다.

LG그룹의 창업주인 구인회 회장은 "대장간에서 하찮은 호미 한 자루 만드는 데도 수없는 담금질로 단련하지 않는가. 그러니 고생을 모르는 사람은 칼날 없는 칼이나 다름없다."라고 했다.

배수가 어렵고 토양이 거친 아주 열악한 환경에서 값이 비싸고 잘생긴 명품 소나무가 탄생하고 파도가 심한 바다에서 훌륭한 사공이 나오듯 우리의 인생도 성공을 위해서는 시련과 역경이 필요하다.

맹자孟子 『고자장구 하告子章句 下』에서 "하늘이 장차 어떤 사람에게 큰일을 맡기려고 할 때는 반드시 먼저 그의 마음을 괴롭게 하고 뜻을 흔들어 고통스럽게 하며 그 몸을 지치게 하며 육신을 굶주리게 한다. 또한 생활을 곤궁하게 하여 하는 일마다 뜻대로 되지 않게 한다. 그러한 이유는 그렇게 함으로써 그 마음의 참을성을 담금질하게 하여 비로소 하늘의 사명을 능히 감당할 수 있도록 역량을 키워 전에는 이룰 수 없던 바를 이룰 수 있도록 하기 위함이니라." 라고 했다.

실패는 사람의 참된 값어치를 시험하는 시금석이다. 실패를 통해 나의 역량을 측정할 수 있고 또한 키울 수 있는 기회를 갖는 것이다.

고통을 느끼는 감각인 '통각'에 이상이 생기면 고통을 느끼지 못한다. 그래서 통각 세포에 이상이 있는 사람들 중 많은 사람이 어린 시절 혀를 깨물어서 말을 못 하는 경우가 많다고 한다. 치명적인 통증을 느끼지 못해 젊은 시절에 세상을 떠난 사람들도 있다. 고통은 우리에게 아픔도 주지만 우리를 보호하는 장치이기도 하다. 실패도 아픔을 주기도 하지만 굴곡 많은 우리 인생의 보호 장치이기도 하다.

향수가 만들어지는 과정은 인생과 같다. 향기로운 향수를 만들기 위한 최초의 원료는 향기로운 재료만 들어가는 것이 아니라 악취가 나는 재료까지 잘 배합했을 때 우리가 말하는 명품의 향수가 탄생하는 것이다. 최고의 향수를 만들기 위해서는 자정에서 새벽 두 시 사이에 장미를 따야 한다. 그렇게 딴 1톤의 장미로 800그램의 향수를 얻을 수 있다.

우리의 인생도 성공을 위해서는 실패와 좌절이라는 과정이 있어야 한다. 수많은 인생의 고뇌와 노력이 있을 때 작은 행복이라도 얻을 수 있는 것이다.

삼성 이건희 회장은 "실패는 많이 할수록 좋다. 아무 일도 하지 않아 실패하지 않는 사람보다 무언가 해 보려다 실패한 사람이 훨씬 유능하다. 이들이 기업과 나라에 자산이 된다."라고 했다.

사람은 크고 작은 실수와 실패를 통해 여러 가지 방법들을 터득해 나간다. 실수와 실패가 많은 사람일수록 그 사람은 이전보다 더 발전하고 성숙해 간다. 그만큼 새로운 경험을 많이 해보았기 때문이다.

전국시대 진晉나라 때 범씨范氏와 중행씨中行氏 두 세력 집단이 병사들을 이끌고 진정공晉定公을 공격할 계획을 꾸미고 있었다. 그때 어떤 사람이 "진정공은 실패를 많이 겪은 사람으로 그 많은 실패의 경험들이 그를 백전노장으로 만들었지요. 팔이 세 번이나 부러졌던 사람은 회복이 되더라도 팔이 부러지는 아픔을 알고 여러 번의 과정을 거쳐 팔이 부러지는 원인과 치료법까지 훤히 꿰고 있습니다. 만약 공들께서 진정공과 맞선다면 전혀 승산이 없는 싸움을 거는 것입니다."라고 말했다. 이것이 '삼절기굉三折其肱'의 고사이다.

많은 실패는 인생을 헤쳐 나가는 힘과 지혜를 얻는 것이다. 이러한 경험은 인생의 어떠한 걸림돌에도 넘어지지 않는 강인함과 분별력을 갖게 한다.

성공하는 사람과 실패하는 사람의 가장 큰 차이는 실패한 후 다시 일어설 수 있느냐 그렇지 못하느냐에 달려 있다. 많은 사람들은 실패한 직후에 자신이 가장 무능하다고 여긴다. 실패를 딛고 일어설

PART 4 인생 전략

자신감이 없기 때문이다.

스키를 탈 때도 자전거를 탈 때도 넘어지는 법을 잘 배워야 잘 탈수 있고 비행기도 위기에 처했을 때는 이륙의 기술보다 착륙의 기술이 더 필요한 것이다. 우리도 실패 앞에서 대처하는 법을 알아야 인생을 잘 살 수 있다. 그것은 바로 다시 일어설 수 있는 강인함과 자신감이다.

까치는 바람 부는 날에만 둥지를 짓는다. 꼭 필요한 가지만 골라 단단한 둥지를 짓는다. 바람 부는 날 지어야 더 강한 바람이 불어와도 둥지가 흔들리지 않기 때문이다. 사람도 실패했을 때의 도전이 더 크게 성공할 수 있다.

실패를 성공으로 바꿀 수 있는 역전의 기회를 찾아라

"봄이 오기 전이 가장 춥고 동이 트기 전이 가장 어둡다."

큰 실패를 겪은 후에는 반드시 성공의 기회가 찾아온다. 지금 실패와 좌절의 시간을 겪고 있다면 희망을 가져야 한다. 성공의 기회가 기다리고 있다는 뜻이다. 그러므로 한없이 주저앉지 말고 박차고 일어나 성공을 향해 힘차게 뛰어올라야 한다.

주역周易 계사전繫辭傳에 '궁즉변 변즉통 통즉구窮卽變 變卽通 通卽久'는 '궁하면 변하게 되고 변하면 통하게 되고 통하면 영원하게 된다'는 뜻이다.

세상은 해가 지면 해가 뜨고 겨울이 지나면 봄이 오는 것처럼 우리의 인생도 실패하면 성공할 수 있는 기회가 오는 것이다. 실패는 지금부터 성공이 시작되었다는 의미이다.

빈센트 반 고흐Vincent van Gogh가 동생 테오 반 고흐Theo van Gogh에게 보낸 편지 중에 "모든 새들은 털갈이를 한다. 부드러운 솜털이 빠지고 나면 강한 깃털이 올라온다. 모든 사람들도 인생의 견딜 수 없는 고통이 온다. 이 고통이 지나고 나면 새로운 인생이 열린다."는 글을 보냈다.

또한 좋은 일이 나쁜 일을 불러오기도 하고 나쁜 일이 변해 좋은 일이 되기도 하는 것이 우리의 인생사이다. 당장 좋은 일이 생겼다고 자만하지도 말아야 하며 실패했다고 해서 좌절하지도 말아야 한다. 아무리 좋은 약도 몸을 죽게 만들면 독약이고 독약이라도 몸이 좋아지면 보약이 되는 것이다. 우리의 인생도 좋은 일이 독약이 될 수도 있고 실패가 내 삶의 보약이 될 수 있으니 길고 멀리 내다보는 안목이 필요하다.

어느 날 당나귀 한 마리가 우물에 빠졌다. 우물에 빠진 당나귀는 구해 달라며 울부짖었다. 이를 본 당나귀 주인은 구할 방법이 없어 고민하다가 당나귀도 늙었고 우물도 쓸모없으니 당나귀와 우물을 파묻기로 결정했다.

주인은 동네 사람들을 불러 제각각 삽을 가져와 흙을 파 우물을 메워 갔다. 그런데 그렇게 울부짖던 당나귀의 울음소리가 들리지 않았다. 동네 사람들이 궁금하여 우물 속을 들여다보니 당나귀가 자신을 향해 던져진 흙을 바닥에 떨어뜨리고 있었다. 당나귀는 발밑에 쌓인 흙더미가 점점 높아지자 자기를 묻으려는 흙을 이용해 우물에서 탈출할 수 있었다.

우물 속 절망의 극한 속에서도 불행을 행운으로 바꾸는 놀라운 역전의 기회가 있다. 이처럼 우리의 인생에서도 실패를 성공의 기회로 바꿀 수 있는 역전의 기회가 있다.

실패한 사람의 대부분은 포기하는 그 순간이 바로 성공에 가까이 와 있다는 것을 깨닫지 못하기 때문에 성공의 기회를 놓치는 것이다. 가장 괴롭고 힘들 때가 바로 성공이 코앞에 와 있을 때이다. 역전의 기회 앞에 서 있는 것이다. 정말 포기하고 싶을 때가 포기하면 안 되는 순간임을 기억해야 할 것이다.

프랑스의 위대한 문호 빅토르 위고Victor-Marie Hugo는 세상에는 세 가지 싸움이 있다고 했다. 사람과 사람의 싸움, 사람과 자연의 싸움 그리고 자신과의 싸움이다. 가장 힘든 싸움은 자신과의 싸움이다.

성공을 향해 나아가며 오직 '어제의 나'와 '오늘의 나'만이 비교되어야 꿈을 이룰 수 있다. 결국 이겨내야 할 과제는 자신과의 싸움이다.

영화 「국제시장」에서 수많은 인생 역경을 이겨낸 덕수가 돌아가신 아버지 사진 앞에서 한 마지막 대사가 지금도 가슴에 진한 여운으로 남아있다. 우리도 언젠가 실패를 딛고 성공하게 된다면 덕수의 대사를 떠올리게 될 것이다.

"아부지, 내 약속 잘 지켰지예. 이만하면 내 잘 살았지예. 근데 아부지예, 내 진짜 힘들었거든예……."

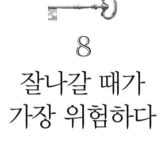

8

잘나갈 때가
가장 위험하다

『리스크』와 『월스트리트로 간 경제학자』의 저자 피터 L. 번스타인
Peter L. Bernstein은 위험을 크게 두 가지로 나누었다. 사람의 능력으로
인지할 수 있는 위험과 사람의 능력으로는 인지할 수 없는 위험이다.

그런데 사람은 인지하기 힘들고 대비하기 어려운 위험에는 민감
하게 반응하지만 충분히 인지하고 대비할 수 있는 위험은 가볍게 생
각하고 넘어가는 경우가 많다. 예를 들어 교통사고로 죽을 확률보다
건강의 문제로 죽을 확률이 더 큼에도 불구하고 교통사고는 항상 대
비하고 민감하게 반응하지만 건강은 소홀히 하고 가볍게 넘어가는
경우이다.

우리가 가볍고 소홀히 생각하는 것들의 상당수가 인생에서 가장
중요한 것들이기 때문에 후회를 하거나 기회를 놓치는 경우가 많다.

특히 많은 사람들은 모든 것이 잘되고 있을 때 위험을 과소평가한다. 오히려 잘되고 있을 때 위험을 경계해야 한다. 질주하는 말에 재갈을 물리고 빨리 잘 달리는 자동차일수록 브레이크가 잘 들어야 한다. 잘나갈 때 조심해야 한다.

한 스님이 "더럽고 지저분한 곳을 만나면 대부분 돌아설 줄 안다. 하지만 경치 좋은 곳을 만나면 대부분 그곳에 머물고 싶어 한다. 이와 같이 사람은 역경계보다도 순경계를 더 조심해야 한다."라고 했다.

불교에서 인생에는 역경계逆境界와 순경계順境界가 있다. 역경계는 자신이 하고자 하는 것이 가로막혀 원하지 않는 방향으로 일이 전개되는 것을 말한다. 그리고 순경계는 내 마음에 아주 잘 들어맞아 내 뜻대로 술술 잘 풀리는 경우이다.

이러한 역·순경계를 만났을 때 그 경계에 바르게 대처하지 못하면 발전하지 못하고 퇴보한다. 역경계를 만났을 때 괴로운 상황에 매몰되면 성공의 기회를 놓치게 된다. 그러면 그럴수록 고통은 가중되고 힘겨운 인생살이가 될 수밖에 없다. 순경계도 마찬가지이다. 좋아하여 편안하게 안주하면 심신이 해이해지고 나태해지며 자만심에 빠지기 쉽다.

역경계 상황에 직면하여 인내하고 반성하고 받아들이면 극복하는 것이 어렵지 않으나 순경계는 극복하기가 어렵다. 순경계가 역경계로 돌변하기 쉽기 때문이다. 그래서 잘나갈 때가 가장 위험하다. 이러한 역·순경계에 좌우되지 않고 자기중심을 찾는 것이 중요하다.

연작처당燕雀處堂이란 고사성어가 있다. 제비와 참새가 집의 처마에 둥지를 틀고 살면서 새끼들과 즐거워하며 편안하게 지낸다. 그런데 어느 날 집의 굴뚝이 부서지는 바람에 불꽃이 위로 솟아올라 대들보까지 번지고 있었다. 그러나 새들은 걱정하지 않고 재앙이 자신들에게 미칠 것을 모르고 있었다. 이처럼 행복함에 젖어 자신에게 오는 위험을 자각하지 못하고 경각심을 갖지 않는다는 의미이다.

인생을 살다 보면 예기치 않은 불행이 찾아오는 경우가 많다. 또한 잘나갈 때 오히려 다가올 불행을 대비해야 한다. 기쁨 뒤에는 반드시 슬픔이 따르기 마련이기 때문이다.

궁지에 빠졌을 때는 처음을 되돌아보고 성공을 거두었을 때는 일의 마지막을 살펴야 한다. 실패를 했을 때에는 초심을 잃지 않았는지를 살피고 성공을 했을 때에는 성공의 기쁨이 사라졌을 때를 생각해야 한다. 사람의 가능성과 탁월함을 알 수 있는 절호의 기회는 잘나갈 때와 철저하게 실패했을 때이다.

『손자병법』에 나오는 전승불복戰勝不復이란 전쟁에서 한 번의 승리는 계속 반복되지 않는다는 의미이다. 성공과 실패는 단발적이다. 지금의 성공에 도취하여 자만하면 그 성공이 오래갈 수 없다는 경각심을 가져야 한다. 성공을 지속하고 싶다면 과거의 성공을 잊고 초심으로 돌아가 꾸준히 노력하는 것이다.

『주역』에 '물극필반物極必反'은 사물의 형세는 발전이 극에 다다르면 반드시 뒤집히게 마련이라는 뜻으로 사물이나 형세는 고정되어 있지 않고 흥성과 쇠망을 반복하게 마련이다. 인생도 성공할 때가 있으면 실패할 때가 있는 것이다.

지금의 고통은 미래의 행복을 뜻하고 그것을 준비하는 시간이므로 실패 앞에서는 희망을 잃지 않아야 하며 행복할 때는 앞으로 다가올 고통에 대비해야 한다.

내가 잘해서 이긴 것이 아니라 상대가 못했기 때문에 이길 때가 있고 내가 못해서 진 것이 아니라 상대가 잘해서 질 때도 있다.

내가 성공한 것도 능력이 있어서만도 아니고 내가 실패한 것도 내가 무능력해서만도 아니다. 그러므로 성공했다고 자만하지 말고 항상 자신을 뒤돌아보고 위험을 경계해야 한다.

브라질 출신 작가 파울로 코엘료Paulo Coelho의 소설 『연금술사』에는 '무언가를 찾아 나서는 도전은 언제나 초심자의 행운으로 시작되고 반드시 가혹한 시험으로 끝을 맺는다'는 말이 나온다. 여기에서 '초심자의 행운beginner's luck'은 무슨 일이든 처음 시작할 때는 행운이 따라 준다는 것이다.

모든 일이 다 그런 것은 아니지만 대체로 그렇게 될 확률이 높다는 것이다. 하지만 많은 사람들이 초심자의 행운을 자신의 능력으로 착각했을 때 문제가 되는 것이다. 그래서 자만에 빠져 조심성과 노력은 사라지고 자신의 능력이나 행운만을 기대하다가 결국 가혹한 시험으로 끝을 맺을 수가 있는 것이다.

증자曾子의 명언인 하루 세 번 자신의 행동을 반성한다는 뜻의 '일일삼성一日三省'을 실천해야 할 것이다. 나의 인격에 결함은 없는지,

나의 선택에는 문제가 없는지, 나로 인해 다른 사람이 피해를 입지는 않았는지를 매일 반성한다면 어떠한 시련이 오더라도 자신을 돌아보고 지혜로운 길을 선택할 것이다.

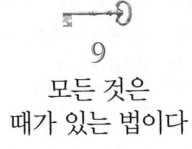

9

모든 것은
때가 있는 법이다

호암 이병철 회장은 "자고로 성공에는 세 가지 요체가 있다고들
한다. 운運, 둔鈍, 근根이 바로 그것이다. 사람은 능력 하나만으로 성
공하게 되는 것은 아니다. 운을 잘 타고나야 하는 법이다. 때를 잘
만나야 하고 사람을 잘 만나야 한다는 뜻이다. 그러나 운을 놓치지
않고 운을 잘 타고 나가려면 역시 운이 다가오기를 기다리는 일종
의 둔한 맛이 있어야 하고 운이 트일 때까지 버티어 나가는 끈기라
고 할까 굳은 신념이 있어야 하는 것이다. 근과 둔이 따르지 않을 때
에는 아무리 좋은 운이라도 놓치고 말기가 일쑤이다."(호암 어록)라고
했다.

사람은 대부분 운이 트이지 않을 때는 어떠한 노력을 해도 일이

쉽게 풀리지 않고 오히려 얻기보다 잃는 것이 많다. 때가 아닌 것이다. '때가 아니다'라는 의미는 자신의 부족함 때문일 수도 있고 주변의 상황이 아닐 수도 있다.

현명한 사람은 이럴 때일수록 일을 벌여 나가기보다 자신을 돌아보고 부족함을 채워가며 때를 기다린다. 그러면 주변의 상황도 내가 채워지는 대로 준비가 되어가는 것이다.

『감옥으로부터의 사색』에서 신영복 교수는 "기다림은 더 많은 것을 견디게 하고 더 먼 것을 보게 하고 캄캄한 어둠 속에서도 빛나는 눈을 갖게 한다."고 했다.

오히려 기다림 속에서 더 많은 것을 깨닫고 보지 못했던 것을 발견하기도 하고 부족함도 채울 수 있는 시간이기 때문에 기다림의 시간은 어느 때보다도 의미 있고 값진 시간이다. 이 기다림의 시간이 지나면 그동안 채워왔던 모든 것들이 불꽃이 터지듯 오색찬란한 빛을 내며 그 멋진 위상을 드러낼 것이다.

한국, 중국, 일본 등지에 자생하는 모죽毛竹이란 대나무가 있다. 모죽은 5년 동안은 뿌리만 자라고 줄기는 자라지 않는다. 그런데 5년이 지나면 하루에 70~80cm까지 자라난다. 6주 정도가 되면 30m까지 자라나 대나무의 멋진 위용을 드러낸다.

5년 동안 자라지 않은 신비함에 학자들이 5년 된 모죽의 뿌리가 있는 땅을 파 보니 그 뿌리가 무려 10리가 넘도록 뻗어 있었던 것이다. 그리고 그 넓고 깊게 뻗은 뿌리로 많은 양분과 물을 빨아들여 하루가 다르게 성장하여 그 멋진 모습을 드러낸 것이다.

모죽은 성장을 위해 철저한 준비 기간을 거친다. 아무리 좋은 땅에 심어 놓아도 5년 동안은 자라지 않고 뿌리를 내리며 묵묵히 때를 기다리며 준비한다. 그렇게 5년을 조용히 세상에 뻗어나갈 날만을 위해 철저히 준비했기 때문에 그 거대한 위용을 자랑할 수 있는 것이다. 모죽은 5년 동안 자라지 않았던 게 아니라 때를 기다리고 준비하고 있었던 것이다.

니다불대 수장선고泥多佛大 水長船高는 '진흙이 많아야 큰 불상을 만들 수 있고 물이 불어나야 배를 높이 띄울 수 있다'는 말이다. 큰 꿈을 이루기 위해서는 때를 기다리고 준비하는 인내와 노력이 필요하다. 많은 사람들은 큰 꿈을 그리면서 기다릴 줄 아는 끈기와 인내는 부족하다. 이 세상은 작은 것도 쉽게 이루어지는 것은 없다. 세상 모든 일은 그에 맞는 때가 있기 때문이다.

나무를 가지치기하기에 가장 좋은 때는 입춘 무렵이다. 과수원에서는 입춘 무렵을 한 해의 시작으로 여기고 가지치기를 한다. 가지치기가 너무 이르면 추위에 피해를 입기 쉽고 너무 늦으면 꽃을 맺는데 어려움이 있을 수 있다. 가지치기도 때가 있듯이 인생도 때가 있다. 나아가야 할 때인지 물러서야 할 때인지 준비해야 할 때인지 도전해야 할 때인지를 잘 판단하는 지혜가 필요하다.

『손자』의 「군쟁軍爭」 편은 전쟁에서 기선을 제압하여 승리를 취하는 방법에 대하여 논하고 있다. 풍림화산風林火山은 군대가 전쟁터에서 전쟁을 할 때 바람처럼 숲처럼 불처럼 산처럼 상황과 때에 맞는 속도로 전쟁을 해야 이길 수 있다는 의미이다.

"병법은 적을 속여 세우고 이익에 따라 움직이며 병력을 나누기도 하고 합치기도 함으로써 변화를 꾀한다. 그러므로 군사를 움직일 때는 질풍처럼 날쌔게 하고 나아가지 않을 때는 숲처럼 고요하게 있고 적을 치고 빼앗을 때는 불이 번지듯이 맹렬하게 하고 적의 공격으로부터 지킬 때는 산처럼 묵직하게 움직이지 않아야 한다. 숨을 때는 검은 구름에 가려 별이 보이지 않듯이 하되 일단 군사를 움직이면 벼락이 치듯이 신속하게 해야 한다. 우회하여 공격할 것인지 곧바로 공격할 것인지를 먼저 아는 자가 승리할 것이니 이것이 군사를 가지고 싸우는 방법이다." 우리의 인생도 보이지 않는 전쟁 중이다. 상황과 때에 맞는 전략과 전술이 필요하다.

꿈을 이루기 위해서는 홀드hold와 폴드fold할 때를 알아야 한다. 즉 잡아두고 유지해야 할 때와 포기해야 할 때를 알아야 한다는 의미이다.

무조건 모든 것을 끝까지 붙잡고 있어야 꿈을 이룰 수 있다는 고정관념을 버려야 한다. 길고 먼 안목으로 판단했을 때 과감히 포기할 줄도 알아야 한다. 그런데 많은 사람들이 망설이다가 포기할 때를 놓치게 된다. 그 이유는 매몰 비용의 오류Sunk Cost Fallacy로 설명할 수 있다.

매몰 비용의 오류는 어떤 일이나 행동에 투자한 비용, 노력, 시간 등이 아까워서 더 큰 손해를 입을 확률이 커도 포기하지 못하는 현상이다. 예를 들어 주식 투자에서 투자를 중단해야 함에도 그동안 들어간 돈이 아까워서 팔지 못하거나 심지어 추가 매수를 하는 것이다.

2차 대전 후 영국과 프랑스는 공동으로 초음속 여객기 '콩코드Concorde' 프로젝트를 발표하고 1962년 '에어 프랑스'와 '브리티시 에어웨이'가 함께 참여하면서 본격적으로 시작되었다. 콩코드 프로젝트는 7시간 걸리던 뉴욕과 파리의 비행 거리를 3시간 45분으로 단축하는 계획이었다. 1969년 시험 비행을 거친 뒤 1년 후에는 속도를 마하 2까지 끌어올리는 데 성공했다(마하 2는 이론상 1초에 720m를 날아가는 초음속 2배의 엄청난 속도다).

1976년 1월 21일부터 정식으로 상업 비행을 시작한 후부터는 20% 비싼 연료와 과도한 개발비, 몸체가 좁고 길어서 적은 좌석 수로 인해 일반 항공편의 퍼스트클래스보다 3배 이상(이코노미석의 15배) 비싼 표 값이 걸림돌로 등장한 것이다. 설상가상으로 1970년대 발생한 오일 쇼크 이후 대부분의 고객들은 속도보다 경제성을 선택했다. 운행할수록 손해가 발생하는 콩코드 프로젝트는 명백한 실패였다.

가장 큰 위기는 2000년 7월 25일 파리 샤를드골 공항을 출발하던 뉴욕행 콩코드가 이륙 중 갑자기 폭발해 100명의 승객과 9명의 승무원 전원이 사망한 사고가 발생했다. 기체 결함이나 조종사의 실수가 아닌 사고였지만 고위층과 부자들이 한꺼번에 유명을 달리한 사고로 세계 언론의 관심이 쏟아졌고 이는 부정적인 시각의 팽창으로 이어졌다.

사고 1년 후인 2001년 9월 11일 운항을 재개했으나 승객은 늘어나지 않았고 유지비는 감당하기 어려워졌다. 그러나 국가적 자존심이 걸려 있었고 그동안 쏟아부은 돈과 시간이 아까워 중도에 포기하지 못했다. 그래서 결국은 어쩔 수 없이 계획을 밀어붙였다.

만성적자에 시달리던 콩코드는 2003년 11월 26일 영국 브리스톨 공항 착륙을 마지막으로 출항 27년 만에 운항 중단을 결정했다. 너무 때늦은 결정이었다.

유럽의 자존심을 한껏 세우고 미국의 독주를 막고자 했던 콩코드 프로젝트는 눈덩이처럼 불어나는 적자액을 견디지 못하고 결국 '콩코드 오류Concorde Fallacy'라는 불명예스런 경제용어만 남긴 채 역사 속으로 사라졌다. 지금은 영국, 프랑스, 미국의 박물관에 전시되어 있다.

때를 잘 구분하지 못한 채 하는 노력은 자칫 일을 그르치는 시작일 수 있으니 나무만 보지 말고 숲을 볼 줄 아는 안목을 가져야 한다.

또한 내가 지금 무엇을 어떻게 해야 하는지를 잘 파악하기 위해서는 과거의 성공에 집착해서는 안 된다. 현실을 정확히 볼 수 있는 시야가 흐려져 결국 실패의 길을 걸을 수 있다.

기업 경영의 사례에서도 찾아볼 수 있다. 사진 필름의 명가 이스트먼 코닥, 미국 최대 자동차 업체 GM, 대중 잡지의 대명사 리더스 다이제스트이다. 이들 기업은 한때 승승장구하며 세계 시장을 호령했지만 코닥은 디지털 카메라의 시대적 변화를 간과했으며 GM은 경쟁 기업을 과소평가했고 리더스 다이제스트는 인터넷 시대의 변화에 적응하지 못했다.

한때 지구를 지배했던 공룡도 환경의 변화에 적응하지 못하고 생존경쟁에서 패배했기 때문에 오늘날 화석으로만 남아 있게 된 것이다.

우리도 과거의 성공을 잊고 시대의 흐름을 잘 파악하고 환경 변화에 적응했을 때 지금 내가 무엇을 어떻게 해야 하는지 볼 수 있는 시야가 생기는 것이다.

사람은 단기간에는 자신이 한 행동을 후회하지만 장기간에는 자신이 하지 않은 행동을 후회한다. 10년 후 나는 무엇을 후회할까. '그때 내가 왜 그렇게 하지 않았을까…….'

지금 시도해야 할 때라면 바로 시작하자. 그리고 지금이 때가 아니라면 묵묵히 부족함을 채우며 조용히 때를 기다리자. 머지않아 기회가 찾아올 것이다.

10
능력의 차이는 5배
의식의 차이는 100배

미국의 최초 흑인 국무부 장관인 콜린 파월Colin Powell이 젊은 시절 한 공장에서 아르바이트를 할 때의 이야기이다. 그는 다른 두 사람과 함께 도랑을 파는 일을 하게 되었다. 그때 한 사람이 회사의 임금이 충분하지 않다며 불평을 늘어놓았다. 그 옆의 다른 사람은 묵묵히 도랑을 열심히 파고 있었다.

그리고 몇 해가 지나 파월이 다시 그 공장에 아르바이트를 갔을 때 불평을 늘어놓은 사람은 여전히 불평을 늘어놓고 있었고 열심히 일했던 사람은 지게차를 운전하고 있었다. 그리고 또 몇 년 후 그곳에 다시 갔을 때 불평만 늘어놓은 사람은 원인 모를 병으로 장애인이 되어 회사를 그만두었지만 열심히 일하던 그 사람은 그 회사의 사장이 되어 있었던 것이다. 파월에게 이 두 사람은 인생의 큰 교훈이 되었다.

일본 전산 CEO 나가모리 시게노부永守重信는 1973년 창고에서 전기 모터 회사를 창업해 지금은 140여 개 계열사에 13만 명을 거느린 벤처 업계의 신화적인 존재이다.

그의 지론은 "능력의 차이는 아무리 커도 5배를 넘지 않지만 의식의 차이는 100배의 격차를 낳는다."라고 했다.

사람은 의식주가 중요한 것이 아니라 의식이 중요하다. 수레가 소를 끌고 가는 것이 아니라 소가 수레를 끌고 가듯 우리의 삶도 생각과 자세가 이끌고 가는 것이다.

하버드대 산업 심리학 데이비드 매클리랜드David McClelland 교수는 인간의 역량을 물 위에 떠 있는 빙산으로 비유했다. 빙산은 10%만이 수면 위로 솟아 있고 90%는 수면 아래에 있다. 인간의 역량도 눈에 보이는 10%와 눈에 보이지 않는 90%로 이루어져 있다.

지식이나 태도, 기술 등은 눈에 보이는 역량에 속하고 가치관, 성격, 이념, 사명 등은 눈에 보이지 않는 역량에 속한다.

매클리랜드 교수는 눈에 보이지 않는 역량이 중요하다고 했다. 나의 모든 에너지가 가치관에 따라 한 방향으로 작동하기 때문에 가치관과 같은 눈에 보이지 않는 역량이 중요한 것이다.

히틀러가 유태인을 미워하게 된 배경은 어린 시절에 형성됐는데, 아버지가 행상을 하고 다니기 때문에 한 번 나가면 두 달이 지나서야 집에 들어왔다. 그러는 사이 히틀러의 어머니와 유태인 남자 사이에

부적절한 관계를 보고 자란 히틀러는 유태인에 대한 증오심이 생겼다는 것이다.

그 증오심이 엄청난 비극을 만든 것이다. 히틀러의 어린 시절 상처가 그의 가치관에 영향을 미쳐 행동의 결과로 드러난 것이다. 이렇게 보이지 않는 역량은 언제 어떠한 결과로 드러날지 예측할 수 없기 때문에 중요한 것이다.

일본의 한 광고에서 나오는 이야기이다. 두 친구가 퇴근 후 술집에서 약속이 있었다. 한 친구가 먼저 도착해 술집에서 기다리고 있고 다른 친구는 술집을 향해 가고 있었다.

그런데 술집 앞에서 한 할머니가 꽃을 팔고 있었다. 할머니는 그 친구에게 "신사 양반 꽃을 사주오. 손녀가 아파서 약을 사야 하는데 좀 도와주오."라고 하자 친구는 꽃을 사들고 술집에 들어갔다. 그때 기다리고 있던 친구가 "너 꽃 샀니? 저 할머니 사기꾼이야. 넌 속았어. 저 할머니는 손녀도 없고 아프지도 않아!"라고 흥분하며 말한다. 그러자 꽃을 산 친구가 "정말 아픈 손녀가 없는 거야? 정말 다행이다!"라고 하였다. 이것이 바로 의식의 차이인 것이다.

지난 8월 남북 간 긴장감이 고조되던 서부전선 지뢰 사태 당시 전역 연기를 자원한 장병들을 한 대기업에서 본인이 원할 경우 모두 채용해 화제가 되었다. 그들의 열정과 패기가 기업의 가치와 일맥상통하다는 이유에서다. 그리고 그들의 애국심과 동료애 등을 높이 평가했다.

다른 대기업에서도 그들을 채용 1순위로 정하였다는 소식이 이어졌다. 나 역시 이 기사를 접하면서 기쁨과 응원의 박수를 보냈다. 그들의 스펙이 아닌 의식을 본 것이다.

처음 뉴스에서 나라를 위해 목숨 바칠 각오를 하고 전역을 연기한 장병들의 소식을 듣고 눈시울이 뜨거워졌었다. 그래서 그들의 채용 소식은 가족처럼 반가웠다. 지금 이 순간도 그들에게 격려와 응원을 보내고 싶다. 그들이 있어 대한민국의 밝은 미래를 기대할 수 있었기 때문이다.

모든 일에 있어서 특히 힘들고 어려운 일일수록 그 사람이 어떤 의식을 가지고 있느냐에 따라 행동이 달라진다. 그래서 능력보다 의식이 중요한 것이다.

이처럼 위기와 어려움 앞에서 움직일 수 있는 힘은 바로 눈에 보이지 않는 역량이다. 그래서 요즈음 기업에서도 인재를 발굴할 때 이러한 눈에 보이지 않는 역량의 비중을 늘리고 있다. 실제로 이러한 인재들이 성과를 내고 기업의 발전에 이바지한다는 사실을 잘 알기 때문이다. 특히 이러한 인재들이 리더가 되었을 때 미치는 영향은 더욱 커지게 된다.

국가, 사회, 기업, 가정 안에서 모든 구성원들의 지배적인 생각의 흐름이 있다. 그 지배적인 생각이 구성원들의 가치관이며 이를 '멘탈 인프라'라고 말한다. 그것은 그 집단의 운명을 결정하기 때문에 중요하며 리더에 따라 크게 달라진다. 특히 리더의 가치관이 조직의 운명을 결정한다.

이순신 장군의 『난중일기』를 보면 '이 난리 중에도 다행한 일이다', '이것만도 다행이다', '심하게 타지 않아 다행이다'와 같이 낙관적인 표현들이 많이 나온다. 이러한 낙관적인 태도는 부하들의 사기를 높여 신속하게 대처할 수 있는 힘이 되었다.

과학적 연구에 따르면 인간의 사고는 언어를 중심으로 이루어진다. 낙관적 사고를 가진 사람이 사용하는 언어는 긍정적이다. 반대로 비관적 사고를 가진 사람의 언어는 대부분 부정적인 것이다. 낙관주의자는 절망 안에서 희망을 찾지만 비관주의자는 희망 속에서도 절망을 본다.

이러한 사고는 심리학에서 말하는 '감정의 전염'에 따라 주변으로 확산되어 집단의 분위기를 만들게 된다.

어느 날 한 기자가 에디슨에게 "하루에 18시간이나 연구소에서 일하면 힘들지 않나요?"라고 묻자 에디슨은 "나는 평생 단 하루도 일이란 것을 해 본 적이 없습니다. 모두 즐거움이었죠."라고 말했다. 에디슨의 업적도 이러한 긍정적인 사고에서 탄생한 것이다.

『암을 이긴 7가지 습관』의 저자 황병만 씨는 두 번의 암으로 4개의 장기를 잃고 4개의 장기는 절반밖에 남지 않게 되었다. 그는 매사 긍정적인 생각으로 힘든 상황들을 이겨낸 주인공이다. 그는 "포기는 죄입니다. 어떤 경우라도 다른 죄는 다 용서받을 수 있지만 포기는 용서가 안 돼요. 절대 포기하지 마세요. 나만 어려운 게 아니라 저들은 나보다 더 어려워요. 1%는 엄청 큽니다. 이 세상에 1% 는 천문학적인 숫자라는 것을 기억하세요. 어려운 일이 있을수록 더 웃으면서 힘차게 살아나가셔야 합니다. 생존율 1%라면 내가 그 1%가 되겠다는 각오로 살아왔기 때문에 지금 여기까지 온 것입니 다."라고 하였다.

그는 다 죽어도 나는 산다는 생각을 가지고 길고 고통스러운 투병 생활을 이겨낸 것이다. 암을 이길 수 있는 힘도 바로 긍정적인 사고 인 것이다.

사람이 하는 생각의 96%는 쓸데없는 생각이고 그중 75%는 부정 적인 생각이다. 122세 할머니의 장수 비결은 지나간 추억 중에서 좋 은 추억만 생각하는 것이었다. 부정적인 생각은 건강까지 해치는 것 이다. 사람들의 긍정적인 생각과 부정적인 생각의 아주 작은 차이가 성공과 실패라는 커다란 차이를 빚어낸다.

중국 당나라 때의 시인 이백李白이 청년 시절 공부하다 너무 힘이 들어서 포기하고 스승 몰래 산에서 내려왔다. 거의 마을에 도달할 무렵 한 할머니가 도끼를 바위에 대고 열심히 갈고 있었다. 할머니 의 느린 행동으로 도끼를 가는 모습이 궁금해 물었다.

"할머니, 무엇을 하시려고 도끼를 바위에 갈고 계신가요?" 하자 할머니는 "도끼를 갈아 바늘을 만들고 있다네."라고 말했다. 어이없 어 코웃음을 친 이백에게 할머니는 "포기하지 않으면 안 될 일이 세 상에 어디 있어!"라고 단호하게 말했다.

이 말을 들은 이백은 자신의 어리석음을 깨닫고 뒤돌아 다시 올라가 학문에 정진할 수 있었다. 이 이야기에서 유래한 고사성어가 '마부위침磨斧爲針'이다.

사람은 어떠한 의식과 가치관을 가지고 있느냐에 따라 가능한 일도 불가능할 수 있고 불가능한 일도 가능해질 수 있는 것이다. 그래서 사람은 눈에 보이는 역량보다 보이지 않는 역량이 중요한 것이다. 지금 나를 끌고 가고 있는 나의 의식은 어떤 상태인가. 점검이 필요한 때이다.

남 탓보다는 내 탓으로 불가능을 가능으로 바꿔보자. 남보다 앞서가는 나를 발견하게 될 것이다.

11

성격의 씨앗을 뿌리면
운명의 열매가 열린다

나는 어린 시절부터 "성격이 복이다."라는 주변 어른들의 말을 줄곧 듣고 자랐다. 그 말을 가슴으로 이해하기까지 꽤나 긴 시간이 걸렸다. 나이가 들고 사회생활이 길어질수록 가슴 깊이 느끼는 명언 중에 명언이다.

"생각을 조심하세요, 언젠가 말이 되니까. 말을 조심하세요, 언젠가 행동이 되니까. 행동을 조심하세요, 언젠가 습관이 되니까. 습관을 조심하세요, 언젠가 성격이 되니까. 성격을 조심하세요, 언젠가 운명이 되니까."라고 한 마더 테레사Theresa의 말이 떠오른다.

미국의 심리학자 에이브러햄 매슬로우Abraham Maslow도 "생각이 바뀌면 태도가 변하고 태도가 변하면 습관도 변하게 된다. 습관이 변하면 성격도 거기에 따라 변한다. 그리고 성격이 변하면 그 삶 역시 바뀌게 된다."라고 했다.

운명은 그 사람의 성격에 의해서 만들어진다. 그리고 성격은 일상의 습관에서 만들어진다. 따라서 하루하루 바른 언행과 바른 생각의 씨를 뿌려 좋은 습관을 만들도록 노력해야 한다. 좋은 습관으로 성격을 다스린다면 새로운 운명의 문이 열릴 것이다.

내가 아는 A라는 CEO는 인물 좋고 능력 있고 거기에 성실하고 자신의 분야에 최선을 다하는 모범이 될 만한 분이다. 하지만 주변에서 성격 안 좋은 사람으로 평판이 나 있다. 그래서 이분의 능력 때문에 사람들이 모여들었다가도 얼마 지나면 모두 떠나버린다.

내가 이분을 수년간 지켜봤지만 항상 느끼는 것은 '성격만 좋으면 부족함이 없는 사람인데'라는 안타까운 마음이다. 그래서 자신이 노력한 것에 비해 항상 결과가 따라 주지 않는 경우가 많다. 좋지 않은 성격 때문에 일이 잘 풀리지 않는다. 항상 다른 사람 탓하기 바쁘다.

그리고 주변 사람들에게 밥을 사거나 베푸는 것을 보기 어렵다. 자신의 이익을 챙기기 바빠서 인색하기까지 하다. 그러니 점점 좋은 일이 생기는 것이 아니라 그 반대가 되어 가고 있다.

한 스님은 쌓은 공덕 없이 화를 내면 마이너스 통장과 같다고 말한다. 남에게 베푼 것 없이 화만 내니 좋은 일이 생길 리 없는 것이다.

또 내가 아는 B라는 CEO는 A라는 CEO에 비해 더 나은 점이 없는 분이다. 그런데 성격이 얼마나 둥그렇고 소탈한지 주변에 사람들이 북적인다. 자신을 찾는 모든 사람에게 인정이 넘친다. 이분 역시 수년간 지켜 봐왔는데 사업이 여러 차례 어려움을 겪었지만 주변 사람들 덕분에 항상 위기를 넘기고 지금은 성공적인 삶을 살고 있다.

A와 B라는 CEO를 보면 결국 운명을 결정하는 것은 능력도 아니고 인물도 아닌 성격이었다. 이러한 사례들은 주변의 가족이나 직장에서도 얼마든지 찾아볼 수 있다.

누군가 나에게 어떤 한 사람을 이야기하며 "그 사람은 다 좋은데 성격이 문제야."라고 말한다. 그래서 나는 "사람 평가할 때 100점 만점에 성격이 90점입니다. 그분은 성격 외에 다른 모든 것이 완벽해도 10점입니다."라고 했더니 맞는 말이라며 적극 동의한다. 사회생활도 결혼 생활도 인간관계도 결국은 성격이 결정하기 때문이다.

옛날에 한 임금이 학자들을 불러 놓고 세상을 잘 살기 위한 지혜가 담긴 책을 만들라고 명령했다. 그리고 학자들은 12권의 책을 만들어 임금에게 바쳤다. 그러자 임금은 12권의 책이 너무 많으니 1권으로 줄여서 가져오라고 했다.

1권의 책으로 줄인 학자들이 책을 들고 오자 임금이 이번에는 세상을 잘사는 지혜를 한 문장으로 줄여 오라고 했다. 그러자 학자들이 줄인 한 문장은 "뿌린 대로 거두리라."였다.

우리의 인생은 뿌린 대로 거두는 것이다. 지금 현재 나의 삶도 과거 내가 뿌린 씨앗의 결과들이다. 그래서 좋은 열매를 맺고 싶으면 좋은 씨앗을 뿌려야 한다. 좋은 성격의 씨앗을 뿌리고 좋은 말의 씨앗을 뿌리고 좋은 행동의 씨앗을 뿌려야 한다.

좋은 씨앗을 뿌리지도 않고 좋은 열매를 바란다면 인생의 진리에 어긋나는 것이다. 어떤 씨앗을 뿌리느냐는 결국 나의 선택의 문제이기 때문에 운명 탓을 하지 말고 자신의 탓으로 돌려 반성해야 한다.

사람은 자신의 운명을 창조하고 만들어 가는 것이지 받아들이는 것이 아니다. 운명은 그 사람의 성격을 닮는 법이다. 주역에서도 탁 트인 사람은 운명도 탁 트이고 옹졸하고 꽉 막힌 사람은 운명도 막힌다고 말한다.

앞뒤가 꽉 막힌 사람은 자신의 운명만 막히는 것이 아니라 남의 앞길도 막기 때문에 재수 없는 사람이라고 한다. 인생이 탁 트이고 평탄한 삶을 원한다면 성격을 시원시원하고 탁 트인 그릇이 큰 사람이 되도록 노력해야 한다. 그릇이 커야 많은 그릇을 포갤 수 있듯이 그릇이 큰 사람은 많은 사람을 포용할 수 있고 담을 수 있다.

좋은 운명 만들기란 바로 좋은 성격 만들기이다. 운을 개선한다는 것은 성격을 개선하는 것이다. 결혼 대상자의 중요한 조건 중에 하나가 성격이고 헤어질 때 1순위가 바로 성격 차이다.

친한 친구 사이도 우리는 참 잘 맞는 사이라고 말하는데 그 뜻도 성격이 잘 맞다는 의미인 것이다.

아프리카 초원에 동물의 피를 빨아 먹고 사는 몸집이 매우 작은 흡혈 박쥐가 있다. 이 흡혈 박쥐는 야생마들의 천적이다. 이 작은 흡혈 박쥐가 야생마들의 피를 빨면 야생마들은 죽음을 맞게 된다. 그래서 동물학자들은 실제 흡혈 양은 적은데 야생마들이 죽은 이유를 연구하기 시작했다. 그런데 야생마들은 흡혈 박쥐에 물리면 가려움을 이기지 못하고 미쳐 날뛰다가 결국 과다 출혈로 산소가 부족해 사망에 이른다는 것이다. 결국 성격 급한 야생마는 자기 절제 능력이 부족하여 스스로를 파괴한 것이다.

기후나 사고를 감지하는 능력은 인간보다 곤충이나 동물이 더 탁월하다. 큰 배에서 사는 쥐들은 출항하기 전 사고를 감지하면 모두 배를 탈출해 사고를 피한다. 개미는 비가 올 것을 미리 알고 방비를 하거나 대피한다. 개들의 경우는 불에 타서 죽는 경우가 드물다. 불이 나기 전 예견하는 능력이 있다고 한다. 이처럼 미리 드러나는 작은 단서를 통해서 미래를 예측하듯이 사람도 성격을 보면 그 사람의 미래를 알 수 있다.

물에는 물결이 있고 머리에도 머릿결이 있고 나무에도 나뭇결이 있다. 옥을 갈 때도 결을 따라 갈아야 빛이 난다. 결을 따라 갈지 않으면 빛이 나지 않아 돌멩이와 다를 바가 없다. 사람도 순리順理대로 살아야 한다. 좋은 성격, 온화한 인품이 바로 세상의 결대로 사는 것이다.

12
감사하는 삶은
행운을 불러오는 주문이다

영어의 'think'(생각하다)와 'thank'(감사하다)는 어원이 같다. 생각한다는 것은 곧 감사하다는 것이다. 지금 이 순간 생각해 보면 감사할 것이 많다는 것을 알 수 있다.

어느 날 한 보험사에서 전화가 걸려 왔다. "김세미 고객님 맞으시지요? 보험 가입 후 한 번도 보험 신청을 하시지 않아 보험 내용도 다시 한 번 알려드리고 선물도 전달하고자 찾아뵙고 싶습니다." 나는 그때서야 보험에 가입한 것을 기억한 것이다. 보험에 가입한 지 20여 년이나 되었고 이미 보험료도 완납한 것이다.

그런데 단 한 번도 보험 청구를 한 적이 없어 오히려 보험사에서 필요하면 보험 청구를 하라고 전화가 온 것이다. 20여 년 동안 아무런 사고나 질병 없이 무사히 지내온 지난날들에 대해 눈물이 날 정도로 감사했다. 그리고 그날 이후 나는 매일 모든 것에 감사할 줄 아는 마음이 생겼다.

서양 속담에 '행복은 언제나 감사의 문으로 들어와서 불평의 문으로 나간다'고 했다. 행복은 찾아가는 것이 아니라 내가 가지고 있다는 것을 깨닫는 것이다.

탤런트 김혜자의 『꽃으로도 때리지 마라』는 10년 넘게 소말리아 등을 돌아다니면서 목격했던 전쟁과 가난 등으로 고통 받는 아이들의 참혹한 환경을 많은 사람들에게 알려 고통과 가난을 함께 나누려고 1년여 동안 쓴 책이다.

그녀는 책에서 "나는 삶에 대해 잘 모릅니다. 왜 살고 있는지도 모릅니다. 나 김혜자는 모두의 관심과 사랑을 받으며 잘 살고 있는데 왜 지구의 어느 곳에서는 아이들이 800원짜리 항생제 하나가 없어서 장님이 되어야 하고, 말라리아에 걸려 누워 있는 아빠의 배 위에서 갓난아이가 굶어가야 하는지를 잘 모르겠습니다. 내 머리로는 이 엄청난 불평등을 이해할 수 없습니다. 그리고 내가 믿는 신은 왜 그것에 대해 침묵하고 있는 걸까요?"라고 반문한다.

그리고 "만일 당신이 전쟁의 위험, 고문, 굶주림 등을 경험해 보지 않은 사람이라면 당신은 전 세계 5억 명의 사람들보다 행복한 삶을 살아온 것이다. 만일 냉장고에 먹을 것이 있고 몸에는 옷을 걸쳤고 머리 위에는 지붕이 있는 데다 잘 곳이 있는 사람이라면 당신은 이 세상 75%의 사람들보다 잘살고 있는 것이다."라고 말한다.

인생의 괴로움은 8만 4천 가지이다. 그래서 누구나 인생의 괴로움을 안고 사는 것이다. 괴로움만 생각하면 내가 이 세상에서 가장 괴로운 사람 같지만 다시 행복한 것들을 찾아보면 그 또한 이 세상에서 가장 행복한 사람 같다.

나 역시 긍정적인 편이라 힘든 일이 생겨도 그때에는 힘든 줄 모르고 지내다가 시간이 흘러 그때를 돌이켜보면 나 자신이 대견하게 느껴질 때도 있다. 힘든 시간을 여유롭게 보낼 수 있는 힘은 바로 감사의 힘이라는 것을 느낀다. 감사해야 할 이유를 찾아보니 힘든 일보다 훨씬 많다는 것을 알게 된다.

감사할 줄 모르는 것은 그만큼 욕심이 많다는 뜻이다. 욕심은 끝이 없어 채워도 채워도 만족이 없다. 그러니 감사하는 마음이 생길 리 없는 것이다.

내가 자주 쓰는 말 중에 하나가 "감사합니다."라는 말이다. 내가 누군가로부터 크고 작은 배려와 도움을 받았다고 생각하면 반드시 표현하는 최소한의 마음의 표시이다.

그런데 가끔 누군가에게 아무 것도 바라지 않고 도움을 주거나 베풀었을 때 고맙다는 말 한마디 듣지 못하면 참 마음이 아플 때가 있다. 어쩌면 아무것도 바라지 않았지만 그 '고맙다'는 말은 바랐을지도 모른다.

새뮤얼 라이보비치라는 유명한 유대인 변호사는 사형수들을 무료로 변호해 평생 78명을 무기 징역 등으로 감형시켜 준 변호사이다. 미국에서는 극악무도한 살인이 아니면 웬만해서는 사형선고를 내리지 않는다. 이런 1급 사형수들을 무료로 변호해서 그들의 죄를 감형시켜주는 과정은 무척이나 힘든 시간들이었을 것이다.

하지만 그는 "저는 평생 동안 무료 변호를 통해 78명의 사형수를 죽음으로부터 건져냈습니다. 그러나 그 어느 누구로부터도 다음 두 단어를 들은 적이 없습니다. 그 두 단어는 'Thank you'입니다."라고 말했다.

우리는 자신의 삶에 감사할 줄도 알아야 하지만 타인의 행동에 대해서도 감사함을 표현할 줄 알아야 한다. 자신의 삶에 감사할 줄 아는 사람이 타인의 배려에도 감사할 줄 아는 것이다.

감사하는 삶은 행운을 불러오는 주문이다. 감사하는 말과 행동은 감사할 일들이 생기는 주문과도 같다. 그리고 감사함의 표현은 상대에 대한 존중의 표현이다.

오늘부터 무조건 "감사합니다!"라고 외치며 하루를 시작하고 마무리해 보자. 그리고 상대방의 작은 배려에도 감사함을 표현하는 연습을 해 보자. 당신의 인생에 감사할 일들이 한 발자국씩 가까이 다가오기 시작할 것이다.

부록

▶ 참고문헌

- 강영진, 『갈등 해결의 지혜』, 일빛, 2009

- 우종민, 『남자 심리학』, 리더스북, 2009

- 신병철, 『통찰의 기술』, 지형, 2008

- 이시형, 『품격』, 중앙북스, 2011

- 신현만, 『능력보다 호감부터 사라』, 위즈덤하우스, 2011

- 우에키 리에, 『간파력: 보여주지 않는 것을 보는 힘』, 홍성민 옮김, 티즈맵, 2009

- 표창원, 『숨겨진 심리학』, 토네이도, 2011

- 하지현, 『소통의 기술』, 미루나무, 2007

- 이재준, 『사람이 모이는 리더는 말 하는 법이 다르다』, 리더북스, 2007

- 김승호, 『돈보다 운을 벌어라』, 쌤앤파커스, 2013

- 윤은기, 『매력이 경쟁력이다』, 올림, 2009

- 커트 모텐슨, 『친절한 설득책』, 김정혜 옮김, 황금부엉이, 2007

- 표영호, 『소통으로 성공을 디자인하라』, 순정 아이북스, 2013

- 신영복 외, 『한국의 명강의』, 마음의 숲, 2009

- 주통, 『이야기 심리학』, 유수경 옮김, 휘닉스Dream, 2008

- 김현식, 『의외의 선택, 뜻밖의 심리학』, 위즈덤하우스, 2010

- 법륜, 『스님의 주례사』, 휴, 2010

- 왕중추, 주신위에 공저, 『퍼펙트 워크』, 이지은 옮김, 다산북스, 2014

- 법륜, 『인생수업』, 휴, 2013

- 김주환, 『회복 탄력성』, 위즈덤하우스, 2011

- 황창연, 『사는 맛 사는 멋』, 바오로딸, 2011

- 김병완, 『뜨거워야 움직이고 미쳐야 내 것이 된다』, 서래books, 2013

- 차동엽, 『무지개 원리』, 국일미디어, 2012

- 신상이반, 『어떻게 사람을 얻는가』, 하진이 옮김, 더난출판사, 2013

- 김병완, 『열정을 말하라』, 생각너머, 2013
- 차동엽, 『무지개원리(스마트버전)』, 위즈앤비즈, 2008
- 김홍신, 『인생사용설명서』, 해냄, 2009
- 리처드 탈러·캐스 선스타인, 『넛지』, 인진환 옮김, 리더스북, 2009
- 장원철, 『지혜와 통찰』, 브리즈, 2009
- 이어령, 『느껴야 움직인다』, 시공미디어, 2012
- 하노 벡, 『부자들의 생각법』, 배명자 옮김, 갤리온, 2013
- 김병완, 『빨리 가려면 혼자 가고 멀리 가려면 함께 가라』, 루이앤휴잇, 2013
- 이어령, 『길을 묻다』, 시공미디어, 2012
- 톰 피터스, 『리틀 빅 씽 THE LITTLE BIG THINGS』, 최은수, 황미리 공역, 더난출판사, 2010
- 강신장, 황인원 공저, 『감성의 끝에 서라』, 21세기북스, 2014
- 김봉국, 『승자의 안목』, 센추리원, 2013
- 차동엽, 『천금말씨』, 교보문고, 2014
- 존 맥스웰, 『존 맥스웰 리더십 불변의 법칙』, 홍성화 옮김, 비즈니스북스, 2010
- 김정래, 『1%의 핵심인재는 SIMPLE하다』, 북메이드, 2014
- 김범진, 『1250도 최고의 나를 만나라』, 중앙북스, 2007
- 궁페이쉬안, 『늑대의 도 여우의 도 인간의 도』, 류방승 옮김, 쌤앤파커스, 2014
- 김미라, 『삶이 내게 무엇을 묻더라도』, 쌤앤파커스, 2014
- 이상훈, 『1만 시간의 법칙』, 위즈덤하우스, 2010
- 강신주, 『강신주의 감정수업』, 민음사, 2013
- 팡차오후이, 『나를 지켜낸다는 것』, 박찬철 옮김, 위즈덤하우스, 2014
- 김유진, 『한국형 장사의 신』, 쌤앤파커스, 2014
- 장문정, 『팔지 마라 사게 하라』, 쌤앤파커스, 2013
- 얀 칩체이스·사이먼 슈타인하트, 『관찰의 힘』, 야나 마키에이라 옮김, 위너스북, 2013
- 이어령, 『지우개 달린 연필』, 시공미디어, 2012
- 존 네핑저·매튜 코헛, 『어떤 사람이 최고의 자리에 오르는가』, 박수성 옮김, 토네이도, 2014

- 장샤오형, 『마윈처럼 생각하라』, 이정은 옮김, 갈대상자, 2014

- 왕중추, 『디테일의 힘』, 허유영 옮김, 올림, 2005

- 로버트 엘머, 『성공을 부르는 이미지 마케팅 10』, 김영호 옮김, 지식의 샘, 2006

- 매리 미첼, 『첫 5분을 사로잡는 이미지 경영』, 권도희 옮김, 이손, 2006

- 한경, 『첫인상 5초의 법칙』, 위즈덤하우스, 2004

- 김은주, 『이미지 마케팅으로 성공을 부른다』, 한비미디어, 2002

- 나이토 요시히토, 『첫인상 심리학』, 박현주 옮김, 지식여행, 2012

- 김세미, 『직장인들이여 이미지를 성형하라』, 정일, 2010

- 이지훈, 『혼창통』, 쌤앤파커스, 2010

- 홍성태, 『모든 비즈니스는 브랜딩이다』, 쌤앤파커스, 2012

- 우먼동아일보, 〈크리스틴 라가르드 IMF 총재의 스카프 정치〉, 2016.01.06

- 한겨레, 〈강요받는 당신, 웃는 게 웃는 게 아니야〉, 2013.04.05

- 인천주보, 오늘의 말씀 〈석공과 황홀한 독대〉, 2014.12.14

- 월요신문, 〈열정을 꿈으로 만든 글로벌 CEO 이야기〉, 2015.10.17

품격 있는 사람이
인생의 승자입니다!

권선복
(도서출판 행복에너지 대표이사, 한국정책학회 운영이사)

이 세상에 태어난 이상 성공하고 싶지 않은 사람은 없을 것입니다. 저마다 자신만의 성공을 꿈꾸며 부단히 애쓰며 살아갑니다. 하지만 '창업보다 수성이 어렵다'는 말이 있듯이 성공하는 것 이상으로 그 성공을 유지하는 일 또한 힘이 듭니다. 한 순간의 성공에 도취하여 그것을 지속시키지 못한 채 다시 실패의 나락으로 떨어지는 경우가 너무나 많음을 보게 됩니다. 그럴 때는 실패했다는 자괴감에 빠져 좌절하거나 낙심할 것이 아니라 어떻게 그 상황에 대처해야 하는지에 대한 자세가 더욱 중요하다고 볼 수 있습니다.

『넘어진 후에야 비로소 나를 본다』는 실패와 좌절 후에 나 자신을 돌아보고 부족한 점은 무엇이었는지 점검한 후 성공 전략을 세워 다시금 도전할 수 있도록 격려해주는 책입니다. 인생은 실패를 통해 끊임없이 자신을 다듬어가는 과정 속에서 성장하는 것입니다. 실패했을 때 패자는 원인을 외부 환경에서 찾지만 승자는 자신에게서 찾는다는 큰 차이가 있습니다. 비록 실패는 우리의 인생에 있어서 결코 달가운 일은 아니지만 그것을 통해 무언가를 배울 수 있다면 우리는 성공을 위해 한걸음 더 가까이 다가갈 수 있게 될 것입니다. 그러므로 사소한 실수나 실패 앞에서도 항상 자신을 돌아보며 끊임없이 다듬고 발전시켜 나갈 필요가 있습니다.

이제는 품격 있는 사람이 성공하는 시대입니다. 그저 일만 잘한다고 해서 그것이 곧 성공으로 이어지기는 어렵습니다. 실제로 현장에서는 일에 대한 능력 외에도 다양한 능력을 갖출 것이 요구되기 때문입니다. 품격의 차이가 바로 승자와 패자를 결정짓는 요소가 되는 것입니다. 커뮤니케이션 전략, 이미지 전략, 인간관계 전략, 인생 전략이라는 총 4부에 걸쳐 구성된 이 책이 여러분의 품격을 한층 높여줄 수 있기를 기대합니다. 독자분들의 삶에 행복과 긍정의 에너지가 팡팡팡 샘솟으시기를 기원드립니다.

음식보다 감동을 팔아라

김순이 지음 | 값 15,000원

책 『음식보다 감동을 팔아라』는 가장 '기본적인' 것부터 지키고 그때그때 상황에 맞는 아이디어로 재치 있게 위기를 극복해내면서, 20년 넘게 외식사업을 성공적으로 이끌어 온 한 CEO의 성공 노하우와 경험담을 담고 있다. 고객은 물론 직원들마저 가족처럼 섬기는 '서번트 리더십'으로 대한민국에서 가장 성공한 음식점 사장님이 된 과정을 생생히 그려내고 있다.

곁에 두고 싶은 시

정순화 지음 | 값 15,000원

책 『곁에 두고 싶은 시』는 2010년 〈문장21〉로 등단한 정순화 시인의 첫 시집이다. 첫 작품집이라고는 믿기지 않을 만큼 단단한 내공과 뛰어난 매력으로 독자의 눈을 사로 잡는다. 읽는 즉시 단숨에 여운을 남기는 서정성은 물론, 생을 깊이 들여다보게 하는 철학적 잠언은 독자의 마음에 잔잔한 여운과 봄바람처럼 따스한 온기를 남긴다.

아버지의 인생수첩

최석환 지음 | 값 15,000원

책 『아버지의 인생수첩』은 당당하게 가장이자 아버지의 길을 걸어온 저자가 두 아들은 물론, 청년들에게 전하는 삶의 지혜와 응원의 함성을 가득 담고 있다. 취업난과 경제난 앞에서 청춘들이 길을 잃고 방황하는 요즘, 용기를 내어 먼저 손을 내밀고 청년들의 어깨를 두드려 주려는 저자의 용기는 이 시대를 살아가는 모든 아버지들에게 귀감이 될 만하다.

내 인생 주인으로 살기

박동순 지음 | 값 15,000원

책 『내 인생 주인으로 살기』는 국방부 군사편찬연구소에서 근무 중인 저자가 36년간 군 생활을 하며 후배와 동료들에게 당부하고 싶은 조언과 서로 교감했던 내용들을 담고 있다. 리더십을 바탕으로 내 인생의 주인으로 살아가기 위해, 나아가 가정을 화목하게 꾸리고 험난한 세상살이 속에서 주인의 삶을 살기 위해 필요한 사항들을 펼쳐놓는다.

근로자 법정 필수교육

행복에너지와 휴넷이 무료로 해결해드립니다.

강사 방문없이 온라인으로 간편하게!
학습자들의 높은 만족도로 입증된 휴넷의 최신 교육과정.
지금 바로 신청하세요!

고용인 10인 이상 사업장의 연간 필수 교육!

고용노동부에서 지정한 연 1회 이상 의무적인 직장인 필수 교육입니다.
번거로운 오프라인 교육에서 벗어나 휴넷이 제공하는 스마트한
법정 필수 교육을 해결하세요!

법정 필수 교육 제도

(*미이행시 천만원 이하의 과태료 발생)

교육명	의무사항	대상자
개인정보 보호법교육	연간 1회 이상 교육	규모와 상관없이 개인정보를 처리하시는 개인정보 취급자
성희롱 예방교육	연간 1회 이상 교육	사업주 및 근로자 전직원
산업안전 보건교육	매분기 3~6시간 이상의 교육	사무직,판매직 : 매분기 3시간 사무직,판매직 외 근로자 : 매분기 6시간 관리감독자 : 연간 16시간5인 이상 사업장 의무

강의주제 성희롱 예방교육, 개인정보 보호법교육, 산업안전 보건교육, 퇴직연금 교육 등
교육방법 온라인, 모바일　　**전화** 02-2698-0022　　**메일** ksb@gsdata.co.kr

하루 5분 나를 바꾸는 긍정훈련
행복에너지

**'긍정훈련'당신의 삶을
행복으로 인도할
최고의, 최후의'멘토'**

'행복에너지
권선복 대표이사'가 전하는
행복과 긍정의 에너지,
그 삶의 이야기!

권선복

도서출판 행복에너지 대표
지에스데이타(주) 대표이사
대통령직속 지역발전위원회
문화복지 전문위원
새마을문고 서울시 강서구 회장
전) 팔팔컴퓨터 전산학원장
전) 강서구의회(도시건설위원장)
아주대학교 공공정책대학원 졸업
충남 논산 출생

인터파크
자기계발 분야 주간
베스트 1위

권선복 지음 | 15,000원

책 『하루 5분, 나를 바꾸는 긍정훈련 - 행복에너지』는 '긍정훈련' 과정을 통해 삶을
업그레이드하고 행복을 찾아 나설 것을 독자에게 독려한다.
긍정훈련 과정은[예행연습] [워밍업] [실전] [강화] [숨고르기] [마무리] 등
총 6단계로 나뉘어 각 단계별 사례를 바탕으로 독자 스스로가 느끼고 배운 것을
직접 실천할 수 있게 하는 데 그 목적을 두고 있다.
그동안 우리가 숱하게 '긍정하는 방법'에 대해 배워왔으면서도 정작 삶에 적용시키
지 못했던 것은, 머리로만 이해하고 실천으로는 옮기지 않았기 때문이다. 이제
삶을 행복하고 아름답게 가꿀 긍정과의 여정, 그 시작을 책과 함께해 보자.

『하루 5분, 나를 바꾸는 긍정훈련 - 행복에너지』